内蒙古社科规划项目（编号：2016N

司法部2015年度国家法治与法学理论研究项目（

主编：龙卫球

国家转型与法学丛书

矿产资源开发私法机制研究

偏私型公私综合法论及其展开

曹宇 著

中国法制出版社

CHINA LEGAL PUBLISHING HOUSE

总　序

　　这套丛书缘起于一种思考：如何进行一种可持续的国家转型。国家转型是个大课题，并且我国超级巨大的治理规模这个事实，使得我们的转型成为一个前无古人的大课题。以一种长程的历史眼光来看，近代以来将近两百年的中国历史，整个是一个转型历史；以一种较为切近的现实眼光来看，最近三十多年的改革开放史，也是一部性命攸关的转型历史。

　　国家或者文明继往开来之转型，牵涉军事、科技、经济、文化、法律、政治，牵涉整个国家生存发展的方方面面。近代史给出的教训是，在这许许多多的环节中，并不存在一个固定的、能够一转百转的环节；然而同样是这段历史，总是存在一种努力，试图找到一个类似的中心，因此军事救国、实业救国、教育救国、文化改造、社会改造等等主张、路线前后相继、不绝如缕，结果各个环节在同一个时空中累积、汇聚，导致批判的武器以武器的批判告终，改革的问题以革命的方式解决，文明的转型以政治的空间收尾。如此反复轮回，已一而再，可为镜鉴。因此之故，文明期待深厚的过程之积累。

　　另一方面，中国晚近的改革史日益明白地显示出，国家与社会之间的相互沟通，对于稳定的国家转型具有十分关键的意义。社会创造力的释放过程，是、也应当是国家获得有力建构的过程。法律恰好是国家与社会沟通的中间环节，而且法律这个中间环节在某种意义上具有全局的地位：一方面，民主立法过程实现社会领域内的问题、意见、意义向国家的转译；而另一方面，各种社会问题产生的纠纷，又以司法作为最终的救济手段。因此，转型中的每一个难题与课题，最终也都可能或可以转化为法律的问题、法学的问题。

所以，本质上，我国的法学就是"转型中国的法学"，它在不同的时期总是遇上自己的新课题。但在应对这些新课题挑战的智识努力中，同仁们或许已经发现，要释放法学的新创造力，往往还需要深挖基础理论。因此，法学发展的一般趋势一直是新课题的不断开拓，以及基础理论的不断深挖。这两个方向并行不悖，互为支援。唯有如此，才能使法学在深度、广度上获得建设和积累，向立法和司法两个方向反馈，最终将自己构建为内在于国家转型的知识通道，这是一种内在的信念。

若能对此宏大的历史进程贡献一二，岂非我辈法学人之幸事？此即为本丛书编纂之初衷。是为序。

龙卫球

2011 年 8 月

于北京航空航天大学法学院

序

我本人与矿产资源法的缘分可以追溯到 1986 年。当年我接受地质矿产部的委托，开启了新中国矿业法律制度系统理论研究的第一次尝试。《矿产资源法》颁行三十多年来，我国法治建设取得了可喜的成果，矿产资源法的理论与实践亦取得了长足的进步，但我国矿产资源领域的改革，与土地领域改革的广度与深度相比，矿产资源法的研究相较于土地法的研究亦尚有欠缺。

《矿产资源法》仍然停滞于 1996 年的版本，已经无法适应矿业经济迅猛发展对于法律规则供给的需求。2007 年《物权法》的颁行，对于矿业权的研究以及相关立法产生了剧烈的影响，其中第 123 条则对探矿权、采矿权的法律性质进行了立法层面的回应，《物权法》用益物权的相关规范拓展了探矿权、采矿权法律适用的范围。可以说，《物权法》的颁行成为了《矿产资源法》修改的重要推动力。

如今《矿产资源法》修改早就已列入全国人大常委会立法规划，立法草案也已经有十多稿，颇具中国特色的政策驱动式"立法"已经将实然法层面的矿产资源法推进到了新的阶段，但矿产资源法很多制度方面的基本共识尚未完全达成。在实践中，国土资源部承担了矿业权治理规则的临时应急措施定型化的重要输出任务，2017 年 7 月 27 日最高人民法院发布《关于审理矿业权纠纷案件适用法律若干问题的解释》，又也进一步尝试从司法层面规范和统一了涉矿案件的审判思路与裁判方法。

矿业权是具有浓厚公法色彩的私权。《矿产资源法》是一部既包含民事权利又包含行政权力的法律，所以处理好行政关系和民事关系是这部法律的核心问题。矿产资源开发活动中的公权和私权如何平衡，或者说国家的行政管理和市场主体的意思自治怎样结合起来，是《矿产资源法》修订以及理论研究无法回避的论题。从权利的内容、权利的取得来看，应该说公权和私权是此消彼长的，如果公权方面加强一分，那么私权就少一分；而私权多一分，公权在管制方面就少一分。如果从秩序角度来看就不一样了。矿产资源市场既需要自由又需要秩序，这两个并不矛盾。因为只有加强秩序才能使市场更健全，因此这是相辅相成的关系。所以《矿产资源法》应该加强管理，但是管理不是没有权利内容的管理，而更多的是在市场秩序方面的管理。

曹宇博士就矿产资源开发活动中如何平衡公私权益的问题，给出了"偏私型公私综合法论"的回答，主张矿产资源开发过程之中的开发、环保、安全等诸多社会、经济、生态关系的调整，应通过公私综合法调整的机制予以应对。并且，他强调这种综合机制具有"偏私型"的特质，更加重视私法机制的基础作用。应该说，这种新的理论提法，值得肯定和支持。

曹宇博士是显冬教授的博士后学生，也是我的学生龙卫球教授的博士研究生，该同学努力钻研，集中精力投入中国矿业法律制度的研究和建设进程当中，取得了不错的研究成绩。作为矿产资源法的长期关注者，我非常高兴看到年轻人的成长。

是为序。

目　录

第一章 绪论：问题的提出

第一节 研究对象、目的和范围

一、研究对象和目的

本书的研究以我国矿产资源开发私法机制及其完善为对象，试图从比较观察、制度分析、理论基础、对策研究等方面加以展开。矿产资源是一种蕴藏在地下的、具有重要经济应用价值的自然资源，一国之内矿产资源的发掘和经济价值发挥取决于开发机制的优劣，因此各国矿产资源制度的重点设计在于开发法律制度领域。矿产资源开发法律制度设计之利弊，最终决定一个国家矿产资源是否能够有效地被开采出来并符合政策预期地作用于经济社会。

研究的目的是，从制度架构整理和问题梳理入手，重审既有理论存在的问题，结合比较法的观察和分析，借助实证分析的剖析和探求，思考更趋合理地符合我国现行转型特点的矿产资源开发立法与私法机制的理论建构模式，以及由此检讨和探求有关私法机制完善应取的改进思路。

矿产资源是人类社会运行与发展的重要物质基础。历史上对于人类社会早期时代的命名（即石器时代、青铜时代以及铁器时代），也足以证明矿产资源的利用对于人类社会发展的重要性。如今身处信息时代的我们，不论是新技术的研发，还是新的生活方式的拓展，都在更广的范围上依赖矿产资源。截止到 2003 年，我国现已发现 171 种矿产资源，查明资源储量的有 158 种。其中石油、天然气、煤、铀、地热等能源矿产 10 种，铁、锰、铜、铝、铅、锌等金属矿产 54 种，石墨、磷、硫、钾盐等非金属矿产 91 种，地下水、矿泉水等水气矿产 3 种，发现矿产地近 18000 处，其中大中型矿产地 7000 余处。① 而这些矿产资源的开发利用为我国经济社会的快速协调发展提供了重要保障。

根据巴顿（Barton）的观点，"矿业立法的历史是迷人的，但这不是研究它的唯一原因，而是因为对于当今的土地和政策具有重大的意义"。② 关于矿产资源开发法律规制的最早规定可以在希腊城邦的立法中寻得踪迹。古罗马时期矿产资源开发已经比较发达，不仅刺激了采矿法的自身发展，还由于采矿组织问题导致了法人制度的最初萌芽。③ 公元 2 世纪，罗马帝国通过立法建立了私人获取采矿权的规则，规范葡萄牙南部铜矿与银矿开发，旨在满足所有权与行政管理费方面的基本要求。很久以后的中世纪欧洲，矿业团体（mining communities）开始出现，根据若干个著名的特许状（charters），采矿特权（privileges）开始被授予这些矿业团体，之后这些特许状的内容进入矿业立法。免费采矿与自由进入的传统起源于中世纪欧洲，尤其是德国。英国法之上的不同，在于 Cornwall

---

① 参见《中国的矿产资源政策》（白皮书），国务院新闻办公室 2003 年 12 月 23 日发布，资料来源于国土资源部网站，2017 年 11 月 13 日访问。

② Barton, B. The History of Mining Law in the US, Canada, New Zealand and Australia, and the Right of Free Entry.

③ 古罗马一般由富有的骑士阶层组成开矿、采盐等商业社团，如金矿社、银矿社或采盐社等。具体参见：[意] 彼得罗·彭梵得：《罗马法教科书》，黄风译，中国政法大学出版社 2005 年修订版，第 39-40 页。

与 Devon 两地的特殊矿业团体，但是这些非常古老的地区同样确立了免费采矿的理念，这样的规则主要强调通过地方法院确定的矿业社团的自由以及自由处理采矿事务的权利。① 早期美洲大陆的加利福尼亚淘金热也以没有任何政府监管以及法律规制而著称，这种法律真空局面在淘金热达到顶峰后很久才得以改变，逐渐形成了矿业权利人自我管理的局面。② 相应地，自治管理对于规则的需求在来自欧洲的淘金者那里找到了蓝本，淘金者将本国的矿业规则带到了美国，并自觉地适用。尽管如此，这些自我管理规则与墨西哥适用的西班牙法仍具有很大的类似。③ 1872 年，美国依据自由采矿原则并依据当时德国法蓝本而制定《通用矿业法》，开始适用于包括加利福尼亚在内的各地淘金活动。自由采矿意味着权利人拥有自由进入土地并从事矿业活动的权利，而且该权利独立且区别于土地地表权人的权利。④

19 世纪下半叶开始，起源于欧洲，盛行于淘金热时期的类似于自由采矿意味的矿业立法席卷整个西方世界。考察矿业立法的历史渊源，现代意义上的《矿产资源法》（起源于 19 世纪初期的矿业立法）肇始于 18 世纪后期。根据韦德（Wälde）的观点，矿业立法的出现应当满足如下三个条件：第一，政府机构的建立。第二，矿

---

① Eva Liedholm Johnson, Mineral Rights Legal Systems Governing Exploration and Exploitation, Kungliga Tekniska högskolan, 2010, pp. 303-319.

② Christopher McGrory Klyza, Who controls public lands? mining, forestry, and grazing policies, 1870-1990. Chapel Hill, NC: University of North Carolina Press, 1996, p. 28.

③ 当金矿被发现时，加利福尼亚名义上仍然属于墨西哥的领土，但实际处于美国的控制之下。

④ Barry Barton. Canadian law of mining. Calgary: Canadian Institute of Resources Law, 1993, pp. 115-116.

产资源开发具有经济利益。第三，具备开采的能力与技术。① 工业革命的深入开展有力地促进了社会分工的进一步发展，许多新的经济部门和行业从社会经济中分化出来，某些自然资源开发利用逐渐成为社会经济中的独立行业。② 矿产资源开发在经济利益方面的显著效益，促使工业革命后相当长的历史时期内，矿业立法将促进开发作为重要的价值取向。

20 世纪下半叶，随着环境保护意识的兴起，矿产资源的开发不再同以前一样具有绝对优先的顺位。③ 曾经"经济价值优先"的原则已经不再具有决定作用。矿产资源的开采需要让位于环境、社会以及文化等其他价值的追求。矿产资源的勘查与开采，尤其在发达国家，需要迈过法律与经济两个层面的高门槛。考察当前矿业发达国家的矿业立法，矿产资源开发活动受到的经典限制主要集中于土地利用与环境保护两个方面。土地利用方面，集中处理特定区域作为土地利用方式之一的矿业活动的位阶。环境保护限制，不仅在内国法有所体现，更得到了具有影响力的国际条约的认可。随着环境保护观念的扩大，矿产资源开发的条件更加严格，诸如环境保护法、森林法、水法等立法规定也更多地对矿产资源的开采进行规制，往往产生不利于开发的影响。基于如此的不确定性，矿产资源的开发与否将变得非常纠结；而且矿产资源开发的经济前景同样具有不确定性，储量客观的矿产资源是否存在本身就是一个问题。当前，大多数发达国家开采矿产资源的难度越来越大，最主要的困难

---

① Thomas Wälde, Mineral Development Legislation: Result and Instrument of Mineral Development Planning. Natural Resources Forum, May 1988, pp. 175–180.

② 张璐:《〈矿产资源法〉修改中的"权证分开"问题研究》，载《甘肃政法学院学报》2010 年第 11 期，第 65 页。

③ 其实，通过国家层面的立法保护环境已经具有很长的历史，环境保护的概念发端于 1872 年美国第一个国家公园（黄石公园），欧洲在 1900 年代开始出现该类立法。

在于矿业立法没有提供有效率的方式进行矿产资源的勘查与开采。

我国历史上对于矿产资源的开发历来奉行官府垄断的做法，限于篇幅不再赘言。[①] 中华民国时期，北洋政府农商部在 1914 年效仿日本矿业法制定了《中华民国矿业条例》，1930 年国民党南京政府在此基础上修订颁行《中华民国矿业法》，使中国历史上有了第一部较为完善、系统的矿业法。[②] 在经过十五次修订之后，历经战火纷纷的"中华民国矿业法"仍然适用于我国台湾地区。该法的核心内容是矿业权的出让与保有，致力于处理政府与私人企业之间、私人企业与私人企业之间的法律关系。[③] 如同日本对于《矿业法》产业法的定位，"中华民国矿业法"也基本采取了类似的处理，将其纳入民商法体系中的产业法。

我国现行矿产资源开发的法律体系基本整体架构脱胎于"国家所有、国家经营和政府严格管控"的基本模式。在改革开放初期的 1986 年，我国主要从管理矿产资源的角度，制定了现在依旧生效的《矿产资源法》。该法制定时期，我国仍然处于以计划经济为主导的时期，因此强调在国家统一计划下的地质勘查与矿山开采。随着我国矿业经济改革的持续深入，矿产资源法的基本原则、适用范围、调整手段一定程度上已无法适应市场经济体制下的新型矿业经济发展的需要。

自改革开放以来，这一模式由逐步推进的建立社会主义市场经济目标所牵引，向加大市场化配置和运行方向不断变化，特别是在 1996 年做出一次修改，并且在管理过程中有关部门出台了大量的配

---

① 关于中国古代矿业立法的详细考察，参见傅英：《中国矿业法制史》，中国大地出版社 2001 年版。

② 傅英：《中国矿业法制史》，中国大地出版社 2001 年版，第 34—36 页。

③ 梁明哲：《立法思想与实践的闪光——就新中国矿业法制史访中国国土资源经济研究院副院长付英》，载中国国土资源网，2014 年 2 月 12 日访问。

套行政法规和规章。但从总体来说，我国现行矿产资源开发的法律架构，形式上至今尚未真正走出资源公有和政府管制的计划供给模式，其中矿业权（含探矿权、采矿权）的配置和运行基本还停留在公权强力约束阶段，从实质来看，则是关于这一领域的理论思路和制度设计方案尚未完成向真正形成以私权驱动为主导机制的合理市场化的根本转型。

具体来说，目前在这一领域的制度与实践中，"权力划拨权利""管控制约经营"依然是当前矿产资源开发（俗称矿业）法律制度的主要问题。现行矿产资源法关于矿业经营权的审批、矿山企业设立的审批以及矿产资源财产权设立三大私法机制的取得程序极具束缚性，严重忽视市场化合理配置，是上述法律制度问题的集中体现，也是当前有关理论研究与实际运行的诸多困境的症结所在。

从实践层面来说，有关矿产资源开发则呈现颇多"利益冲突""违法乱象"，进而引发秩序危机。这些实践问题最突出的表现有二：其一，由于立法的定位和体系缺陷，出现了许多重大的利益冲突，如中央和地方的利益冲突、矿山企业与政府的利益冲突、矿山企业与矿区的利益冲突、矿山企业与矿民的利益冲突等，这些冲突不仅损害了矿业经济秩序，而且也导致了社会治理危机。其二，由于立法规定的不合理或者不明确，导致实践中规避、公然违法频频出现，法律适用上的不清晰也成为常见。首先，规避现象严重，实践中存在大量的黑色、灰色矿区。其次，违法屡见不鲜。其中甚至存在公权力机构公然违法的常态化。矿产资源法关于管理权力和程序的陈旧规定使得矿政主管部门的行政立法职能膨胀，导致矿业权在实践中被严重侵削，产生极其紧张的公权与私权关系。立法法明确的法律规则被实践中的行政规则公然违背，矿业权取得和运行的秩序危机日益严重。最后，出现不少法律适用难题，如矿业权（探矿权、采矿权）转让的合法性问题。现实中存在大量的有争议的矿业权转让案件，关于这些案件的处理已经成为法律适用纷争密集的领域。矿业权转让中，当事人往往以游走于法律模糊地带的擦边球方式规避主管部门的管理与既有规则的束缚，从而产生诸多法律适用方面的纷争。上述实践问题的产生一方面是现有矿产资源开发法律制度的具体操作问题，但另一方面更主要体现为制度规范设计本身的缺陷，而究其原因则是有关制度规范设计本身在理论上存在思虑不足以及缺少现实问题敏感性。

二、研究范围

本书集中讨论矿产资源开发法律制度中的私法机制问题，尤其以其理论重审和制度改进作为重点，研究范围主要限于立法论、解释论、比较论和对策论的范畴。

目前，矿产资源开发从初期的唯一追求经济利益，逐渐演变为多元的价值追求。经济、环境以及安全成为当前矿产资源开发活动需要越过的"三座大山"。限于篇幅，矿产资源开发所涉及的关于环境保护与安全生产的政策考量，只在有限的范围进入本书的研究视野，即在理论研究部分将之简单融合到立法价值政策思考的射程，仅限于从宏观的角度说明私法制度建设与环境保护以及安全生产之间的外部关系。换言之，只是简单说明矿产资源开发中私法制度建设需要正视的外部环境，对于矿产资源开发环境保护与安全生产制度的具体构建本书将不涉及。

另外，本书的研究以私法机制及其完善入题，但难以回避矿产资源开发中私法与公法的关系问题。主要基于如下的考虑：其一，我国现行矿产资源法的行政法基本属性。当前矿业权设置公私法杂糅的立法模式。其二，国家具有矿产资源所有权人与管理权人的双重角色。其三，矿业权的私权化改造以及体系效应需要对既有的公私杂糅体系中的公法因素做出回应。

第二节 研究基础和背景

一、研究基础

迄今为止，我国学界关于矿产资源开发法律制度的研究较为丰硕，取得了许多值得借鉴的成果。相关研究以指向私法机制的矿业权的概念与性质研究为最，旨在解决矿业权的法律定位问题。近二十年来中国大陆学者关于矿业权的研究争议甚多，参与讨论并发表高见的各路人士人数之多、论著之多，可谓百家争鸣。①

当前国内文献对矿产资源法研究，主要表现为"一个层面、两个问题和三个考量"。

首先从研究层面而言，是"一个层面"，即立法论层面。由于矿产资源立法的滞后和保守性，导致有关研究重点在于探究立法改进问题，旨在回应社会经济生活的要求，因此不同于民事基本法、行政法的研究程度，矿产资源法的研究程度尚处于"立法论"层面。当前适用的《矿产资源法》公布于1986年，只在1996年进行了若干修改，20世纪70年代制定的历史背景以及计划经济的烙印深刻地植入现行矿产资源法当中。年久失修的矿产资源法与日新月

---

① 1986年《矿产资源法》颁行之后，江平老师接受当时地质矿产部的委托，带领数名研究生着手进行新中国成立以来对矿业权法律制度的第一次全面系统研究，并于1991年主持出版了《中国矿业权法律制度研究》。故而，笔者以1991年作为我国矿业权法学研究的起点，至今20年有余。

异的矿业实践之间显著的差异，使得修法的呼声成为当前矿产资源法学术研究的主要落脚点。

其次从研究问题而言，是"两个问题"，即矿业权的概念与矿业权的性质。我国的法学研究范式，通常以概念为起点。矿业权的概念与性质成了理论研究的攻坚方向。从理论论题上说，体现为矿业权的概念与矿业权的性质之争，从理论基础来说，则主要是倾向保守的管控本位论与倾向开放的私权基础论以及折中的公私法二元兼顾论之争。当前学术界对矿业权的争议主要集中在两个方面：一是对矿业权的定义的争论，二是对矿业权法律属性的争论，而这两个方面相互关联。[①] 矿业权的概念厘清与性质定位是一组联动问题。既有的矿业权研究以 2007 年《物权法》的颁行为界，分为两个阶段：

第一阶段：简单的梳理，矿业权的含义呈现出"债权说""用益物权说""特别物权说""特许物权说""准物权说""分权说""经营权说"以及"探采合一说"等各说各有理的状态。[②] 一般而言，除却个别支持"债权说"和"知识产权说"以外，矿业权的物权说属于学界通说，但究竟属于哪种物权则分歧较大。尽管对于矿业权的概念，主流观点认为包含探矿权与采矿权。但探矿权与采

---

① 矿业权这一用语本身的科学性已受到质疑。若将矿业权视为探矿权和采矿权的上位概念，容易忽略和掩盖探矿权和采矿权的本质区别。探矿权更是因为勘查结果的不确定性而难以融入物权法体系。不论《矿产资源法》抑或行政法规，矿业权都没有作为法律术语存在。直到 2000 年官方规范性文件之中才出现"探矿权、采矿权为财产权，统称为矿业权"的界定。参见：国土资源部《矿业权出让转让管理暂行规定》第 3 条。

② 参见郗伟明：《矿业权法律规制研究》，法律出版社 2012 年版，第 154-155 页。相关文献，还可参见江平主编：《中国矿业权法律制度研究》，中国政法大学出版社 1991 年版；魏铁军：《矿产资源法律改革初步研究》，中国地质大学博士学位论文，2005 年；崔建远：《准物权研究》，法律出版社 2003 年版，第 182 页；李显冬：《溯本求源集——国土资源法律规范系统之民法思维》，中国法制出版社 2012 年版，第 498-499 页。

矿权的具体性质与内容，各执一词，争论不休，以至于矿业权的概念与性质问题成为一个"谁都可以参与，谁都可以谈论，谁也都能说出几分道理"的低门槛或无门槛的学术讨论。①

第二阶段：从 2007 年开始，研究转向矿业权是否为所谓"准用益物权"的两端化讨论。2007 年《物权法》第三编"用益物权"中的第十章"一般规定"中，宣示性地提及探矿权与采矿权受到法律保护。依据法律的体系解释，《物权法》第 123 条将探矿权、采矿权的性质纳入用益物权范畴，似乎对于矿业权性质有了一个法规范层面的普遍定论。多数学者从《物权法》的架构出发，将矿业权归入所谓"准用益物权"，修正或者改变自己的原有观点。例如，《物权法》颁布以后，王利明教授原先的"特许物权说"与李显冬教授的"准物权说"均调整为准用益物权说。② 遗憾的是，尽管 2007 年《物权法》第 123 条旗帜鲜明地将探矿权、采矿权纳入用益物权体系，给出法规范层面的定论，但物权法的规定似乎没有实现学术研究层面的定分止争。有部分学者（例如，康纪田教授）

---

① 关于矿业权的概念与性质的研究，已经异化为一种"纯游戏"或"纯兴趣"的学术研究趋向。各说多故自封于概念与性质的争议，在具体制度的设计与探索方面却止步不前，难以为矿业立法与实践提供更为有益的支持。

② 2007 年物权法颁布施行后，矿产资源法研究出现了物权法的转向，即物权法对于矿产资源法的影响以及二者之间的对接成为矿业权研究新的增长点。矿业权研究的专著、期刊以及博硕士学位论文都关注到矿业权研究中的物权法面向。其中，中国人民大学刘欣博士 2008 年的博士学位论文直接以"物权法背景下的矿业权法律制度探析"作为论题展开研究。另外，需要说明的是，王利明教授对于矿业认识在术语的选取之上经历特别法上的物权，到特许物权，再到准用益物权的变化。对于其中内涵，王利明教授认为并无明显的差异，并指出"学理上，准用益物权又称为准物权、特许物权、特别法上的物权、非典型物权、特别物权等，是指权利人通过行政特许的方式所获得，对于海域、矿藏、水流等自然资源所依法享有的占有、使用以及收益的权利"。参见王利明：《物权法论》（修订版），中国政法大学出版社 2003 年版，第 786-787 页；王利明：《中国物权法草案建议稿及说明》，中国法制出版社 2001 年版，第 90 页。王利明：《物权法研究》（第三版），中国人民大学出版社 2013 年版，第 1027 页，第 1046-1048 页。

仍然坚持原有意见，强烈地抨击物权法规定的不合理性。此外，"经济权利说""类似土地利用权利说""资源权说"等新的观点依旧陆续推出。①

最后是从研究观点而言，是"三个考量"，即市场经济方向、公法与私法兼顾以及矿产资源法的修订。（1）市场经济方向。目前，矿产资源立法研究多数坚持建设社会主义市场经济是当前我国经济建设的基本方向。《矿产资源法》特定的历史背景，使其包含浓厚的计划经济色彩。尽管部门立法已经尝试着突破，但毕竟立法法的规定使得"部门立法实验"面临违法的嫌疑。无论如何，矿业经济的发展应该符合当前中国发展市场经济的潮流，坚持贯彻市场化改革这个主方向。矿产资源立法以及学术研究也要坚持市场经济这个大的方向，并以矿业权的物权化作为相应的改革思路。（2）公法与私法兼顾的考量。目前，矿产资源立法研究多数坚持公法与私法兼顾的立法选择。这一观点认为，基于矿产资源领域的行业特点，规范矿产资源的开发的法律，不同于法律人熟识的公法或者私法，而是公法私法兼备的特点，属于行业公私综合法；市场机制下的意思自治与国家必要的公权干预之间达到一种利益和秩序的平衡，是矿产资源法律制度的完善及实施的目标；矿产资源的开发，仅仅依靠公法，或仅依靠私法技术，难以兼顾探矿权人、采矿权人、政府以及相关利害关系人的利益。近年来出现的学术专著，抑或博士学位论文，都绕不开公法与私法接轨这个问题的讨论。（3）矿产资源法的修订。对于矿产资源法的研究，有着立法修改的针对性。不论是矿业权概念及性质之争，还是矿产资源有偿使用等基本制度的构建都紧密围绕矿产资源法修改这个命题。专门针

---

①　对于当前矿业权研究的各说以及出处参见后文第三章就国内理论的梳理部分。

对矿产资源法修改的专业论著、学术论文以及课题项目大量存在。对于矿产资源法的修订，学术界与实务界的态度略有差异：理论界关于矿产资源法修改建议的学术研究参差不齐，[①] 实务界的主流声音希望矿产资源法修改的研究不要仅仅流于概念的讨论。[②]

　　总体而言，我国学界关于矿产资源开发法律制度的研究，已经较为丰富和繁荣，特别是在矿业立法理念、矿业权定性、矿业权机制建设、矿产资源法修改等极具价值的论题上提出了许多值得借鉴的成果。但是，既有研究多数限于偏重概念辨析或者某些具体结构的讨论，有的涉及理论建构问题，往往过于空泛。特别是在制度功能、制度比较、制度系统和重点建设方面，尚有很大空白。在迅速发展的中国经济与持续深入的市场化改革的背景下，应加强解决矿产资源如何在复杂背景下进入市场的法治建设问题。可以说，这些研究成果本身尚无法从根本上支撑当前矿产资源开发法律制度革新的合理理论和对策需求。

---

　　① 传统的民法理论涉及矿业权的研究仅仅作为用益物权、准物权或者自然资源物权等理论的边角余料。也有部分研究仅仅局限于矿业法律体系、概念以及性质等问题的讨论。相对而言，具体问题的针对性不足。中国政法大学国土与资源法研究中心对于矿产资源法的修改的意见集中于九大方面，包括"现行矿业法体系、矿业权、矿业权市场、矿业税费、矿山环境、外资进入、矿地使用、压矿以及矿政管理"，讨论更加深入。参见李显冬：《"中国矿业法修订"研究课题建议书（节选）》，载《资源与人居环境》2007年第21期，第20-25页。

　　② 刘欣、肖先华：《对〈矿产资源法〉修改的建议》，载《国土资源通讯》2009年第3期，第41-46页。该文呼吁，"要避免将矿产资源国家所有权视为私权或者混同于一般物之所有权，有学者惯于套用民法原理和物权法规则来解释矿产资源这种特别的物，将矿产资源所有权视为民事权利或者普通的私权，则必然误入歧途，不仅有损于矿产资源所寓含的国家主权权益或者全民利益，而且国家的矿产资源行政管理权包括宏观调控等职能也会遭到贬抑，从而影响国家的经济政治体制的正常运行"。

二、研究背景

（一）经济背景：矿产资源是国民经济发展的重要基础

矿产资源是一种蕴藏在地下的具有重要经济应用价值的自然资源，它是国民经济发展、社会生活提升的重要物质基础。未来很长一段时间内，矿业的基础地位和作用不仅不会削弱，还会随着我国工业化进程的深入，愈发重要。

据统计，在我国，90%以上的能源，80%的工业原材料，90%以上的农业生产资料取自矿产资源。① 改革开放以来，勤劳勇敢的中国人民接连创造着一个个经济奇迹。随之而来，中国对于能源的需求一再攀升，尤其进入 21 世纪以来，各种矿产资源的消耗屡创新高。从 2006 年至 2010 年，石油进口由 1.82 亿吨增至 2.76 亿吨，年均增长 11.0%；铁矿石由 3.25 亿吨增至 6.19 亿吨，年均增长 17.4%。2010 年，中国石油、铁矿石、铜、铝和钾等大宗矿产对外依存度分别为 54.8%、53.6%、71.0%、52.9%和 52.4%。② 据国家统计局核算，2011 年全国能源消费总量 34.8 亿吨标准煤，比上年增长 7.0%，消费总量超过美国。③ 透过高增长的兴奋，我们应该对当前中国矿产资源的开发利用现状有个警醒的认识。

第一，自然条件方面。对于"地大物博"的认识，已经更为客观、深刻。我国矿产资源占世界总量的 12%，居世界第三，但除以十几亿这个人口基数，矿产资源丰富的标签，顷刻被"人口众多"

---

① 张明鑫：《最新矿业权评估转让制度规定及相关数据参数与招拍挂管理工作全书（一）》，中国土地出版社 2008 年版，第 12 页。

② 报告编委会：《2011 中国矿产资源报告概要》，载《国土资源情报》2011 年第 11 期，第 2 页。

③ 关于中国去年能源消费总量超美的详细报道，资料来源新京报网财经版，2014 年 5 月 28 日访问。

拉到人均占有资源贫乏的现实。与此同时，我国各种矿产资源储备差异较大，重要矿产不具优势，后备资源储量增长速度滞后于消耗速度。多中小矿或贫矿，共生伴生现象普遍，可采程度差，技术要求高。区域分布不均，资源地与消费地不同步，造成巨大的运输成本。

第二，资源开发方面。经济发展在资源开发利用方面高能耗、低效率的问题逐步凸显。我国金属矿山采选回收率平均比国际水平低 10-20 个百分点，矿山资源综合利用率仅为 20%，尾矿利用率仅为 10%。[1] 矿产资源的枯竭化态势日益显现，在全国 415 个大中型矿山中，有 50% 面临保有储量危机和即将关闭，全国有 47 个矿业城市探明储量枯竭。据预测，我国既有的 45 种主要矿产资源储量，"到 2020 年可保证需求的只有 6 种，相当部分矿产的探明储量对经济建设的保证程度偏低"。[2] 此外，矿产资源开发中环境污染事故或者安全生产事故一次次地挑战我们对于矿产资源开发的认知，而"煤老板炫富"则作为吸引眼球的话题备受媒体青睐。

（二）政治背景：市场是决定资源配置的决定因素

中国人对于社会主义市场经济的认识并不是一蹴而就的，而是伴随三十多年来改革开放的实践而逐渐清晰。从"有计划的商品经济"，到"计划经济与市场调节相结合"再到党的十四大提出社会主义市场经济理论，我们对于社会主义市场经济的认识一步步地加深，沿着市场取向稳健地推进。社会主义市场经济体制是三十多年来中国始终坚持的改革方向。三十多年中国改革开放的理论和实践都证明，市场决定资源配置是市场经济的一般规律，市场配置资源最有效率，社会主义市场经济同样需要遵循。十多年前，党的十六

---

[1] 董慧凝、尤完：《论资源制约及资源导向的循环经济》，载《财经问题研究》2007 年第 9 期，第 15 页。

[2] 魏铁军：《矿产资源法律改革初步研究》，中国地质大学博士学位论文，2005 年。

大宣告：社会主义市场经济体制初步建立，并提出到 2020 年，"建成完善的社会主义市场经济体制"。我国社会主义市场经济体制虽已建立，但在很多方面还不完善，核心问题是政府对资源的直接配置过多，不合理的干预太多。2013 年，党的十八届三中全会明确提出"要使市场在资源配置中起决定性作用"是建成完善的社会主义市场经济的关键一步。将市场在党的十六届三中全会中提出的"基础性作用"的地位，提高到"决定性作用"，"基础"到"决定"，两个字之变，意义却十分重大。其一，凸显中央全面深化改革的决心，阐释了"紧紧围绕使市场在资源配置中起决定性作用"是继续深化改革的根本方向。① 其二，"看不见的手"在资源配置中起决定性作用，是社会进步，政府放权以及进一步改革开放的重要体现。

坚定市场化改革的方向则是经济体制改革在矿业领域的新要求与新方向。国土资源部姜大明部长在三中全会精神宣讲大会上以国土资源管理为视角对全会精神进行了深刻理解，阐明国土资源部门的改革坚持的"总引领"与"总方向"，即以经济体制改革为重点、发挥经济体制改革牵引作用；坚持社会主义市场经济改革方向，使市场在资源配置中起决定性作用。② 我国在过去三十多年的改革中，商品和服务基本实现了市场化，但是生产要素没有完全市场化。这也意味着电力、煤炭、矿产、水等过去行政管制较为严格的资源方面，未来也将更加市场化配置。国家能源局会同全国工商联召开座谈会，制定了《国家能源局落实民间投资政策工作方

---

① 《让市场在资源配置中起决定性作用——谈贯彻落实十八届三中全会精神推进矿业科学发展》，资料来源中国矿业报网，2014 年 3 月 19 日访问。

② 《国土资源部举行三中全会精神宣讲大会》，资料来源中国矿业报网，2014 年 3 月 10 日访问。

案》，着力打破"玻璃门""弹簧门"等隐形障碍，努力消除民间资本参与能源建设的政策障碍，为民营企业营造公平竞争环境，进一步昭示了生产要素市场化的改革方向。

2017年10月10日党的第十九次全国代表大会顺利召开。完善社会主义经济体制，是"贯彻新发展理念，建设现代化经济体系"的核心内容。"加快生态文明体制改革，建设美丽中国"更是成为我国矿业经济发展以及矿产资源开发法治建设的重要指引。

党中央、国务院早在2015年印发《生态文明体制改革总体方案》，在健全国家自然资源资产管理体制方面，提出"按照所有者和监管者分开和一件事情由一个部门负责的原则，整合分散的全民所有自然资源资产所有者职责，组建对全民所有的矿藏、水流、森林、山岭、草原、荒地、海域、滩涂等各类自然资源统一行使所有权的机构，负责全民所有自然资源的出让等"。

党的十九大报告明确指出，设立国有自然资源资产管理和自然生态监管机构，"统一行使全民所有自然资源资产所有者职责，统一行使所有国土空间用途管制和生态保护修复职责，统一行使监管城乡各类污染排放和行政执法职责"。十九大报告则进一步提出了"统一行使全民所有自然资源资产所有者职责"的要求。

国有自然资源管理和自然生态监管机构的新设，关键的预设目标是解决分头管理的效率低下与效果缺失。自然资源资产管理涵盖矿产资源资产的管理，其中以矿业权为核心内容的矿业权出让与转让制度是当前矿产资源资产管理的主要制度抓手。而国有矿产资源资产的管理势必借助矿业权制度加以完成。当前矿产资源法的制度表达已经无法适应矿业权的市场化，甚至因为行业政策、司法解释等其他替代性制度的冲击而呈现出空洞化的现象。如此意义之上，不论是现有的分类管理体制，还是即将到来的统一管理体制，以矿业权为核心的矿产资源开发管理规则的修正与完善势在必行。

（三）法治背景：私法制度建设是矿产资源开发市场化改革的制度支撑

早在 2002 年，"江平与吴敬琏：市场经济与法治的对话"对于市场经济与法治关系已经有了清晰的判断。① 吴敬琏教授指出："现代的市场经济必须建立在法治的基础之上，但是法治的作用必须是保障市场经济在有序的条件下进行，而不是过多的限制需要。"江平教授一锤定音，给出"市场经济就是法治经济"的经典论断。市场经济体制有效运行的基本条件就是法治。任何一种经济体制都具有特定的有关经济活动的游戏规则，而现代市场经济作为一种体制的根本游戏规则就是基于法治的规则，法治就是市场经济体制之"纲"。② 要发展市场经济，就要改"审批经济"为自主经济。如今经济管理制度中动辄审批，无审批寸步难行的做法，已经大大阻碍了经济的发展，特别是影响了市场竞争机制的形成和健康发展。③ 目前中国的市场经济立法还有很多犹豫不决之处，对民商法作为法律体系的基础地位认识尚有不足，私权尤其是私人财产权的范围及其流动性尚有诸多不必要的限制，市场交易仍有许多禁区。这些都要求进一步完成或完善一些重大市场经济立法。首要解决的就是关于私人权利、市场主体和市场交易立法的进一步市场化。④

党的十九大报告始终贯穿着"法治中国"的主题，显现着

---

① 2002 年 11 月 27 日晚，中国政法大学老校礼堂，中国政法大学民商经济法学院和上海法律与经济研究所联合举办"江平与吴敬琏：市场经济与法治的对话"学术活动。

② 刘武俊：《在市场经济领域彰显法治力量》，载《人民法院报》2012 年 5 月 26 日，第 002 版。

③ 江平：《完善市场经济法律制度的思考》，载《中国法学》2003 年第 1 期，第 7 页。

④ 龙卫球：《民法基础与超越》，北京大学出版社 2010 年版，第 101 页。

"法治思维"的逻辑，回荡着"法治精神"的主旋律，无疑是中国特色社会主义新时代法治建设的实践行动纲领。① 早在 2014 年，党的十八届四中全会公报明确说明"重大改革应于法有据。实现立法和改革决策相衔接，做到重大改革于法有据、立法主动适应改革和经济社会发展需要。实践证明行之有效的，要及时上升为法律。实践条件还不成熟、需要先行先试的，要按照法定程序作出授权"。此举阐释了改革与立法的关系步入新的阶段。传统的政策驱动式的改革模式需要适应新的于法有据式的改革模式。之所以要求重大改革要做到于法有据，应当认为是由于改革要有一个群众基础，要有一个法律基础，要有一个人民意志的表现，这样的话我们才能推行改革。② 改革需要于法有据，要求矿产资源法与时俱进的修改。矿产资源法的超负荷运转部分一定程度上已经与矿业权的实际运行与管理出现脱节。党的十九大确立的系列大幅改革，要求矿产资源法加速完成制度升级。否则，矿产资源资产管理机构的设置以及管理方式的调整将面临矿产资源法陈旧规定的羁绊，甚至造成对于重大改革应于法有据的基本要求的违背。

　　社会主义市场经济的方向与法治经济的具体要求势必摄入矿产资源法的理论研究与制度实践。1986 年《矿产资源法》的起草工作开始于 1979 年，受制于当时单一计划经济模式，以及对于矿业商品经济立法的理论研究和法律观念的薄弱，自然使得《矿产资源法》中许多法律规范与后颁布的其他相关法律产生了矛盾。尽管1996 年修法以来，矿产资源法暂时性地满足了矿业市场经济制度的

---

　　① 姚建宗：《中国特色社会主义新时代法治建设的实践行动纲领——中国共产党十九大报告的法学解读》，载《法制与社会发展》2017 年第 6 期，第5-20页。
　　② 江平：《重大改革于法有据与新问题》，载《炎黄春秋杂志》2014 年第 12期，第6-8页。

最低需求，但仍然难以适应矿产资源市场化改革的实践。市场对于配置资源的决定作用，需要借助完整的产权制度和通常的流转制度得以实现。没有完整意义的产权制度，市场的决定作用的发挥也无从谈起。我国现行矿产资源法基本上还难以完全摆脱行政管理法的影响，虽然该法规明确了探矿权、采矿权，基本建立起了新中国的矿业权制度。但是仍然存在矿业权依附于行政权，缺乏稳定性以及可转让性的制度问题。而此类制度的缺失，正是行政权力强势，私法机制不足在矿产资源领域的集中体现。"私法主治才是法律的本质要求或内在基础。"[1]

第三节　研究方法和研究结构

一、研究方法

本书着眼于从制度架构整理和问题梳理入手，重审既有理论的存在问题，结合比较法的观察和分析，借助实证分析的剖析和探求，思考更趋合理的符合我国现行转型特点的矿产资源开发私法机制的理论建构模式，以及由此检讨和探求应取的法律机制设计和改进方案。具体来说，本书使用了以下研究方法：

（一）规范分析

本书首先采取的是法律研究的规范分析方法。我国当前矿业立法已经进入形式上相对充沛的阶段，基本的矿业法律制度、法律规则以及法律概念已经搭建完成。当然此处的界定是建立在广义的法

---

[1]　龙卫球：《法治进程中的中国民法——纪念〈民法通则〉施行 20 周年》，载《比较法研究》2007 年第 1 期，第 103 页。

律之上，包括当前矿业立法的各种法律渊源。矿业实践中，非法律层面的规制，或者说矿政主管部门的规范性文件处于实然法的地位。本文研究以现行相关立法规范为起点，主要研究目的是揭示以矿业权为中心的矿产资源开发法律制度的规范不足和改进空间。因此，进行必要的制度规范分析是前提。

（二）实证分析

实证分析法也是本文的主要研究方法。如果说规范分析更加偏重"纸面上的法律"，那么实证分析则更多地聚焦在"现实中的法律"。通过问题事实的观察和分析来建立和检验我国当前矿产资源开发的法律理论和制度设计，是不可回避的经验方法。本书在相关理论和制度考察和评析的研究中，同时引入实践问题及其成因的分析，为有关结论和建议提供实证支撑和说明。同时，中国的某些国情和正处于转型时期的特点也强化了这一研究方法的独特作用。

（三）比较研究

比较研究方法是研究中必要时用来获取参照和丰富思维效果的研究方法，因此也是本书重点采用的研究方法。本书选取研究一些发达国家的矿业立法、理论与实践的样态，加以比较观察或分析，试图由此参考、借鉴有关发达国家矿产资源开发的法治建设经验。

我国《矿产资源法》目前正处于修订过程中，国土资源部"两法"办明确指出矿产资源法的修订要借鉴成熟市场经济国家的立法，对于握有矿产资源草案制定大权的"两法"办，其态度对于矿业立法的推进具有重要影响。本文有关方面的工作算是就矿产资源法修订的"积极回应"。目前国内比较法意义之上的资料严重匮乏，西方矿业发达国家矿业立法的介绍本身可以理解为一种贡献。①

　　值得一提的是，矿产资源开发法律规制存在大陆法系国家常用的特许权机制（concession system）与英美法系国家青睐的许可证模式（license system）两种规制模式，本文在比较法资料的选择上，主要采用英文资料，并偏重英美法资料。原因在于：

　　第一，当前世界上的矿业大国属英美法系的居多，其法治的建设更具备实践的土壤。英美法系中的美国、加拿大以及澳大利亚都是当前的世界矿业大国。笔者在文献选取中发现，不论是亚洲矿业立法样本的日本矿业法，还是我国台湾地区的"矿业法"，都受制于本身矿业发展不足的局限。在英美材料的选取中，本文重点选取美国法作为样本，有针对性地集中从美国矿业法治的具体制度与美国公有土地矿产资源开发的法律规制两个层面展开比较观察，旨在既照顾到微观的制度安排，又能够从宏观的视角考察美国公有土地上矿产资源开发之中的矿地关系。

　　第二，语言能力所限。本文对于英美法资料的选取原则上坚持使用一手资料，以提高研究的可信度。但是笔者不具备经典大陆法系国家的语言能力，决定了本文无法在比较法的内容中较为深入细

----

　　①　当前，国土资源部地质勘查司2005年组织编写的《各国矿业法选编》是矿业立法研究的主要比较法资料。根据笔者有限的阅读范围，当前的矿产资源法研究中比较法层面的资料来源主要是国土资源部地质勘查司2005年组织编写的《各国矿业法选编》，甚至到了严重依赖的程度。作为大陆法系矿业立法标杆的德国《联邦矿山法》尽管没有汉译本，仅由中国政法大学2010届博士研究生周小勇在其《矿业权的法学构想——从公私法二元区分及其互动的视角分析》的博士学位论文中有部分介绍，而英美法系中的美国矿业立法的经典代表也缺乏最为基本的介绍。笔者看来《各国矿业法选编》确实对于我国矿产资源法的研究以及矿业权理论的研究具有积极的意义。但可能的问题是：《各国矿业法选编》仅仅是各国法条的汇编与整理，依靠有限的法条规定无法实现比较法意义之上的研究，甚至仅仅流于单纯意义之上的法条对比，无法从立法背景、立法模式、制度变迁等更为宽广以及深入的层面为比较法研究提供充分的材料支撑，可能对于法条理解的差异会导致国外的有益经验误读。

致地介绍大陆法系的经验。幸好，英文材料中对于大陆法系矿业法律规制的基本模式有较为详细的论述，所以本文对于大陆法系矿产资源开发法律规制的研究更多地倚重英文资料与经典的中文译著。此外，我国目前物权法有关研究多以大陆法系为比较，为矿产资源开发制度研究提供了相关材料。例如，德国物权法的经典译著中对于矿山所有权、矿业权等有较为明确的介绍。

二、论证结构

本文的主要结构分为四大部分，即我国矿产资源开发私法机制研究的问题设定，矿产资源开发法律制度与私法机制架构现状，基于比较观察和政策分析的理论建构以及相应对策思路研究四个方面。

第一部分是矿产资源开发私法机制及其完善研究的问题设定。第一章绪论部分设定了研究对象，简单说明作为研究起因的制度和实践困惑，直接指向我国现行矿业立法在私法化或市场化机制方面存在的严重不足。该部分也交代了研究基础、背景、方法、结构等。

第二部分是现行矿产资源基本制度与私法机制架构、相关理论渊源的整理分析。第二章研究我国现行矿产资源开发法律制度与私法机制架构现状，揭示其立法基本取向仍然是以强化行政安排为主导，私权市场化配置不足，存在国家管控与鼓励市场两种价值理念前重后轻的设计。我国当前矿产资源开发法律制度在立法理论、基本内容、设置逻辑和私权保护等层面都存在严重不足，突出表现是私法化机制的主导定位和运行保障的制度设计不足的问题，由此导致实践中矿产资源开发私法机制动力不够、私权配置、运行和保障屡屡缺失。因此在矿产资源开发中引发种种与正当私法化调整相背离的"利益冲突""违法乱象"和"秩序危机"，这些都凸显提升我国现行矿产资源开发制度应加深私法化完善的理论研究和改进相关规范设计的必要性和急迫性。第三章对我国现行矿产资源法律制度的理论渊源进行阐述和初步反思。我国长期奉行的矿产资源法律理论是所谓的国家管控论，属于特殊时期计划经济体制的产物。这一理论并不符合矿业资源开发的合理要求，尤其在今天的市场化体制下已经完全不能适应。作为对于管控本位论的反思，学界目前提出了私权基础论和公私法二元兼顾论，体现了明显的进步价值，不过，这些理论在功能定位方面或者整体思考方面还存在一些简单化倾向。

第三部分是基于比较观察与政策分析的理论建构研究。第四章以微观为视角，突出对矿产资源开发私权配置及其运行体系的比较观察，并分别对大陆法系国家通用的特许权机制（concession system）与英美法系国家青睐的申请权机制（claim system）两种规制模式展开研究。第五章则以宏观层面着眼，突出矿产资源开发中的矿地关系这一主线，并以美国作为样本国家深入个案分析。一方面梳理美国公有土地治理中处理矿地关系的历史脉络与理念变迁，另一方面也集中对美国公有土地治理（涉及矿产资源开发）的政策模型进行类型化的考究。通过上述比较法的研究，第六章展开理论建构研究，立足功能定位和整体分析思考提出理论改进方案。当前国内对于矿业立法中公私法二元互动的讨论具有一定的合理性，但就二者关系的功能定位讨论尚显不足。本文从理论建构上，归纳出一种以"国家—市场"多元利益整合的多重规范调整和规制的法律制度设计思路，其核心是私法机制主导，兼顾公法调整，特点体现为在设定矿产资源国有的基础上，旨在确定矿业利益归属和产业驱动机能的以确立探矿权、采矿权的取得和运行为表现方式的私法机制为主导，同时不可或缺地辅助以不同程度体现国家利益、社会利益以及资源节制配置等考量的各类必要政策安排的公法机制，一种本书可称之为"偏私型公私综合调整论"的法律机制。

第四部分是关于如何加大私法化的改进思路研究。本书提出，我国目前矿业经济持续深入的市场化改革所要求的矿产资源开发制度之改进，应当在私法机制主导，兼顾公法调整的框架之内开展，从现行制度的短板来说两方面都存在重要调整的迫切性，其中私法制度层面的制度改进更为急迫。从制度功能总体定位来说，加大矿业权配置和运行的私权化是相关理论研究的解困之路，并在形式上应从相对僵化的特许权规制模式（concession system）向更为灵活的许可证规制模式（claim system）转变，将涵盖诸多元素的矿业权进行功能重置，即剥离行政许可与矿山企业资质，进而完成矿业权私权化的改造。本文以矿产资源开发中所有权与管理权区分作为制度建设的意识，围绕两条主线完善我国矿产资源开发的私法机制：（1）矿业权的设立、续展、变更以及消灭是矿产资源开发私法制度建设的基本构成。其中以"权证分离"剥离现行矿业权设置中的行政许可因素，实现其私权化意义上的得丧变更。（2）矿业权的不同生命周期，私权与公权承载的重点不同。其中矿业权的设立与续展紧紧围绕矿产资源国家所有权展开，涉及矿业权出让制度的构建。对于矿业权的变更与消灭阶段，关注的核心要点已经从矿产资源国家所有权转变为国家对于矿业经济的管理权。其中，以国家管理权介入的程度作为线索，提出矿业权的转让制度与矿业权消灭制度的架构思路与基本路径。另外，从立法技术上说，矿产资源开发法律制度的属性定位，则应理解为主要涵盖民事法律规范、兼顾行政法律规范的行业私法。行业私法的划分并不是完全地脱离于部门法划分而存在的，法律关系区分的公私法二元区分的基本原则依然适用，不能因为以行业作为法律归类的依据而忽视了法律手段的功能定位，但是鉴于私法配置和公法管理方面的复杂性，这种行业私法存在很强的政策机制属性，又可归入政策私法范畴。

第四节　需要明确的几个概念

一、矿产资源

矿产资源最初是作为地质学上的概念而为人熟知的。当前具备国际范围认可的含义界定由美国地质调查局（U. S. Geological Survey）于 1976 年发布。"矿产资源（mineral resources）是指天然赋存于地球表面或地壳中，由地质作用形成，呈固态、液态或者气态的具有当时经济价值或潜在经济价值的富集物。"[①] 地质学上对于矿产资源的认识既包括已经发现的矿产，同时也将尚未发现但可能存在的矿产纳入其中。

矿业立法作为规制矿产资源开发的专业立法，深受地质学对于矿产资源含义理解的影响。由于矿产资源种类的超大含量，适用矿种的范围界定成为矿业立法的首要任务。通常来讲，"类型化+列举"并辅以兜底条款的模式选择受到诸多立法例的青睐。例如，美国联邦公有土地蕴含的矿产资源被类型化为可标定矿产资源，可租赁矿产资源以及可出售矿产资源，并分别适用不同的法律，且由各法以列举的形式进一步说明。《日本矿业法》第 3 条即以举例的方

[①]　张钦礼等：《采矿概论》，化学工业出版社 2009 年版，第 6 页。

式就"适用矿物"进行了说明。① 我国台湾地区的"矿业法",② 亦在第 3 条以"本法所称之矿,为下列各矿"对适用于矿业法的 60 类矿种进行了点名,同时以"其他经行政院指定之矿"作为应对新生矿种的兜底条款。③

具体到我国的矿业立法,1994 年颁布的《矿产资源法实施细则》明确规定"矿产资源是地质作用形成的,具有利用价值的,呈固态、液态、气态的自然资源",并将矿业立法范畴内的矿产资源分为能源矿产、金属矿产、非金属矿产和水气矿产四个大的类别。针对新发现矿种的处理,则由国务院地质矿产主管部门报国务院批准后公布。④

需要说明的是,本文讨论的矿产资源是能够适应市场化改革,并以市场机制作为资源配置决定作用的矿种。需要特别的立法或者政策制定突出权利配置规则的矿种不属于本文的讨论范围。例如,国家基于战略需要特别管制的稀土、铀等矿种。

二、矿业权

矿业权是我国法律研究中极具争议的术语。具体可能是如下两个方面的原因:其一,国内研究对于矿业权的认识处于多观点并存的论证阶段。其二,比较法考察中根植于不同矿业立法体中的术语

---

① 参见:《日本矿业法》第 3 条。

② 需要说明的是本文基于研究的需要可能涉及"中华民国矿业法"以及台湾地区、大陆地区等具有一定政治敏感性的用语。如此使用完全是基于材料完整性以及论述的准确性考虑,切勿做任何具有政治倾向的过分解读。另外,本文"大陆地区"或者"我国台湾地区"的使用实在是因为如果不加以区分,可能会引人误解,但可以确定的是不具有任何违反"一个中国原则"的政治倾向。

③ 参见:我国台湾地区"矿业法"第 3 条。

④ 参见:国务院颁布的《矿产资源分类细目》。

均以"矿业权"进入当前的研究之中。

　　"探采合一"与"探采分离"的不同制度设计范畴内，矿业权的意义截然不同。当前国内研究对于比较法资料的处理，尤其是英文资料中 mineral rights 或 mining rights 往往翻译为矿业权或采矿权。而以 mineral rights 为中心展开的 claim（开采申请）、exploration permit（勘查许可）、license（许可证）、exploitation concession（特许制）、leases（租赁）等术语的理解远非一个"矿业权"那么简单。例如，澳大利亚矿业法的权利配置主要由探矿权（exploration tenements）、采矿权（production/mining tenements）以及与矿业权有关的其他权利（other miscellaneous tenements）构成。[①] 具体到日本矿业法，矿业权则由钻探权和采掘权构成，从具体的内容设置着眼，似乎分别对应我国矿业立法中的探矿权与采矿权。[②] 我国台湾地区"矿业法"中矿业权的理解则相对容易，"矿业法"直接将矿业权界定为"探矿权或采矿权"。[③] 此外，美国法中依据排他性将探矿权分为排他性探矿权和非排他性探矿权（unpatented mining claim）。[④] 当前矿业权研究在比较法资料的考察中，对于矿业权的

---

　　① 王清华：《澳大利亚矿业权授予和转让制度及对我国相关立法的借鉴意义》，载《河北法学》2011 年第 6 期，第 154 页。

　　② 《日本矿业法》第 5 条规定："本法律谓之矿业权，系制在业经登记注册的特定土地区域内，采掘及获得业已登记注册的矿物及该矿床中伴生的其他矿物的权利。"但该法第 11 条规定"矿业权分为钻探权与采掘权"的表述似乎产生了逻辑之上的瑕疵。依据第 5 条规定似乎矿业权的定义更符合采掘权的基本意思。此处，笔者不敢轻易地质疑日本矿业法规定的逻辑严密性。主要因为日本矿业法的引介至今停留于法条的基本规定，对其中制度的构成介绍则尚属薄弱。笔者不具备日语研究能力，对该点着实没有办法进一步考证。

　　③ 参见：我国台湾地区"矿业法"第 4 条之规定。

　　④ 美国 1872 年通用矿业法（the General Mining Law of 1872）规定，任何人在公有土地之上标定有价值的矿产资源后，即可获取受法律保护的非排他性采矿请求权，当然权利人也可以依据法定程序将之转换为排他性的探矿权或者采矿权。

理解需要以特定的矿业立法体制作为制度背景，简单地局限于"矿业权"一词可能引起不必要的误解。就本文而言，涉及比较法内容的章节对于相关立法例中专业术语的描述需要以具体制度背景作为理解的基础，其中术语至少在初次出现时会配有英文中的原词表达。

本书矿业权这一术语的使用，仅为论述之方便而采用，并不代表笔者认同矿业权属于探矿权与采矿权上位概念的判断，更不涉及矿业权作为探矿权与采矿权上位概念的共性讨论，仅为约定俗成方便使用而已。① 我国现行的矿产资源法并没有"矿业权"的用法，矿业权多被用作矿业权理论研究中的学术术语，这种约定俗成也得到作为地质矿产主管部门的规范性文件的确认。本书中，没有特别说明，"探矿权、采矿权为财产权，统称为矿业权"，反之亦成立。

---

① 建立于"矿业权属于探矿权、采矿权上位概念"之上的批评不适用于本文。参见郜伟明：《当代社会化语境下矿业权法律属性考辨》，载《法学家》2012 年第 4 期，第 91 页。

第二章 我国现行矿产资源开发法律制度与私法机制架构

第一节 我国现行矿产资源开发立法的渊源体系

我国现行矿产资源立法规模超乎想象，截至 2012 年 11 月 4 日，在中国法律法规规章司法解释全库中，以"矿"为关键字段进行标题搜索，涉及法律 9 条，行政法规 98 条，司法解释 29 条，部门规章 2164 条，地方性法规、地方政府规章以及规范性文件竟然达到 7464 条。① 随着时间的推移，涉及调整矿产资源开发的规范还将进一步增加，其渊源形成因为案例指导制度的深入推进而进一步扩展。②

---

① 需要说明的是此处仅仅在于举例说明我国矿业立法的总体规模。检索得到的"法律 9 条，行政法规 98 条，司法解释 29 条，部门规章 2164 条，地方性法规、地方政府规章以及规范性文件竟然达到 7464 条"的数据并不必然与规范的实际数目一致，应该略大于实际数量。例如，法律项下的 9 个检测结果，标题带"矿"的法律仅有《矿产资源法》与《矿山安全法》，但这两部法律都经过两次修改，新旧版本都被计算在内，所以统计结果按 4 个处理。此外，作为法律制定机关的全国人大以及常委会作出的法律适用解释与答复等亦被统计在"法律"项下。

② 近年来，矿产资源开发立法发生了若干具有里程碑意义的事件。其一，2010 年最高人民法院发布《关于案例指导工作的规定》，其中第 7 条明确规定："最高人民法院发布的指导性案例，各级人民法院审判类似案例时应当参照。"如此意义之上，广义的调整矿产资源开发的规范还应包括指导案例。

依照系统分析的方法，矿业资源法律规范系统，是由民法、刑法、行政法等诸多子规范系统共同构成。[①] 依照法律渊源的效力等级观察，当前的矿业法律体系囊括法律、行政法规、地方性法规、部门规章、地方政府规章、司法解释以及规范性文件等几乎所有的法律渊源类别。

一、宪法

《宪法》对于矿产资源开发相关规范涵盖在"自然资源"概念之下，具体包括 3 个条文，涉及"矿藏的国家所有权""矿地使用权"以及"环境保护"三个方面。[②] 第 9 条规定"矿藏属于国家所有，即全民所有。国家保障自然资源的合理利用。禁止任何组织或者个人用任何手段侵占或者破坏自然资源"。第 10 条规定"一切使用土地的组织和个人必须合理地利用土地"。第 26 条规定"国家保护和改善生活环境和生态环境，防治污染和其他公害"。

二、法律

全国人大或全国人大常委会制定的法律涉及矿产资源开发的立法都可以理解为广义之上的矿业法规范。私法方面，作为权利宣言书的《民法通则》第五章"民事权利"第一节"财产所有权和与财产所有权有关的财产权"规定"国家所有的矿藏，可以依法由全

[①] 矿业法律规范系统系李显冬教授最早提出，是在矿业立法中高于公私法的更高一层的划分，是将系统分析方法引入法学研究的成果。具体的论述详见：李显冬：《中国矿业立法研究》，中国人民公安大学出版社 2006 年版，第 58-59 页；李显冬：《溯本求源集——国土资源法律规范系统之民法思维》，中国法制出版社 2012 年版，第 498-499 页；李显冬：《矿业法律实务问题及应对策略》，中国法制出版社 2012 年版，第 6-9 页。

[②] 宪法作为国家的根本大法，其重要性以及对于矿产资源开发的重要影响不言而喻，其中宪法确立的基本经济制度以及自然资源的产权配置模式均对我国矿产资源开发立法以及矿政管理体制产生根本性的影响。

民所有制单位和集体所有制单位开采，也可以依法由公民采挖。国家保护合法的采矿权。国家所有的矿藏不得买卖、出租、抵押或者以其他形式非法转让"。2007 年颁行的《物权法》则在第 46 条重新强调了矿产资源的国家所有权，第 123 条则宣示性表述"依法取得的探矿权、采矿权受法律保护"。公法层面，《刑法》第六章"妨害社会管理秩序罪"第六节"破坏环境资源保护罪"第 343 条专门针对"擅自开采"与"破坏性开采"进行规制。① 此外，环境保护与安全生产等方面的立法对矿产资源开发活动予以有重点的公法调整。

　　矿产资源开发作为一项复杂的活动，其具体规范涉及私法与公法的综合调整机制。如此意义之上，规范矿产资源开发的法律规范散见于诸多不同的法律当中。其中《矿产资源法》作为调整矿产资源开发的专门性法律有必要特别说明。《矿产资源法》在我国的法律体系当中，并没有传统"六法"那样的耀眼地位。特殊的专业属性和相对较窄的适用空间，使得《矿产资源法》并不为大众熟知。其实，新中国的矿业立法起步较早，早在 1951 年 4 月 18 日，即颁布了专门调整矿业秩序的《矿业暂行条例》。《矿业暂行条例》第 1 条就明确了"全国矿藏，均为国有，如无须公营或划作国家保留区时，准许并鼓励私人经营"的基本原则。《矿业暂行条例》的立法设计和基本内容具有苏联矿业立法的印记，但是并非全面照搬。当时以国有经济为主导的包括合作社经济、个体经济、国家资本主义

---

　　① 《刑法》第 343 条规定："违反矿产资源法的规定，未取得采矿许可证擅自采矿，擅自进入国家规划矿区、对国民经济具有重要价值的矿区和他人矿区范围采矿，或者擅自开采国家规定实行保护性开采的特定矿种，情节严重的，处三年以下有期徒刑、拘役或者管制，并处或者单处罚金；情节特别严重的，处三年以上七年以下有期徒刑，并处罚金。违反矿产资源法的规定，采取破坏性的开采方法开采矿产资源，造成矿产资源严重破坏的，处五年以下有期徒刑或者拘役，并处罚金。"

经济以及私人资本主义经济并存的经济格局，决定了《矿业暂行条例》并不具备苏联矿业立法全面管控的经济基础。[①] 1965 年，国家颁布专门规范矿产资源开发的《矿产资源保护试行条例》。此后，矿业立法陷于停顿，"文化大革命"期间甚至遭到废弛。1986 年《矿产资源法》颁布实施，矿业管理与开发无法可依的时代结束。《矿产资源法》（1986）的制定要追溯到 1978 年 7 月 31 日。国家地质总局局长孙大光正式向国务院提出立法建议。次年，在国家经委领导下，成立《矿产资源法》起草办公室。1984 年《矿产资源法（草案）》第 13 稿经国务院常务会议审议通过。1986 年 3 月 19 日，第六届全国人大常委会第十五次会议审议通过《矿产资源法》。《矿产资源法》（1986）的制定到颁布历经 8 年之久，恰逢改革开放的最初十年，必然受到体制转化的思想冲击。但总体来看，中国的矿业立法尽管迈出了"有法可依"的关键一步，但在立法模式与立法技术方面仍以苏联矿业立法为模板。然而，我国矿业领域长期受制于计划经济体制的影响，改革步伐相对迟缓，矿业立法工作亦相对滞后。近三十年来，《矿产资源法》仅在 1996 年进行过一次修订，但矿业领域的市场化改革已经提前迈出了尝试的脚步。为了适应矿业市场经济发展对于规则供给的需要，国务院以及矿政主管部门在修法后的二十多年里，一定程度上承担了规则输出的任务，陆续出台诸多行政法规与部门规章以及其他规范性文件，应对矿产资源开发与管理在规范层面的短缺。

三、行政法规

当前我国矿业立法在行政法规层面发挥突出作用的当属 1998

---

① 傅英：《中国矿业法制史》，中国大地出版社 2001 年版，第 61 页。

年国务院连续颁布的三项行政法规。国务院 1998 年第 240 号令与第 241 号令分别发布《矿产资源勘查区块登记管理办法》与《矿产资源开采登记管理办法》。第 242 号令则是开启矿业权市场化实验的《探矿权采矿权转让管理办法》。值得注意的是国务院于 1994 年制定了《矿产资源法实施细则》，用以完善和修正颁行 8 年的《矿产资源法》。但两年之后《矿产资源法》的修改使得《矿产资源法实施细则》的功能与效用大打折扣。立足 1986 年矿产资源法制定的《矿产资源法实施细则》在当前的矿业法律体系中作用有限，较少适用。

四、部门规章

部门规章近些年来在某种意义上承担着行政立法实验与矿产资源法修正的功能。其一，矿业市场经济的迅速发展与管理体制的应适性转型，要求矿业立法完成制度供给，需要规范层面的正当性依据。其二，《矿产资源法》于 1996 年小幅修订之后，已经二十年岿然不动，其规范设计甚至立法理念已难以适应矿业市场经济持续发展的要求。所以，作为地质矿产主管部门的国土资源部在矿业管理方面颁布了大量的部门规章，具体内容涉及矿产资源开发的方方面面。①

需要注意的是国土资源部既可以发布行政规章，也可以发布规范性文件，仅以发布单位作为法律效力等级界定依据容易引起误判。国土资源部发布的部门规章与其他规范性文件在实践运行中往往均具有实然法的效力，甚至调研数据显示主管部门对于国土资源

---

① 当然在安全生产与环境保护等方面，其他主管部门亦依照权限制定有关部门规章，对矿产资源的开发予以规制。

部的一般规范性文件更加青睐。① 因此，同一制定主体的外观，使得我们容易忽视二者之间法律效力的区别。当前的矿业立法研究中，关于法律渊源的认识确实存在一定程度的偏差，即将部分由国土资源部发布的一般规范性文件纳入部门规章的范畴。

部门规章在行政许可的设定以及行政程序设置等方面的权限与规范性文件截然不同，因此有必要对国土资源部发布文件的效力等级做出正确判断。② 我国《立法法》第 85 条明确规定，部门规章需要以部门首长签署命令作为要件。例如，2012 年国土资源部第 55 号令发布的《矿产资源规划编制实施办法》，明确说明"已经 2012 年 8 月 31 日国土资源部第 3 次部务会议通过，现予以发布，自 2012 年 12 月 1 日起施行。部长徐绍史"。而《矿业权出让转让管理暂行规定》《探矿权采矿权招标拍卖挂牌管理办法（试行）》《矿业权交易规则（试行）》则是以"印发通知"的方式发布，并无部门首长签字的说明，应属一般规范性文件。③

五、地方性法规、地方政府规章

地方性法规形式的矿业立法往往选择综合性资源保护条例的立

---

① 国土资源部行政立法实验的规范抓手更多地体现为一般规范性文件，鉴于其较强的可操作性，容易得到相关管理部门的青睐。

② 例如，《行政许可法》第 16 条授权规章"可以在上位法设定的行政许可事项范围内，对实施该行政许可作出具体规定。法规、规章对实施上位法设定的行政许可作出的具体规定，不得增设行政许可；对行政许可条件作出的具体规定，不得增设违反上位法的其他条件"，而一般的规范性文件则无此权限。

③ 例如，国土资源部关于印发《矿业权交易规则（试行）》的通知（国土资发〔2011〕242 号）的表述为，"各省、自治区、直辖市国土资源主管部门：为规范各地矿业权交易机构和矿业权人交易行为，促进矿业权市场健康发展，现将《矿业权交易规则（试行）》印发给你们，请遵照执行"。之后为日期二○一一年十二月三十一日，并无首长名字，这显然不同于《矿产资源规划编制实施办法》的发布形式。

法模式，如湖北省、四川省、海南省、江苏省、河北省以及宁夏回族自治区都制定有"综合性的资源保护条例"。地方政府规章更多地针对具体问题的处理进行规制。例如，湖南省针对责任追究制定地方政府规章《湖南省违反矿产资源管理规定责任追究办法》。①2002年全国人大常委会执法检查组关于检查《矿产资源法》实施情况的报告显示：为深入贯彻实施1996年修改后的《矿产资源法》，检查的江西省、云南省、辽宁省以及内蒙古自治区四省区初步具备了较为完备的矿业地方性法规规章体系，各自制定了本省的"矿产资源管理条例"。此外，江西省还颁布了《江西省集体矿山企业和个体采矿矿产资源监督管理办法》，辽宁省制定了《辽宁省集体和个体采矿条例》《辽宁省矿山环境保护条例》等。自主性和创新性立法方面，江西省针对地质勘查进行专门规制，云南省则对外商投资勘查开采以及古生物化石资源保护方面颁行专门规范，内蒙古自治区针对地热资源的管理制定相关条例。②截至2017年，在"北大法宝"数据库中的"地方法规规章"以"矿产资源"作为关键词搜索，显示地方性法规为163件，其中地方性法规在文件名称的选取之上广泛采用《×××矿产资源管理条例》。2010年起各地兴起了新一轮的法规修改，数据显示地方政府规章的规模相对较小（105件），内容更多地涵盖矿政管理的具体问题。

---

① 《立法法》第85条要求，"地方政府规章由省长、自治区主席、市长或者自治州州长签署命令予以公布"。此处的道理与部门规章的道理一致，地方政府制定的规范性文件不一定是地方政府规章。

② 全国人大常委会副委员长邹家华于2002年10月26日，在第九届全国人民代表大会常务委员会第三十次会议上所作"全国人大常委会执法检查组关于检查《中华人民共和国矿产资源法》实施情况的报告"。

六、司法解释

严格来说，司法解释的制定、修改与废止并没有纳入《立法法》的范围，因此对于司法解释的地位尚存争议，但不可否认的是最高人民法院与最高人民检察院的司法解释具有实然法的约束力。[①]

1985 年至 2012 年，最高人民法院与最高人民检察院涉矿司法解释仅 20 多条，并且没有针对矿业权的综合性司法解释出现，而是分别以"解释""通知""答复""复函"以及"批复"等形式出现。[②] 例如，影响力较大的有《最高人民法院、最高人民检察院关于办理危害矿山生产安全刑事案件具体应用法律若干问题的解释》《最高人民法院行政审判庭关于在已取得土地使用权的范围内开采砂石是否需办理矿产开采许可证问题的答复》《最高人民法院行政审判庭关于地质矿产主管部门作出的非法采矿及破坏性采矿鉴定结论是否属于人民法院受案范围问题的答复》《最高人民法院关于审理非法采矿、破坏性采矿刑事案件具体应用法律若干问题的解释》等。

2016 年最高人民法院与最高人民检察院联合发布的《关于办理非法采矿、破坏性采矿刑事案件适用法律若干问题的解释》（法释〔2016〕25 号），全文共 16 个条文，代替了 2003 年颁行的《关

---

① 按照《立法法》规定，法律解释仅指立法机关所作的解释，司法解释并没有纳入《立法法》调整。《法院组织法》与《检察院组织法》赋予最高法与最高检法律解释的权力。2007 年《最高人民法院关于司法解释工作的若干规定》第 5 条规定："最高人民法院发布的司法解释，具有法律效力。"司法解释是由最高人民法院与最高人民检察院做出的法律解释，其他级别法院与检察院指定的指导意见等本文纳入其他规范性文件部分讨论。

② 中国法律法规规章司法解释全库以"矿"为关键字，司法解释项下统计为 29 条。除去失效的与实质内容不涉及矿业领域的，司法解释数量不到 20 条。

于审理非法采矿、破坏性采矿刑事案件具体应用法律若干问题的解释》（法释〔2003〕9 号），集中就涉矿刑事案件的突出问题予以司法层面的积极回应。

2017 年 2 月 20 日，最高人民法院网发布"最高法审议并原则通过审理矿业权纠纷案件适用法律若干问题的解释"的消息，审理矿业权纠纷的司法解释的颁行正式提上日程。2017 年 7 月 27 日，《最高人民法院关于审理矿业权纠纷案件适用法律若干问题的解释》（法释〔2017〕12 号）如约而至。

2016 年与 2017 年有权机关连续发布两件重量级的调整矿业权纠纷的司法解释，就涉矿案件审理中的主要争议问题集中回应。其中，《关于审理矿业权纠纷案件适用法律若干问题的解释》重点围绕矿业权出让与转让合同的效力展开，至少从供给侧层面舒缓了规则缺口的压力。①

七、判例

判例在我国是否为法源，尚属争议问题。2010 年最高人民法院颁布的《关于案例指导工作的规定》（法发〔2010〕51 号）标志着由最高审判机关推行的指导案例制度时代正式到来。《最高人民法院关于案例指导工作的规定》第 7 条明确规定："最高人民法院发布的指导性案例，各级人民法院审判类似案例时应当参照。"最高人民法院通过自我授权，又创造了新的司法解释的形式，我国司

---

① 千呼万唤始出来的《关于审理矿业权纠纷案件适用法律若干问题的解释》（法释〔2017〕12 号）是对当前矿业权纠纷，尤其是涉矿民事纠纷中法律适用难题的集中回应，从功能论的角度考察，无疑在一定程度上承担了矿业立法的功能。对于该司法解释的详细评论，限于篇章结构的安排，不在此赘述，后文专门阐明。

法实践亦基本明确了指导性案例的法源地位。① 指导案例需要兼具
"推荐—审查—提交—决定"的实质要件与"《最高人民法院公报》
最高人民法院网站《人民法院报》上以公告"的形式要件。②

指导案例在实质与形式层面的双重要求对其规模的限制明显。
非指导案例，尤其是最高人民法院的案例，是否具有法律约束力
呢？虽然在理论层面众说纷纭，但实践当中的判例，尤其是最高人
民法院的判例具有一定的实质拘束力。具体到矿业权纠纷的处
理，最高人民法院于 2016 年发布的《人民法院关于依法审理矿业
权民事纠纷案件典型案例》，显然对于全国范围内相关矿业权纠纷
的处理具有实际拘束力。

表 1　人民法院关于依法审理矿业权民事纠纷案件典型案例③

序号	案件情况	争议焦点
1	孙素贤等三人与玄正军探矿权权属纠纷案	矿业权权属确认
2	傅钦其与仙游县社硎乡人民政府采矿权纠纷案	矿业权出让主体资格的判断
3	陈付全与确山县团山矿业开发有限公司采矿权转让合同纠纷案	未经审批的采矿权转让合同的效力判断
4	四川省宝兴县大坪大理石矿与李竞采矿权承包合同纠纷案	承包采矿权与以承包形式转让采矿权的认定

① 雷磊：《指导性案例法源地位再反思》，载《中国法学》2015 年第 1 期，第 272-290 页。

② 参见：《关于案例指导工作的规定》第 6 条。

③ 2016 年最高人民法院发布矿业权纠纷十大典型案例，每件典型案例包括基本案情、裁判结果、典型意义以及专家点评。如此意义之上，最高人民法院显然希望通过典型案例的方式对全国法院处理矿业权纠纷形成指导与约束。另外，从时间维度上考察，十大典型案例可以解读为《矿业权司法解释》颁行的吹风。《人民法院关于依法审理矿业权民事纠纷案件典型案例》，载最高人民法院网，2017 年 11 月 16 日访问。

续表

序号	案件情况	争议焦点
5	资中县鸿基矿业公司、何盛华与吕志鸿劳务承包合同纠纷案	劳务承包的合同的效力判断与变相转让采矿权的认定
6	朗益春与彭光辉、南华县星辉矿业有限公司采矿权合作合同纠纷案	采矿权合作合同的效力判断与变相转让采矿权的认定
7	薛梦懿等四人与西藏国能矿业发展有限公司、西藏龙辉矿业有限公司股权转让合同纠纷案	矿山企业股权转让与矿业权转让的区分
8	黄国均与遵义市大林弯采矿厂、苏芝昌合伙纠纷案	合伙协议的效力认定与变相转让采矿权的认定
9	新疆临钢资源投资股份有限公司与四川金核矿业有限公司特殊区域合作勘查合同纠纷案	人民法院对自然保护区等特殊区域内勘查、开采矿产资源合同效力的特别审查
10	云和县土岩岗头庵叶腊石矿与国网浙江省电力公司矿产压覆侵权纠纷案	矿产压覆侵权责任的承担方式

八、其他规范性文件

其他规范性文件是如上法律表现形式的一个兜底。一般规范性文件的制定机关并没有范围与级别的限制，其制定主体具有多元性的特征，其中有国务院制定，也有国土资源部门制定，亦有省级人民政府颁布，还有人民法院制定；有中央机关制定的，也有地方各级机关制定的。但严格地说，不论依照《立法法》，还是法学理论，一般规范性文件都不具有法律的效力。吊诡的是当前我国矿业立法的改革与推进很大程度上依赖一般规范性文件的完成。例如，国土资源部为推进矿业权市场建设出台有《矿业权出让转让管理暂行规定》《矿业权交易规则（试行）》，并以《国土资源部关于建立健全矿业权有形市场的通知》下发各省，各省又通过其制定的规范性文件进一步细化落实。再如，针对矿业权转让与矿业公司股权变动的关系处理，贵州省国土资源厅、青海省政府办公厅、云南省高级人民法院分别以通知、管理办法与指导意见的形式给出规制方案。值得注意的是，尽管一般规范性文件的法律效力等级较低，但实际运行中不同程度地发挥着"法律"的作用。

特别需要说明的是，2017 年，标志着我国矿产资源开发重大改革的《国务院关于印发矿产资源权益金制度改革方案的通知》（国发〔2017〕29 号）正式下发，其中就既有的矿产资源开发出让规则进行了大幅度的修正，从根本改变了当前矿产资源有偿使用制度的内容构成。① 随之，财政部与国土资源部联合发布《矿业权出让收益征收管理暂行办法》，就改革方案加以更精细层面的落实。

第二节　我国现行矿产资源开发立法的基本内容架构

一、我国现行矿产资源开发立法的技术核心与逻辑展开

我国于 1986 年制定《矿产资源法》，标志着探矿权与采矿权的术语正式"入典"。经历三十年的矿业法制建设，以探矿权与采矿

---

① 依据《国务院关于印发矿产资源权益金制度改革方案的通知》确定的改革方案，主要的调整内容在于，变化一：矿业权出让环节，收取矿业权出让收益，探矿权采矿权价款不再收取。变化二：矿业权占有环节，收取矿业权占用费，探矿权、采矿权使用费不再收取。变化三：矿产开采环节，组织实施资源税改革。变化四：矿山环境治理恢复环节，将矿山环境治理恢复保证金调整为矿山环境治理恢复基金。

权为立法技术核心的矿业立法体系渐次完成。矿业权（探矿权与采矿权）的法律设计是矿业立法的逻辑起点。我国《矿产资源法》的制定遵循"一明一暗"两条主线。

"明线"是指矿产资源的勘查与开采。勘查与开采是矿产资源开发最为核心的两个环节，涉及谁可以勘查，谁可以开采，这两个根本问题的回答与处理。行业运行的重点，也是法律关注的重点，构成《矿产资源法》主体内容的"矿产资源勘查的登记和开采的审批""矿产资源的勘查""矿产资源的开采"三章充分说明了我国矿业立法规制的核心内容与矿产资源开发的核心要素保持一致。此外，国务院颁行的关于勘查与开采的两个条例，进一步就矿产资源开发的勘查与开采予以细致化的处理。

"暗线"则是指探矿权与采矿权的法律概念成为元概念，而探矿权与采矿权的法律设计也因此成为具体制度构建的支点。这是因为成文法的立法模式需要分别承载矿产资源勘查与开采的法律概念设计，进而推进整个立法的展开。我国矿业立法具体制度的法律构建围绕探矿权与采矿权这两个中心概念，分别以矿业权和矿业权人展开具体制度规范。《矿产资源法》确立了探矿权与采矿权的权利类型，但并没有对探矿权与采矿权的权利内容进行规定。《矿产资源法实施细则》从探矿权的范围、期限、对象、附属设施建设、相邻区域通行、矿业用地、优先权以及回收矿产品的销售等方面进行了较为详细的规定；[1] 对于采矿权的权能，则从附属设施建设、矿地使用权的取得等方面给予明确。[2]

如此意义之上，矿产资源开发以及规制是围绕探矿权与采矿

---

[1]　参见：《矿产资源法实施细则》第16条。
[2]　参见：《矿产资源法实施细则》第16条。

权这两个元概念具体展开。经济效率、安全生产以及环境保护等价值理念的彰显，则是通过调整探矿权、采矿权的得丧变更加以实现。

二、矿业权法律规范的复杂形态与制度构成

我国探矿权与采矿权在形式上采取了私法权利形式，但是其取得、范围和行使与管理关系密切，因此产生了复杂的私法形式与行政管理相互交织的复杂规范形态。

矿业权的设立，如同一个人的出生，势必要经历从出生到死亡的权利生命周期。以矿业权为视角的矿业法制建设，需要提供适应各个不同周期的规则支持，即以法律表达的方式完成矿业权的设立、变更与消灭的制度建设。以矿业权人为视角，则需要处理两个核心的问题，即矿业权如何行使以及违法行使的后果。

矿业权复杂规范形态，包括作为许可证制度、审批登记制度以及有偿使用制度。从 1986 年《矿产资源法》的规定看，其立足点是强化管控而不是突出私权配置，因此不论依据"利益说""主体说"还是"新主体说"，形式上可以作为出让或转让标的的所谓矿业权，本身虽然蕴含财产权与行政许可的双重含义，但本质上是行政分配的格局，将其纳入私权范畴显得十分勉强。

（一）矿业许可证制度

1. 矿业许可证制度的基本内容

《矿产资源法》以及《矿产资源法实施细则》确认矿产资源的勘查、开采实行许可证制度。申请、批准以及登记程序完结之后，需要领取勘查许可证或者采矿许可证，才能获取勘查或开采

矿产资源的权利。① 许可证制度是矿产资源开发以及立法的核心内容，具体呈现为围绕矿业权的得丧变更以及权利行使的一整套规范制度。

矿业权许可证制度，主要由勘查许可证与开采许可证两项基本制度加以构成。勘查许可证又称探矿证、探矿许可证，是指探矿权申请人获得法律许可，对矿产资源进行勘查以及行使探矿权人其他权利的合法凭证。采矿许可证是由国土资源管理部门颁发的，授予采矿权申请人开采矿产资源的许可证明，是采矿权人行使开采矿产资源权利的法律凭证。不论是勘查许可证，还是开采许可证，均由国务院国土资源主管部门（地质矿产主管部门）统一印制，由各级国土资源主管部门按照法定的权限颁发。许可证的颁发奉行分级分类管理的基本原则，依照矿种、规模等要素加以区别化处理。勘查许可证的发证权限在国务院国土资源主管部门和省一级国土资源主管部门。② 开采许可证的发证权限与勘查许可证的权限基本一致，以国家一级与省一级的国土资源主管部门为主。③ 县级、市级国土资源部门在省部级国土资源权限外拥有一定的采矿许可证发放

---

① 我国当前的矿业立法将许可证的颁发作为授予探矿权或采矿权的最后环节。《矿产资源法实施细则》第6条规定，"采矿权，是指在依法取得的采矿许可证规定的范围内，开采矿产资源和获得所开采的矿产品的权利。取得采矿许可证的单位或者个人称为采矿权人"。国务院发布的《矿产资源开采登记管理办法》第6条第1款、第3款的规定，"登记管理机关应当自收到申请之日起40日内，作出准予登记或者不予登记的决定，并通知采矿权申请人。准予登记的，采矿权申请人应当自收到通知之日起30日内，依照本办法第九条的规定缴纳采矿权使用费，并依照本办法第十条的规定缴纳国家出资勘查形成的采矿权价款，办理登记手续，领取采矿许可证，成为采矿权人"。国土资源部颁发的《探矿权采矿权招标拍卖挂牌管理办法》第25条规定，主管部门应当按照成交确认书约定的时间为中标人、竞买人办理登记，颁发采矿许可证。

② 《矿产资源勘查区块登记管理办法》第6条对国土资源部与省一级国土资源部门的发证权限与范围进行了细分。

③ 参见：《矿产资源法》第16条，《矿产资源开采登记管理办法》第3条第1款、第2款以及第3款。

权限，但需要向上级主管部门备案。①

2013 年《国务院机构改革和职能转变方案》明确要求，"减少和下放生产经营活动审批事项。充分发挥市场在资源配置中的基础性作用，最大限度地减少对生产经营活动和产品物品的许可"。具体审批事项的存废已经成为当前矿业立法与矿政管理的重要课题。自党的十八大以来，矿政管理领域围绕矿业权制度，持续推进简政放权，深入落实"放管服"的改革要求。② 2013 年以来，取消了地质矿产类审批事项 25 项，清理了全部非行政许可审批事项；2015年清理规范了 9 项涉及地质矿产行政审批相关中介服务事项；2016年清理"矿业权转让鉴证和公示"与"矿产资源开采地质报告编制"两项中介服务事项。③ 2016 年 3 月，国土资源部发文将煤矿企业兼并重组后资源储量规模大于 1 亿吨（焦煤大于 5000 万吨）的煤炭采矿权审批权一律下放省厅。④

2. 矿业许可证的规范意义与法学解读

现行矿业立法对矿业权的设置选取了公私法元素混搭的设计风格，将财产权、行政许可乃至矿山企业设立条件等不同蕴意融为一体（矿业权）。⑤ 矿业权兼具民事物权属性和行政许可特性，已经

---

① 参见：《矿产资源开采登记管理办法》第 3 条第 4 款、第 5 款以及第 6 款。

② 2016 年李克强总理在《政府工作报告》中提出，持续推进简政放权、放管结合、优化服务，不断提高政府效能。放管服，就是简政放权、放管结合、优化服务的简称。

③ 丁全利：《矿产资源管理：改革创新谱新篇》，载《中国国土资源报》2017 年 9月 15 日，第 001 版。

④ 曾凌云：《简政放权助推矿业供给侧改革》，载《中国国土资源报》2017 年 1 月7 日，第 005 版。

⑤ 参见曹宇：《矿业权登记的理论反思与修正面向》，载《河北法学》2014 年第 5期，第 173 页。

成为处理涉矿民事纠纷的司法实践中的基本共识。① 因此，我国矿业立法中的许可证不是单一权利的证明文件，而是以权利约束载体的形式出现。许可证作为矿产资源行政管理与矿业立法倚重的制度抓手，是以管理技术与立法技术的意义存在的，是矿业立法与矿政管理价值选择的制度载体，其本身不具有倾向性和价值性的判断。许可证背后涵盖或者蕴含的制度决定了其法律性质与地位。

许可证作为获取权利的最后环节，具有独立的法律意义。其一，作为权属证明文件存在的许可证。许可证是勘查与开采矿产资源的权利证明，亦是权利范围的界限所在。例如，采矿许可证的主要内容包括：矿山企业名称、经济性质、开采主矿种及共、伴生矿产、矿区立体范围、有效期限等。其二，作为探矿权与采矿权源证明文件的许可证。对于许可证的法律效力，《矿产资源法》以及相关的行政法规其实没有明确的界定。登录当前国土资源部网站上的探矿权、采矿权登记信息查检系统，其检索页面用红色字体特别标明"由于信息采集、数据更新存在延迟，查询结果仅供参考。如有疑问，请以探矿权登记机关颁发的勘查许可证信息为准"。足见，许可证是探矿权、采矿权的源证明文件。对于许可证效力的态度，《矿产资源法》与当前《物权法》以不动产登记簿为源证明文

---

① 审理矿业权民事纠纷案件，不仅要树立产权保护意识、贯彻物权变动与合同效力适度区分原则，也要注意区分司法裁判与行政监管的边界以及相互的衔接协调，保护矿产资源依法流转，促进资源节约与环境保护。参见罗书臻：《依法规范矿业权流转加强生态环境保护，最高法院公布矿业权纠纷十大典型案例》，载《人民法院报》2016年7月13日，第3版、第4版。

件的法律效力判断存在差异。①

（二）矿业权审批登记制度②

矿业权登记，是指登记机构根据当事人的申请并经审批，把矿业权的设定、变更、转移、消灭等事项记载于专门簿册的事实。我国《矿产资源法》第二章为"矿产资源勘查的登记和开采的审批"，仅就文意，似乎更容易理解为获准勘查的重点在于登记，而开采则更依赖审批。③但《矿产资源法》第3条确认"勘查、开采矿产资源，必须依法分别申请、经批准取得探矿权、采矿权，并办理登记"。因此，不论是勘查还是开采矿产资源，既需要审批，也需要登记，即审批登记制是矿产资源开发活动的授权机制，其与矿业许可证制度形成链接，共同构成国家管理矿产资源开发活动的重要工具。《矿产资源法实施条例》《矿产资源勘查区块登记管理办法》《矿产资源开采登记管理办法》以及部门规范性文件清晰地说明了探矿、采矿需要完成"申请—审批—登记—发证"的手续。在法律运行层面，国土资源部门是矿业权产生、变更及消灭的审批部门，同时也是登记部门。尽管国土部门内部有不同机构负责审批与登记，但从外部性的角度观察，两者往往复合为审批登记一个

---

① 勘查与开采许可证的规范意义之理解与矿业权登记制度的解读具有联动效应。矿业权登记的法律意义以及矿业权登记是否纳入以及如何纳入不动产统一登记等论题尚处于讨论之中。如何就我国的矿业权登记制度加以升级，不仅仅涉及"登记"本身，更是涉及当前矿业权制度的重大改革。具体参见曹宇：《矿业权登记的理论反思与修正面向》，载《河北法学》2014年第5期，第173页。

② 关于矿业权登记的详细内容，具体参见曹宇：《矿业权登记的理论反思与修正面向》，载《河北法学》2014年第5期，第173-176页。

③ 国务院颁布《矿产资源勘查区块登记管理办法》《矿产资源开采登记管理办法》是构成审批登记制度的基本规范。但行政法规名字的选取突出的依然是登记，而作为核心环节的审批被具体的内容反复强调。另外，"登记"一词的选用其实容易引起一定的误解，矿业立法层面的登记并不具备现代民法意义之上登记这一术语的法律含义，登记仅以获取许可证的一个环节存在，不具备"登记要件"或"登记对抗"的法律意义。

行为。

现行《矿产资源法》是一部以行政管理为主导思想的立法，其规范出发点是为了维护和保障矿产资源的管理秩序。[①] 审批登记制是政府控制矿产资源勘查与开发产业链条的主要制度保障。不论是矿业权的出让、转让、续展，还是消灭都需要通过主管机关的审批登记方可产生相应的法律效果，而矿业权的行使也依赖于国土资源主管部门的"同意"。例如，《探矿权采矿权转让管理办法》明确规定，国土资源部门的审批登记是矿业权转让的必备条件。矿业权转让申请程序需要完成"申请—提交—报送—审批—返回—登记"等环节。非经土部门审批，需要承担非法转让矿业权的不利后果。具有矿业权转让审批权限的机关又依据分级分类管理的基本原则细分为国土资源部或者省级国土资源部门等。统一集中管理与审批登记制的结合，为公权力介入矿产资源的开发活动提供了便捷的入口。

根据这种思维设计的矿业权登记，不具有物权法确定的"生效要件"抑或"对抗要件"的法律意义，仅是获得矿产资源勘查或开采权利的一个程序性环节，并不肩负物权变动的使命。审批则完全不同，审批是勘查与开采矿产资源许可证授予的实质要求，是矿业权转让合法有效完成的必备要件，也是矿业权归于消灭的决定性因素。[②] 如果说登记更多地以"名"的形式出现，审批则直接地体现为"实"。审批通常以矿业权授予的条件或者申报材料的具体要求展现。"批件"的缺乏则直接导致无法满足矿业权出让程序，并

---

① 高富平、顾权：《我国矿业权物权化立法的基本思路》，载《法学杂志》2001年第6期，第72页。

② 行政审批属于行政许可，其实质是行政主体同意特定相对人取得某种法律资格或实施某种行为，实践中表现为许可证的发放。矿业权的产生、变更与消灭的每个环节都同审批密切联系。审批对于矿业权的权利状态具有决定性作用。

承担拒绝授予矿业权的不利后果。以内蒙古自治区采矿权的新立为例,以行政审批的方式授予采矿权有 18 项材料要求,以市场出让的方式则需要 15 项材料要求。① 不论是登记书、评审意见、备案证明、方案、执照还是责任书,名称不同但实质都归结于有权部门的审批,并表现为盖章。

在目前矿业立法的体系中,在取得矿业权的环节上,矿业权的登记仅以获取矿业权许可证的一个程序而存在,体现国家意志的审批权行使本身才是至关重要的决定程序。矿业权变动审批的正当依据具有多元价值复合的特征,其中防止矿产资源开发过程中可能产生的负外部性是重要的考虑要素之一。这种预设价值的实现具体到操作层面,是通过对申请主体资质与相关条件进行审查,排除不具备行为能力的主体参与矿产资源的开发。事与愿违的是,矿业经济管理制度中动辄审批,无审批寸步难行的做法,已经大大阻碍了经济的发展,"审批经济"严重影响了市场竞争机制的形成和健康发展。② 目前就矿业权审批登记制度的改革,学术界有声音认为:就矿业权变动采用区分原则,分别对待"审批"与"登记",甚至考虑将物权法中登记的法律设计适用于矿业权登记的法律设置。③

(三)矿产资源有偿使用制度

我国现行《矿产资源法》(1996)确立矿产资源有偿使用制度,包括矿业权有偿取得和有偿开采两部分。"矿产资源有偿使用制度"是我国矿产资源管理与研究当中创设的概念。矿产资源有偿

---

① 具体参见:《采矿权新立》,载内蒙古自治区国土资源厅官方网站,2013 年 11 月 18 日访问。

② 参见江平:《完善市场经济法律制度的思考》,载《中国法学》2003 年第 1 期,第 7 页。

③ 参见李显冬、刘宁:《矿业权物权变动与行政审批之效力研究》,载《国家行政学院学报》2011 年第 1 期,第 50-54 页。

使用制度具体包括有偿取得（矿业权价款、矿业权使用费）与有偿开采（资源补偿费、资源费）两个方面。《矿产资源法》其实并没有这样的提法。《矿产资源法》第 5 条"国家实行探矿权、采矿权有偿取得的制度……开采矿产资源，必须按照国家有关规定缴纳资源税和资源补偿费"的规定被理解并定义为矿产资源的有偿使用制度。理解当前矿产资源有偿使用制度，其中很重要的考量是同"矿产资源的免费取得"相比较，有只要是非免费即符合有偿的用意。但对于有偿使用的不同理解，可能产生新的争议。矿产资源有偿使用和矿产资源有偿取得在标的物、标的物价值来源、有偿收取环节、有偿收取方式以及预设目标等方面都存在明显差异。矿业权的有偿取得是一种在有竞争者的情况下分配资源的调控手段。而矿产资源有偿使用指的是基于矿产资源国家所有，以所有者的身份应收取的收益。因此，探矿权、采矿权有偿取得同矿产资源有偿使用完全是两码事。将矿业权有偿取得视为矿产资源有偿使用，有违地质工作规律，不利于矿产资源勘查、开发环境的改善；也与行政改革的目标要求相悖，不利于给"卖矿（权）生财"降温。[①] 1986 年《矿产资源法》第 5 条明确规定"国家对矿产资源实行有偿开采。开采矿产资源，必须按照国家有关规定缴纳资源税和资源补偿费"。1996 年修法对此沿袭。针对"有关规定"的建设，国务院于 1993 年发布《资源税暂行条例》，1994 年颁布《矿产资源补偿费征收管理规定》（1997 年修改）。资源税从量计征，按月缴纳，由应税产品的开采或生产所在地税务机关负责。[②] 资源补偿费从价计征，半年缴纳一次，由地质矿产主管部门会同财政部门征收。矿区在县级

---

① 参见文正益：《矿业权有偿取得和矿产资源有偿使用是不能混淆的两码事》，载《中国国土资源情报》2011 年第 3 期，第 18-19 页。

② 参见：《资源税暂行条例》（国务院 1993 年第 139 号令）第 4-6 条、第 12-13 条。

行政区域内的，则由地质矿产管理工作的部门单独征收，征收款项在中央和地方之间分成进库，专项管理。① 需要说明的是，我国历史上存在的矿产资源无偿使用，针对的是矿业权的取得环节。有偿开采其实是我国矿业立法一以贯之的原则，发生变化的仅是矿业权的取得是否有偿。

1996 年新修订的矿产资源法在原法有偿开采制度的基础上，新增"探矿权、采矿权有偿取得"的法律表达。② 矿业权有偿取得制度的建立与完善也依赖于一系列的"有关规定"。1998 年国务院颁布行政法规《矿产资源勘查登记管理办法》与《矿产资源开采登记管理办法》就探矿权与采矿权有偿取得进行了探索与规制。探矿权申请人经批准并依法缴纳探矿权使用费和国家出资勘查形成的探矿权价款是办理登记和权证手续的必备要件。探矿权使用费以勘查年度计算，逐年缴纳。前三个勘查年度，每平方公里每年缴纳 100 元；从第四个勘查年度起，每平方公里每年增加 100 元，最高不得超过每平方公里每年 500 元。③ 探矿权价款是除探矿权使用费外，还应当缴纳的费用。具体适用于申请人在国家出资勘查并已经探明矿产地的区块申请设立探矿权的情形，是对国家出资勘查的补偿，可以一次性缴纳，也可以分期缴纳。④ 探矿权价款具体数额的确定由国务院地质矿产主管部门会同国务院国有资产管理部门认定的评估机构进行评估；评估结果由国务院地质矿产主管部门确

---

① 参见：《矿产资源补偿费征收管理规定》（国务院 1997 年第 222 号令）第 3 条、第 7 条、第 8 条、第 10 条。

② 《矿产资源法》（1986 年）由原来的第 5 条新增"国家实行探矿权、采矿权有偿取得的制度；但是，国家对探矿权、采矿权有偿取得的费用，可以根据不同情况规定予以减缴、免缴。具体办法和实施步骤由国务院规定"。

③ 参见：《矿产资源勘查区块登记管理办法》第 12 条。

④ 参见：《矿产资源勘查区块登记管理办法》第 13 条第 1 款。

认。① 《矿产资源开采登记管理办法》对于采矿权价款的含义、金额确认、缴纳方式等规则设计基本同探矿权价款的设置一致，最显著的区别莫过于金额。②

矿产资源有偿使用制度的实质在于国家作为所有权人与矿业管理权人在经济利益方面的集中体现，直接关乎矿产资源开发过程中的利益分配。矿业立法迫切需要处理好矿业经济中的利益蛋糕如何切的问题，矿产资源有偿使用制度则一定程度上承担了"刀"的作用。其一，矿业权市场的建设，不仅要在矿业权一级市场上切实解决"双轨制"问题，而且要完善矿业权二级市场转让管理。其二，合理调整矿产资源税费，进一步解决好矿产资源利益分配关系。③ 建立并完善矿产资源有偿使用制度，是促进经济社会可持续发展的必要措施，是完善社会主义市场经济体制的内在要求，是整顿和规范矿业市场秩序的重要内容，是促进地区经济社会发展的有效手段。④ 在市场发挥配置资源的决定性作用中，国家作为所有权人利益的保护具有重要的意义。

需要特别说明的是，2017 年，标志着我国矿产资源开发重大改革的《国务院关于印发矿产资源权益金制度改革方案的通知》（国

---

① 参见：《矿产资源勘查区块登记管理办法》第 13 条第 2 款。

② 参见：《矿产资源开采登记管理办法》第 6 条、第 9 条以及第 10 条。

③ 矿产资源有偿使用制度的研究与完善一直以来都是学术界与理论界关注的重要主题。具有代表意义的有 2006 年 12 月 5 日至 8 日，由中国地质矿产经济学会、国土资源部矿产开发管理司、海南省国土资源厅、海南省地矿局组织的"完善矿产资源有偿使用制度改革研讨会"。会议提出，全面推进矿产资源有偿使用制度改革，要着力解决矿业权取得"双轨制"遗留问题。丁全利：《完善矿产资源有偿使用制度改革研讨会提出：着力解决矿业权取得"双轨制"遗留问题》，载《中国国土资源报》2006 年 12 月 15 日，第 001 版。

④ 参见：2006 年 11 月 16 日，曾培炎副总理在深化煤炭资源有偿使用制度改革试点工作电视电话会议上的讲话。

发〔2017〕29号）正式颁行，矿产资源开发权益金制度改革进入
操作程序。其中就既有的矿产资源开发出让规则进行了大幅度的修
正，或者说从根本上对现行出让制度予以调整。随之，财政部门和
矿产资源主管部门联合发布《矿业权出让收益征收管理暂行办
法》，对改革方案加以更精细层面的落实。

表 2　矿产资源权益金制度改革方案①

序号	收取阶段	原有规范	新增规范
1	出让	探矿权、采矿权价款（不再收取）	收取矿业权出让收益
2	占有	探矿权、采矿权使用费（不再收取）	收取矿业权占用费
3	开采	资源税（改革）	组织实施资源税改革
4	环境治理恢复	矿山环境治理恢复保证金（替代）	矿山环境治理恢复基金

第三节　现行矿产资源开发的私法机制架构②

一、《矿产资源法》中矿业权虚化与私法机制缺失

自 20 世纪 50 年代，新中国完成社会主义改造以来，矿业领域
一直都是计划经济实行最彻底、最典型的领域。基本操作路线为：
矿产资源勘查开采活动由国家统一计划，具体由国家计委统筹安排
全国矿产资源勘查开采活动，地质部门则负责组织实施矿产资源的
开发利用。矿产资源勘查开采活动几乎没有非国有经济成分参

---

① 具体参见：《国务院关于印发矿产资源权益金制度改革方案的通知》（国发
〔2017〕29号）。
② 本节的部分内容在《中国矿业立法理论与实务》（李显冬主编，曹宇副主编）
中已有呈现。此处，笔者结合近年来我国矿业立法的变化，加以修订。

与，国家直接组织和管理矿业经济。① 在优先发展重工业的国家战略与战后积贫积弱现实国情的特定时代背景下，计划经济体制对地质找矿和矿业开发发挥了重要作用。此种根深蒂固的理念，也正是矿业在日后改革开放中相对滞后、市场经济较难实施的重要原因。为了服务计划经济体制，矿业领域奉行管控本位的基本思路，强调国家全面控制并管理矿业活动的整个链条。

1986 年《矿产资源法》是规范我国矿业资源及其开发的基本法。《矿产资源法》采取了强化国家所有和政府管控、矿业权严重虚化的严格设计，导致私法机制严重缺位。其中，《矿产资源法》第 15 条将财产权、行政许可及矿山企业资格三要素融于一体的立法设计是如上特征的突出表现。② 1996 年《矿产资源法》修改论证时，已经意识到该问题的突出性。此前主导修法的原地质矿产部在其《关于〈矿产资源法修正案〉的汇报提纲》中指出："采矿权的审批和开办矿山企业的审批性质不同，前者是矿产资源管理，后者是矿山企业管理。属于不同的法律调整范围，合而为一，既不利于矿产资源管理，又不利于矿山企业管理。"③ 遗憾的是，矿产资源法修改并未对此专门回应，以至于"矿山企业设立于矿业权授予，孰先孰后"进入"鸡与蛋的悖论"。④ 值得注意的是，国务院决定取消的第一批 789 项行政审批项目中，"开办煤矿企业审批"

---

① 参见赵凡：《合理利用矿产资源是根本宗旨——国土资源部原副部长蒋承菘谈地矿行政管理历程》，载国土资源部网站，2017 年 11 月 23 日访问。

② 《矿产资源法》第 15 条："设立矿山企业，必须符合国家规定的资质条件，并依照法律和国家有关规定，由审批机关对其矿区范围、矿山设计或者开采方案、生产技术条件、安全措施和环境保护措施等进行审查；审查合格的，方予批准。"

③ 国土资源部地质勘查司：《各国矿业法选编（下册）》，中国大地出版社 2005 年版，第 1181 页。

④ 参见蒋文军：《矿业权行政管理实务：矿业律师的实务经验与视角》，法律出版社 2012 年版，第 15-18 页。

就在被取消的名单中。① 此举无疑对于矿产资源开发主体资格以及具体开发行为分别管理具有指引意义。

《矿产资源法》私法机制严重缺席的基本架构，导致我国矿产资源开发制度经过三十年变迁，至今尚未真正走出政府管制的计划供给模式，矿业权市场运行基本还停留在公权市场阶段，私权进入和交易矿产资源产权仅局限于一些狭小的作用。② 矿产资源的管理体制长期不顺，导致矿业管理混乱是当前我国矿业管理的主要问题。历史上我国矿产资源曾长期处于多个工业主管部门和地矿主管部门共管的状态，部门管理的印记非常明显。《矿产资源法》的条文中也体现出矿产资源分割管理的迹象。"现在有关工业部门都已撤销，而新的统一有序的管理体制却未理顺，条块分割、相互掣肘、管理越位与缺位并存，这些都影响着权威部门的有效管理，是造成矿产资源秩序混乱的重要原因之一，也是公权力恣意的主要原因之一。"③

二、矿产资源开发私法化改革的逐步推进

尽管《矿产资源法》在矿业权设置方面存在私法机制虚化的"硬伤"，但后来陆续出台的法规政策却开启了矿业权私法化推进的改革浪潮，对于被称为"法律木乃伊"的《矿产资源法》做出相当程度的改革发展。需要说明的是，1999 年《合同法》、2007 年《物权法》、2009 年《侵权责任法》以及 2005 年修改后的《公司

---

① 参见蒋文军：《矿业权典型疑难法律问题解析与操作实务》，法律出版社2016 年版，第 22 页。

② 郗伟明：《矿业权法律规制研究》，法律出版社2012 年版，第174 页。

③ 李伟锋：《全国政协委员金正新建议：建立集中统一高效的矿产资源管理体制》，载《中国国土资源报》2009 年3 月9 日，第 002 版。

法》等民商事法律，对于矿业权的私法化（不限于转让）具有重要的基础构建和推进作用。

（一）矿业权转让的私法化

随着社会主义市场经济体系建设的深入，矿产资源市场化配置的呼声越来越高。现行法捆绑矿山企业设立的审批，矿业经营权的审批以及矿产资源财产权设立三大要素的法律设置，成为矿业市场化的法律障碍。《矿产资源法》中矿业权设置公私不分，市场准入资格与财产权混搭的立法模式越来越受到批评。[1]

1986 年《矿产资源法》将矿业权转让设置为禁区。采矿权不得买卖、出租与抵押，若有违反则承担没收违法所得，处以罚款乃至吊销采矿许可证的不利后果。[2]《矿产资源法实施细则》进一步细化了罚款适用的条件与具体的额度，对主管人员与直接责任人的责任承担也予以明确。[3]

1996 年《矿产资源法》原则上禁止探矿权、采矿权的转让，但"除按下列规定可以转让外，探矿权、采矿权不得转让"的法律设计为矿业权的转让开了一个小口。探矿权，在完成规定的最低的勘查投入后，经依法批准，可以转让；采矿权，因企业合并、分离、与他人合资、合作经营，或者因企业资产出售以及有其他变更企业资产产权的情形而需要变更采矿权主体的，经依法批准，可以

---

① 张文驹先生于 2006 年针对《矿产资源法》第 15 条规定提出了深刻的批评，该观点得到学术界与实务界的广泛关注，并得到了一定程度的支持与认同。主要参见张文驹：《矿业市场准入资格和矿权主体资格》，载《国土资源经济》2006 年第 10 期，第 5-8 页。康纪田：《矿业登记制度探讨》，载《矿业工程》2007 年第 6 期，第 11-13 页。

② 1986 年版《矿产资源法》第 3 条、第 4 条以及第 42 条。探矿权的转让问题，立法并没有提及，依据法律的适用逻辑与体系解释，探矿权的转让亦属于禁止之列。另外，当时的社会经济条件下，探矿权本身未必具备转让的价值。故法律都没有对此进行规定。

③ 参见：《矿产资源法实施细则》第 42 条、第 43 条。

转让。①

1998 年国务院制定《探矿权采矿权转让管理办法》，矿业权市场化改革迈出了第一步。《探矿权采矿权转让管理办法》要求矿业权的转让需要满足"申请—审批—登记"程序。探矿权、采矿权转让的条件以及提交的材料方面也有明确的规定。探矿权的转让需要满足许可证持有时间、最低勘查投入、权属无争议、缴纳使用费和价款等条件，采矿权的转让也有类似的条件要求。② 矿业权的受让人具有勘查或开采矿产资源的资质是矿业权转让的特别要求。③ 申请材料方面，转让申请书、转让合同、受让人资质条件的证明文件、符合转让条件的证明、勘查或者开采情况报告等都属于必须提交审查的内容。④ 若涉及国有矿山企业以及外资进入时，则另有特别的要求。

2000 年，为了培育、规范矿业权市场，国土资源部颁布的《矿业权出让转让管理暂行规定》，应对矿业权市场化改革的制度需求。2000 年《矿业权出让转让管理暂行规定》的颁布，对于矿业权的转让具有里程碑意义，成为我国矿业权转让的制度转折点。尽管国务院于1998 年颁布行政法规《探矿权采矿权转让管理办法》，全文共计 18 个条文，集中对转让条件进行了细化处理，可以理解为就矿产资源法对于转让规定的扩张解释。2000 年，国土资源部发布部门规范性文件《矿业权出让转让管理暂行规定》，迈出了我国矿业权市场化改革的关键一步。一方面，矿业权的出让、转让的含义界定、类型梳理得到定型化。另一方面，该规范性文件大幅突破了

---

① 参见：《矿产资源法》第6条。
② 参见：《探矿权采矿权转让管理办法》第5条、第6条。
③ 参见：《探矿权采矿权转让管理办法》第7条。
④ 参见：《探矿权采矿权转让管理办法》第8条。

矿业法律法规的相关规定。

2000 年之前，我国的矿业立法对于矿业权的转让持审慎的态度，坚守《矿产资源法》划定的框架，采取逐步明确并细化矿业权转让条件的改进思路。2000 年之后，矿业权的转让进入大踏步的改革路程。《矿业权出让转让管理暂行规定》突破了之前矿业立法对于矿业权转让严苛限制的基本态度，明确"矿业权转让是指矿业权人将矿业权转移的行为"，确立矿业权人可以采取出售、作价出资、合作勘查或开采、上市等方式依法转让矿业权，而矿业权的出租、抵押也不再被禁止，但是采矿权的承包则属于禁止之列。[①] 如此，矿业立法一贯以来坚持的"限制矿业权转让为原则，允许转让为例外"的基本态度，悄然转变为"以转让为原则，以禁止为例外"。

自 2000 年以来，我国矿业权转让制度的改革基本分两步走：第一步，基本框架的构建。确定矿业权转让的范围、类型、条件以及程序等。第二步，配套制度的完善。集中力量加强有形市场的建设、交易平台的探索，以及矿业权网上交易三大配套制度的完善。

2003 年与 2006 年，国土资源部重点针对矿业权出让改革，先后发布了《探矿权采矿权招标拍卖挂牌管理办法（试行）》《关于进一步规范矿业权出让管理的通知》，进一步完善了矿业权市场化的制度建设。2010 年，矿业权有形市场的建设成为改革的重点，国土资源部先以通知的形式将建设矿业权有形市场的要求下发各省[②]；一年之后，紧接着发布《矿业权交易规则（试行）》，将各地成熟的经验定型化。

---

① 参见：《矿业权出让转让管理暂行规定》第 6 条、第 38 条。
② 参见：《国土资源部关于建立健全矿业权有形市场的通知》（国土资发〔2010〕145 号）。

2010 年，国土资源部发布《关于建立健全矿业权有形市场的通知》，要求省级国土资源行政主管部门必须建立矿业权交易机构，地市级国土资源行政主管部门选择性地建立矿业权交易机构，并且公布了各级交易机构建成的时间表。21 世纪的前十年，矿业权转让基本含义的界定、转让类型的固化是重点，2010 年以来有形市场的建设、交易平台的探索，以及矿业权网上交易则成为改进的方向。

2011 年 4 月 1 日，国土资源部开发的全国矿业权出让转让信息公示公开系统正式运行，对所有非涉密探矿权采矿权登记信息进行滚动公告，公开审批环节和审批结果，提供网上社会查询服务。截至 2011 年 9 月 28 日，我国 31 个省级矿业权有形市场建成，实现矿业权出让转让信息"五公开"，即申请在先、招拍挂、协议出让、探矿权转采矿权、转让交易以及相关信息在有形市场、政府网站或行政大厅公示公开。①

可见，国务院以及国土资源主管部门官方文件对于矿业权转让的态度，历经"含蓄的暧昧"到"坚决的表白"的转变，矿业权转让市场化改革也经历了从确立到逐步深入的转变。②

---

① 丁全利：《我国 31 个省级矿业权有形市场建成实现五公开》，载《国土资源》2011 年第 9 期，第 27 页。

② 1998 年《探矿权采矿权转让管理办法》（第 1 条）对于矿业权市场的态度较为含蓄，"为了加强对探矿权、采矿权转让的管理，保护探矿权人、采矿权人的合法权益，促进矿业发展"。2010 年以来有关矿业权有形市场建设的官方文件已经表述道"为推进与社会主义市场经济相适应的矿业权市场体系建设，进一步规范矿业权出让转让行为，确保矿业权市场交易公开、公平、公正"（《国土资源部关于建立健全矿业权有形市场的通知》第 1 句），"为规范矿业权交易机构和矿业权人交易行为，确保矿业权市场交易公开、公平、公正，维护国家权益和矿业权人合法权益"[《矿业权交易规则（试行）》第 1 条]。

（二）矿业权出让的私法化改革

矿业权出让，是指国家作为矿产资源所有权人，委托主管机关以法定的方式将探矿权、采矿权授予矿业权申请人的行为。"出让"着重于强调国家作为矿产资源所有权人，以国家作为出发点；与之对应，若以矿业权申请人作为出发点则称之为矿业权的"获取"或"取得"。

相对矿业权转让，矿业权出让制度改革则较为缓慢。1986 年的《矿产资源法》与之后出台的《矿产资源法实施细则》对于矿业权的出让采用无偿授予的做法，即以行政审批的方式授予矿业权，申请人在取得探矿权、采矿权时无须向国家支付对价。

以《矿产资源法》为核心内容架构的我国矿业立法，在三十年的制度建设与完善过程中，就矿业权出让制度的法律规制呈现出两种趋势。其一，矿业权出让从无偿到有偿的转变。其二，矿业权出让从行政主导到市场主导的转型。[1] 1998 年国务院颁布的《矿产资源勘查登记管理办法》与《矿产资源开采登记管理办法》以使用费和价款的方式对矿业权的有偿取得做出探索。[2] 使用费与价款印证了矿业权有偿取得，而通过拍卖挂牌获取矿业权需要支付的金钱则体现为在有偿使用的情况下获取矿业权需要额外付出的对价，至

---

[1]　对于矿业权出让制度在我国矿业立法中的制度历史，有观点将其细分为三个阶段：（1）无偿行政授予阶段。（2）有偿出让为主、招标授予为辅阶段。（3）以招拍挂市场竞价有偿出让为主、协议有偿出让和申请在先出让为辅阶段。参见蒋文军：《矿业物权疑难法律问题解析与实务操作》，中国法制出版社 2008 年版，第 10-14 页。

[2]　对此蒋文军律师也表示赞同，并清晰地区分了矿业权的有偿取得与有偿开采在我国矿业立法中的区别与发展。作者认为不论是招拍挂，还是协议出让，抑或申请审批，是不同矿业权出让机制的差异。矿业权的有偿或无偿，不能仅以是否需要缴纳金钱作为判断。招拍挂机制的引入更多地体现的是市场竞争机制对于有限自然资源分配的作用，并不是矿业权出让有偿与否的标志。

少包括了这部分对价。① 矿业权市场化改革的探索，以及矿产资源有偿使用的推进，使得《矿产资源法》确定的以批准申请作为矿业权的出让模式，逐步得到了丰富。

综合考察我国当前的矿业立法与矿政管理实践，矿业权出让主要包括五种方式，涉及三个基本类型。②

（1）批准申请。以批准申请的方式出让矿业权是我国矿业立法一直以来遵循的基本模式。根据《矿产资源法》第 3 条的规定，"勘查、开采矿产资源，必须依法分别申请、经批准取得探矿权、采矿权，并办理登记"。《矿产资源勘查区块登记管理办法》和《矿产资源开采登记管理办法》延续了这一制度，并进一步说明探矿权的批准申请采用"先申请原则"，但对于采矿权则并无类似的表态。③ 之后的《矿业权出让转让管理暂行规定》明确矿业权批准申请作为矿业权出让的基本类型。④ 当前批准申请出让

① 标底的设置可能影响此处的理解，或者说对于招拍挂支付金额的构成产生影响。《矿业权出让转让管理暂行规定》第 27 条规定："登记管理机关可以根据矿业权的情况，以矿业权价款、资金投入或其他指标设定单项或综合标底。"若是综合标底，通过招拍挂获取的矿业权支付的金额包括了矿业权有偿取得和竞争取得两个环节的对价。《探矿权采矿权招标拍卖挂牌管理办法》第 21 条第 1 款规定："主管部门应当在颁发勘查许可证、采矿许可证前一次性收取探矿权采矿权价款。探矿权采矿权价款数额较大的，经上级主管部门同意可以分期收取。"说明即使是招拍挂的情况也存在支付矿业权价款的情形。

② 矿业权出让的探索，在法律层面的依据依然依赖国土资源部的规范性文件。其中重要的《探矿权采矿权招标拍卖挂牌管理办法》以及《国土资源部关于严格控制和规范矿业权协议出让管理有关问题的通知》都是部门规范性文件。这些规定构成了我国矿业立法的实际内容，具有法律意义的规范效力，尽管涉嫌违反《立法法》之规定。

③ 《矿产资源勘查区块登记管理办法》第 8 条规定，"按照申请在先的原则作出准予登记或者不予登记的决定，并通知探矿权申请人"。

④ 《矿业权出让转让管理暂行规定》第 18 条将批准申请的出让方式界定为："矿业权批准申请出让是指登记管理机关通过审查批准矿业权申请人的申请，授予矿业权申请人矿业权的行为。"尽管如此，批准申请并不是规制的重点，仅有 4 个条文对其做出粗略的解释。令人疑惑的是国土资源部之后出台的若干规范矿业权出让的文件又引入"协议出让"的方式，但对具有类似性的二者没有给出区别。

矿业权的空间已经受到协议出让、招拍挂出让等方式的大幅压缩。只有法律法规另有规定以及主管部门规定因特殊情况不适宜其他出让方式，才有适用的可能。需要明确的是批准申请出让矿业权亦是矿业权有偿出让制度的一种方式，只是没有采用市场竞争的机制。

（2）协议出让。协议出让矿业权，关注点在于矿产资源主管部门出让矿业权以协议作为授予方式。其实该方式依然需要通过严格的审批，不同于批准申请出让之处在于，申请人可以就矿业权价款、使用费、权利年限、矿区范围、付款方式以及开发利用要求等方面同主管机关进行协商。协议出让依然是矿业权有偿使用制度的方式之一，只是没有采用竞争出让的机制。适用空间方面，协议出让是以特殊的矿业权出让方式出现的，体现了一定范围内对于招拍挂的补充与变通，但这种非市场出让机制必须通过集体会审，从严掌握。① 针对协议出让，国土资源部在 2012 年进一步发布了《关于严格控制和规范矿业权协议出让管理有关问题的通知》（国土资发〔2012〕80 号），要求，"从严控制协议出让范围，严格执行矿业权协议出让的审批权限和程序，逐步减少协议出让数量"。2015 年国土资源部按照《国务院关于取消非行政许可审批事项的决定》（国发〔2015〕27 号）关于取消"探矿权、采矿权协议出让申请审批"的相关要求，发布了《关于严格控制和规范矿业权协议出让管理有关问题的通知》（国土资规〔2015〕3 号），就《关于严格控制和规范矿业权协议出让管理有关问题的通知》进行修改，严格控制和

---

① 《关于进一步规范矿业权出让管理的通知》（国土资发〔2006〕12 号）"以招标拍卖挂牌方式出让探矿权采矿权有下列情形之一的，经批准允许以协议方式出让"。

规范矿业权的协议出让。① 2017 年《国务院关于印发矿产资源权益金制度改革方案的通知》（国发〔2017〕29 号）再次强调，全面实现矿业权竞争性出让，严格限制协议出让行为，合理调整矿业权审批权限。

（3）招标、拍卖、挂牌。1998 年《矿产资源勘查区块登记管理办法》和《矿产资源开采登记管理办法》新增以招投标的方式出让探矿权与采矿权。② 2000 年《矿业权出让转让管理暂行规定》仿照土地出让，提出矿业权出让的概念，确定矿业权出让可以采取批准申请、招标、拍卖等方式进行。2003 年，《探矿权采矿权招标拍卖挂牌管理办法（试行）》进一步明确并扩展了招标、拍卖、挂牌方式授予矿业权的范围，并明确要求部分矿产资源强制适用招拍挂出让。③ 2006 年《关于进一步规范矿业权出让管理的通知》以分类管理的方式进一步规范矿产资源出让方式，并确定招拍挂出让是我国矿业权出让的主要方式。④ 招标、拍卖以及挂牌作为我国矿业权出让实践中成型的竞争性出让方式，承载着"全面推进矿业权

---

① 严格控制与规范矿业权的协议出让，反腐意义上的考虑尤其突出。为深入贯彻落实中央关于开展工程建设领域突出问题专项治理工作精神，坚决遏制矿业领域腐败现象易易发多发势头，各级国土资源主管部门必须坚持依法依规采取招标拍卖挂牌等市场竞争方式公开出让矿业权的原则，从严控制协议出让范围，严格执行矿业权协议出让的审批权限和程序，逐步减少协议出让数量，积极推进矿业权市场建设。参见：《关于严格控制和规范矿业权协议出让管理有关问题的通知》（国土资规〔2015〕3 号）。

② 《矿产资源勘查区块登记管理办法》第 16 条与《矿产资源开采登记管理办法》第 13 条规定矿业权可以通过招投标的方式出让，并对招投标的基本要求作简要规定。

③ 所谓挂牌，并没有基本法律层面的依据，且挂牌不能很好地体现公开、公平、公正，故不应该成为矿业权的出让方式。但是，为了叙述现有规定和现行做法的需要，仍然无法回避挂牌一词。

④ 《关于进一步规范矿业权出让管理的通知》设置《矿产勘查开采分类目录》将矿产资源分为三类，并明确要求主要适用招拍挂的方式出让矿业权。

竞争性出让，营造公平竞争的市场环境"的改革目标。①

第四节　现行矿产资源开发法律制度规范
模式的功能缺陷与实践弊端分析

一、现行矿产资源开发法律制度规范模式的功能缺陷

我国现行矿产资源开发法律制度的架构，是以《矿产资源法》为核心的法律体系，其立法基本取向是以强化行政安排为主导，体现出国家管控与鼓励市场两种价值理念前重后轻的设计。这一规范模式，导致在立法理论、基本内容、设置逻辑、私权保护等层面都存在严重不足，突出表现是私法化机制的主导定位和运行保障的制度设计不足的问题，由此导致实践中矿产资源开发私法机制动力不够、私权配置、运行和保障屡屡缺失。

1. 立法理念

我国的《矿产资源法》（1986）以及1996年修改后的《矿产资源法》，继续坚持国家对矿产资源开发的绝对主导。尽管计划经济经典特征的矿产资源无偿使用已经被有偿取得制度取代，矿业权的市场化改革也在持续探索，但行政审批登记制作为国家控制矿产资源开发的主要抓手仍然保留，甚至进一步加强。

现行矿产资源开发立法确立的两大支柱制度，即许可证制度与审批登记制度，凸显矿产资源开发立法仍然是计划经济体制模式之下立法理念与立法技术的作品。已经同突飞猛进的中国法治建设与日益提

---

① 参见：《国务院关于印发矿产资源权益金制度改革方案的通知》（国发〔2017〕29号）。

高的法治水平严重脱节,严重地忽视了几十年来中国法治建设的积极成果。第一,许可证是探矿权、采矿权的源证明文件。对于许可证效力的态度,矿产资源法与物权法确定的以不动产登记簿为源证明文件的效力判断存在"代差"。第二,矿业权登记并不如物权法中登记仅作为公示方法那般纯粹。不具有物权法确定的"生效要件"抑或"对抗要件"的法律意义,仅是获得矿产资源勘查或开采权利的一个环节。现行《矿产资源法》坚持的矿产资源勘查与开采的许可证制度,使得仅仅作为程序性存在的登记不具有现代民法之上的意义。①

2. 基本内容

现行矿产资源法对矿业权的设置是捆绑矿山企业设立的审批、矿业市场准入资格审批以及矿产资源财产权设立三大要素为一体的法律设置。② 矿业权不单单是财产权,而是兼具行政许可、企业资格等不同层面的蕴意。③ 如此的法律设计,不同于当前公法与私法区分,公权与私权区分的立法理念与司法实践。

第一,矿山企业的设立是一个不同于且独立于矿业权的法律问题,对此司法实践已经给出了明确的解释。④

---

① 参见曹宇:《矿业权登记的理论反思与修正面向》,载《河北法学》2014年第5期,第173-176页。

② 我国现行《矿产资源法》第15条之规定:"设立矿山企业,必须符合国家规定的资质条件,并依照法律和国家有关规定,由审批机关对其矿区范围、矿山设计或者开采方案、生产技术条件、安全措施和环境保护措施等进行审查;审查合格的,方予批准。"该条被认为是当前矿业权"三权合一"设置的法律依据。

③ 矿业权关于财产权的属性认识也是呈现为渐进的过程。法律层面,1986年《民法通则》将采矿权认定为财产权,对于探矿权则没有明确的表态。直到2000年国土资源部门的规范性文件才是矿业权具有财产权属性的官方表态。

④ 具体案情与裁判结果详见:《大宗集团有限公司、宗锡晋与淮北圣火矿业有限公司、淮北圣火房地产开发有限责任公司、涡阳圣火房地产开发有限公司股权转让纠纷案》(审判长贾清林,审判员肖宝英,代理审判员武建华),载《最高人民法院公报》2016年第6期,第32-41页。

第二，矿业市场准入资格，也就是资质条件的问题，应该属于行政许可法规范。

第三，此处，财产权的理解较为复杂。

现行法规定依据行政许可法授予财产权。将《行政许可法》第12条"有限自然资源开发利用、公共资源配置以及直接关系公共利益的特定行业的市场准入"作为行政许可配置矿产资源财产权的法律依据。对于矿业权的法律规制《行政许可法》似乎可以"自圆其说"，或者说对于自然资源的开发与配置是行政许可法明确规范的内容。（1）通过行政许可的方式配置自然资源，包括处置自然资源之上的财产权（第12条）。（2）行政许可可以通过"法律法规的例外规定"转让（第9条）。（3）甚至行政许可亦可以通过招标拍卖挂牌的方式授予。《行政许可法》第53条其实就是"量身定做"的"实施本法第12条第2项所列事项的行政许可的，行政机关应当通过招标、拍卖等公平竞争的方式作出决定，并依法向中标人、买受人颁发行政许可证件"。

行政许可配置财产权的质疑。依据法律的体系解释，行政许可是"准予从事特定活动的行为"，并不涉及财产权的分配问题，也不可以由行政许可配置财产权。立法表达的模糊，以及立法机关相关负责人理解的偏差共同造成了行政许可法分配资源财产权的偏离。[1] 对此，崔建远老师提出著名的"遗传分娩说"。矿产资源所有权（母权）和行政许可的共同作用才可以产生准物权，两者缺一不可，矿业权的权能并非来自行政许可。行政许可或特许起"催

---

[1]　参见张文驹：《矿业市场准入资格和矿权主体资格》，载《国土资源经济》2006年第10期，第4—6页。

生""准生"与确认的作用。① 因此，矿业权的法律设置问题是当前理论研究与实务操作困境的重要原因，甚至是整个矿业市场经济健康顺利发展的法律障碍。

3. 设置逻辑

矿区范围的审查是以采矿权的取得为前提的，依照《矿产资源法》第 15 条的逻辑，矿山企业的设立需要获取采矿权。如此，即出现了先取得采矿权，之后再办理矿山企业设立登记的逻辑混乱。究其原因，矿产资源法制定背景为 20 世纪 70 年代末至 80 年代初，我国当时的办矿与管矿实践采取"一矿一企业"的方式，矿山名为独立企业，实质只是一个生产车间。故而将行业准入资格与市场主体本身设立的条件混淆了。其实早在 1996 年《矿产资源法》修改之前，原地质矿产部《关于〈矿产资源法修正案〉的汇报提纲》中提到："采矿权的审批与开办矿山企业的审批性质不同，前者是矿产资源管理，后者是矿山企业管理。属于不同法律的调整范围。"② 遗憾的是 1996 年修法对此未做回应。1998 年，《国土资源部、国家工商局关于矿山企业办理采矿登记与企业工商登记有关问题的通知》对此问题给出了变通性的回应：拟设立的矿山企业先取得划定矿区范围的批复，然后去工商管理部门办理企业设立手续，回过头来再申请矿业权登记，领取开采许可证。第一，缓解矿山企业设立与矿业权取得的冲突。第二，此种做法仅为权宜之计，没有从根本上厘清法律关系的纠葛。2002 年国务院取消"开

---

① 分别参见崔建远：《准物权研究》，法律出版社 2003 年版，第 182 页；崔建远：《物权法》，中国人民大学出版社 2009 年版，第 399-400 页。

② 国土资源部地质勘查司：《各国矿业法选编（下册）》，中国大地出版社 2005 年版，第 1181 页。

办煤矿企业审批",已经释放了进一步改革的信号。[1]

4. 私权保护

所谓私权保护,更多的是指矿业权人权利的保护。我国矿产资源开发的多元主体构成中,国有企业(包括中央和地方)是矿产资源开发的核心力量。矿业领域市场化改革以来,民营矿山企业也参与到矿产资源开发中。所谓私权保护的论题,更多地限定在民营矿业权人这一主体当中。政府或者主管机关在矿产资源开发过程中居于强势,而矿业权人相对处于弱势。从制度设计的目的考察,法律赋予国土资源部门强大的行政执法权,以提升其执法的强制力与效果。但实践当中权力的使用可能受到扭曲或异化。采用吊销矿业权、责令关闭矿山、勒令停产整顿、不予办理矿业权年检等处罚与管理方式,对于矿业权的权利存续与行使具有决定性的意义。[2] 本书仅以山西煤炭资源整合为例,讨论矿业权的保护问题。

作为重要的煤炭资源基地的山西省,在 21 世纪以来开启了煤炭改革的征程。历经三个重要阶段:(1) 2004 年,以临汾为试点的煤矿开采权的私有化改革启动。力求实现"有恒产者有恒心"的预期。但效果不尽如人意,环境、安全的问题依然严峻。(2) 国企

---

[1] 参见蒋文军:《矿业权行政管理实务:矿业律师的实务经验与视角》,法律出版社 2012 年版,第 15-18 页。蒋文军:《矿业权典型疑难法律问题解析与操作实务》,法律出版社 2016 年版,第 22 页。

[2] 有研究将"倒在煤上"的官员分为四类:手握煤炭行政审批权的地方官员、利用煤焦反腐获利的纪检系统官员、省属大型煤炭企业负责人、煤炭监管部门与执法部门官员。参见:《山西"煤改"遗祸:多数落马官员倒在煤上》,资料来源于新浪财经,2017 年 11 月 24 日访问。

牵头推进煤炭业整合，但因补偿款数额难以达成一致而受到抵制。① （3） 2009 年山西省政府先后出台《山西省煤炭产业调整和振兴规划》与《关于进一步加快推进煤矿企业兼并重组整合有关问题的通知》，在全省范围内展开"指定主体、指定区域、指定方式、规定时间"的煤炭整合。② 至此，这场极具争议的论战与博弈拉开序幕。此次山西煤矿整合，有意无意地成为当前中国经济、政治、法律制度最深层矛盾的集中体现，最基本的法律制度和法治秩序能否得到遵守？ 政府在经济活动中的权力、义务、责任及三者之间界限在哪里？ 公民及企业的合法权益能否得到基本的保障和维护？ 此次整合，争议焦点集中体现为两个方面：第一，政府能否强行推行企业之间的兼并重组。第二，若可以，矿业权人与投资者的权益如何补偿。整合引起争议的本质则在于政府公权力行使与社会主体私权利保护间如何平衡的问题。被整合一方的浙江投资者与实施整合的一方山西省政府就此次矿改的合法性、合理性进行过多次"隔空交战"，社会各界人士也广泛参与讨论。③

支持论认为，山西煤矿整合是正当的。其原因有二：第一，符合国家煤炭产业改革方向。历史遗留与 2004 年私有化改革催生了

---

① 2005 年，《山西省人民政府关于推进煤炭企业资源整合有偿使用的意见（试行）》和《山西省煤炭资源整合和有偿使用办法》先后出台，又是临汾市率先力推以国有企业主导的行业整合，当时的整合补偿标准是 20 元/吨（剩余储量），但在煤炭市场行情高涨的背景下，资源整合受到各方利益集团特别是煤老板们的抵制而难以推进。

② 胡乾坤：《山西煤炭资源整合争论与辨析——政府、市场与产权的视角》，载《资源与产业》2010 年第 6 期，第 75-76 页。

③ 2010 年 1 月 9 日，浙商投资促进会发布了一封《致全球浙商公开信》，除了将 61 个城市列为"2010 浙商投资（中国）最佳城市"候选者外，还提名了两个"投资预警区域"——山西和迪拜。温州商会发布"红黑榜"四天之后，在山西的门户新闻网站——黄河新闻网上，出现了一篇报道，题目就叫：《专访粤苏豫皖商会代表：山西人实在，投资环境好》。

大批的小煤矿，但受制于资金、技术以及能力等因素制约，小煤矿往往因回采率偏低、资源浪费严重而一度饱受批评与质疑。2005 年《国务院关于促进煤炭工业健康发展的若干意见》明确提出，"进一步改造整顿和规范小煤矿"，并"用 3-5 年的时间规范煤炭资源开发秩序"。故，合理开发矿产资源，整顿煤炭产业秩序以及促进市场主体发展成为煤炭资源整合的动因所在。[①] 第二，维护煤炭安全生产。"山西不要带血的 GDP"，将煤炭资源整合推向了道德的制高点。有数据佐证，我国 70% 的煤矿事故发生在年产 30 万吨以下的小煤矿，乡镇小煤矿百万吨死亡率是国有重点煤矿的 11.3 倍。但该数据受到质疑，大型国企的矿难同样层出不穷，每年都有死亡上百人的重大事故发生。

但是反对论认为，山西煤矿整合存在严重的政府违法和私权保护问题。第一，整合方式简单粗暴与政府公然违法。[②] 实践中，资源整合地区的政府和国土资源部门对于拒绝接受整合的矿业权人，动辄采用吊销矿业权、责令关闭矿山、不予办理矿业权年检和矿业权延续等威胁手段，逼迫拟被整合的矿业权人就范。[③] 此外，政府也会发挥强大的组织协调能力，调用公安、税务、安检、环保等部门对矿山企业进行突击检查，强行推进整合。[④] 其实，被整合的很多煤矿企业是应山西省各级政府招商之请，来山西投资。

---

① 参见郗伟明：《山西煤炭资源整合法律问题探析》，载《山西大学学报（哲学社会科学版）》2009 年第 5 期，第 102-103 页。

② 需要指出的是，此处的"反对者"的范围包括批评者，即支持煤矿资源的整合，但反对或者批评在实际当中具体的整合措施。

③ 蒋文军：《矿产资源整合中的问题》，载《国土资源》2009 年第 3 期，第 43-45 页。

④ 公安、税务、安检、环保为何可以迫使矿业权人（煤老板）就范？一方面，说明该类煤炭企业在税务、安全、环保等方面确实存在问题，矿业权人继续从事煤炭行业的预期也促使其不敢得罪有关部门。另一方面，说明了政府对于煤炭资源开发的监管本身存在诸多问题，可能存在"普遍性违法，选择性执法"的情形。

但连续的整合要求已经突破或者超越了部分企业技术改造的能力。此次整改更是意味着由政府主导并力推，直接将邀请来的投资者赶出该领域。第二，私人财产权遭到侵害。山西煤炭整合，其实演化为资源领域的"强拆"。山西省的煤矿整合过程中有"三无"现象：无产权交易所，由公开市场给产权以准确的定价；没有平等且具有竞争性的交易方，因为国有大煤矿是在行政权力的护航下控股民营小煤矿；更没有进行估价的中介机构，政府文件出台规定的政府指导价说一不二，谁也没有讨价还价的余地。① 矿业权是《矿产资源法》以及配套规定明确的合法财产权利。山西煤矿兼并重组的实质，是对煤矿矿业权的处置和利益的再分配，是二级市场的矿业权转让，国土资源部门不得擅自撤销或变更已经生效的矿业权许可证，更无权强制矿业权人转让。山西确定的矿业权价款标准不及市场评估价格的一半，政府定价这种方式本身及定价的不合理性，引发了社会各界人士的非议，也遭到很多被整合企业的抵制。② 国土资源部咨询研究中心研究员曹树培于 2008 年 11 月 26 日在西安召开的第三届全国百家地质队座谈会上指出："在资源整合中，必须按照市场经济的规律，考虑《物权法》的原则，既要保护矿产所有者的利益，也要保护矿业权人的合法权益，应该对资源进行合理的评估，主要用经济手段进行处置。"国土资源部"两法"修改办公室研究员傅鸣珂也表示："资源整合中不能靠行政强迫命令，要靠经济手段，要重视合理的补偿问题，特别对探矿权要考虑风险因素，不能简单地用成本补偿。"

---

① 参见叶檀：《煤老板的财产权也应受到尊重》，载南方周末网络版，2013 年 11 月 28 日访问。

② 参见平云旺、张玉成：《山西煤矿整合当重归自由市场》，载南方周末网络版，2013 年 11 月 29 日访问。

随着山西煤炭资源整合的持续推进，山西告别"小煤窑"进入"大矿时代"，煤矿百万吨死亡率下降到全国平均水平的四分之一。2013 年年底，中央巡视组进驻山西，之后山西"系统性、塌方式腐败"震惊全国。[①] 据此，山西"煤炭资源整合与煤炭企业兼并重组"再一次成为反思的论题，甚至有观点将山西腐败归为"煤改"遗祸。"山西的煤炭资源整合，是依托行政手段，而非市场手段。省里给各市、县下达指标，各级政府再层层上报整合方案，省里进行批复。哪家保留，哪家关闭，谁整合谁，都掌握在各级政府手中。腐败也就难以避免。"[②]

二、我国矿产资源开发法律制度规范模式下的各种利益冲突格局

（一）我国矿产资源开发的多元主体利益关系现状

我国矿产资源开发利益分化的背景，起于矿产资源市场化改革。矿产资源开发领域的市场经济建设与市场化改革的推进，使得原来计划经济体制下一体化的总体性利益格局被打破。[③]

其一，基于效率的考虑，国家没有能力总揽全国范围内矿产资源的勘查与开采。矿产资源勘查与开采在资金、技术等方面的高要

---

① 需要说明的是：第一，山西省"系统性、塌方式的腐败"进一步续展至各大煤炭集团，截至 2016 年 4 月，山西省属七大煤炭集团中，仅两家无主要领导落马。其余五家中，落马的现任或原任董事长或总经理达 8 人之多。参见：《山西省属煤炭行业 5 家高管沦陷》，载腾讯网，2016 年 11 月 24 日访问。第二，直到 2015 年年底，山西塌方腐败后，一度空缺 300 多人的党政要员方才补齐。参见：《山西塌方腐败后党政要员补齐 一度空缺 300 多人》，资料来源中国新闻网，2016 年 11 月 24 日访问。

② 参见：《山西"煤改"遗祸：多数落马官员倒在煤上》，资料来源于新浪财经，2017 年 11 月 24 日访问。

③ 在计划经济体制之下，计划与命令主导矿产资源开发的全过程，勘查由国家出资的地质队具体负责，采则由国有矿山具体负责。从勘查到开采，再到矿产品的分配依靠无偿的划拨，市场机制没有发挥作用的空间。

求、高风险也使得国家不可能或者不适宜将所有的矿产资源都探出来，采出来。

其二，国家虽然主要通过国有企业承担矿产资源勘查与开采的具体任务，但市场化的推进使得一部分民营性质的矿山企业参与其中。

其三，矿产资源开发的整个链条，越来越受到多种新价值诉求的影响。例如，近年来环境保护类的利益诉求日益高涨，各种环保类的非政府组织（NGOs）与政府间的合作组织（IGOs）开始兴起，并成为新兴的利益主体。但是对于矿业开发项目而言，具有实质性影响的当属核心利益相关者"core stakeholder"，即不同层级的政府机关，矿业公司以及本地社区（包括土地权利人）。

从《矿产资源法》的规范角度而言，我国矿产资源开发的利益主体至少包括①：

1. 政府：所有权行使者与管理者。政府在矿产资源开发过程中处于绝对重要的地位。不论是所有权的行使，还是管理权的实施，中央政府依赖"委托—代理"模式，将相关权限分级下放。

第一，政府（国务院）作为矿产资源国家所有权的行使者，享有所有权人的占有、使用、受益以及处分的权利。基于矿产资源分级分类管理的基本原则，不同矿产资源类别，则由不同层级的政府行使其所有权。

第二，政府作为矿产资源开发的管理权利人，一方面需要对矿业权从出让、变更直到消灭的全过程进行管理；另一方面安全生产、环境保护以及能源保障等价值目标的追求，使得其他的主管部

---

① 此处的利益主体采用广义上的界定，不仅涉及利益主体，也将权力主体纳入。样本的选取则以矿产资源法的第一章与第二章作为考察的对象。

门介入管理。可以说，政府是矿产资源开发过程中的"导演"。①

2. 企业：勘查者或开采者。政府作为矿产资源所有权的行使者以及矿业活动的管理者，无法亲自参与或者实施矿产资源的勘查与开采，具体的勘查与开采活动几乎都由矿山企业完成。因此，矿山企业作为矿产资源开发的具体实施者，显然是矿产资源开发活动的主角。

3. 矿区：直接影响者与被动接受者。矿产资源开发中，矿区属于当然的弱势群体。矿区没有决定资源配置的权力，也没有监督管理的权力，亦缺乏自身开发的资金、技术等条件，往往只能被动地接受矿产资源开发带来的影响。矿产资源的开发带给矿区的影响是综合的、全面的，不仅仅涉及经济利益，也包括环境保护、历史文化等方面的价值冲突。以权利主体为视角，矿产资源开发涉及的直

---

① 我国当前的矿产资源管理体制主要依据各级政府之间的"委托—代理"模式展开。(1) 国家与国务院之间的委托代理关系。《宪法》第9条，"矿藏属于国家所有，即全民所有"的规定，确认国家是矿产资源所有权人的法律地位。另按照《物权法》规定，由国务院行使国家对矿产资源的所有权。经过此次授权，国务院成为行使矿产资源所有权的全权代表，同时国务院兼具矿产资源开发活动的管理权，至此国务院集所有权与管理权于一体。(2) 国务院与各级政府以及各级主管部门之间的代理关系。国务院作为矿产资源的所有权的行使者以及管理者，同样面临着管理的困境。其无法直接管理全国范围内各类矿产资源的勘查与开采，所以国务院只有选择再次委托。此次委托不再是单项展开，而是委托给所属部门与省一级政府。即国务院将特定矿产资源的出让、转让决定权委托给国土资源部行使，同时就剩余部分矿产资源的所有权行使授予省级政府。此后国土资源部与省级政府又将部分权限继续向下委托。需要说明的是，从国土资源部或省级政府开始，其向下委托的事项以及权力并不是其全部委托，各级政府或主管部门同理。例如，对于矿业权转让的审批权，主要集中于国土资源部或省级国土资源部门，没有继续委托至基层机关。(3) 主管机关与主管机关官员之间的代理关系。各级政府和矿产资源管理部门对其主管官员的委托代理，其实蕴含于从国务院开始的层层向下委托关系当中。由于政府以及主管机关在探矿权、采矿权配置方面的决定权力，官员因为行使相关的权力而属于矿产资源开发利益链条里的重要一环。本质上，国务院与各级地方政府以及矿产资源管理部门的委托代理关系，是对其当政官员的委托代理关系，由主管官员对相关矿产资源进行管理和控制。

接利害关系人包括但不限于：

土地权利人。我国《矿产资源法》第3条明确规定，矿产资源的国家所有权独立于土地的所有权或者使用权。《矿产资源法》一方面强调矿产资源的国家所有权，另一方面也承认了土地所有权或使用权与矿产资源所有权分属不同的权利人这一现实。如此，矿业权的行使当然需要受到相应土地权利的影响与制约。矿产资源蕴含于土地之内的自然禀赋，使得矿产资源的勘查与开采无法绕开土地使用权取得这一环节。所有权层面，除却国家所有的土地外，集体享有部分土地的所有权；使用权方面，不论是国有土地，还是集体土地都可依法设置用益物权。依照《物权法》的基本原则与规定，探矿权与采矿权属于用益物权的范畴，但对于探矿权与其他用益物权之间的效力认识没有明确的规定，至于作为矿业权行使基础的矿业用地权的取得，不仅物权法没有提及，即使是矿产资源法与土地管理法等专门类别的法律也规范甚少。至此，既存的土地所有权或用益物权与矿业权乃至矿业权行使必需的矿业用地使用权之间存在直接的利益关系。

表3 我国矿业权市场利益相关者名单①

类别	具体的利益相关者
行政机关	国务院、国土资源部、财政部、主管政府、矿业部门、地方财政
中介机构	评估机构、咨询机构、律师事务所、会计事务所
直接利益人	投资人、金融机构、政府官员、属地社区、环保部门、地勘单位、矿山企业
其他	媒体、学术界、农林水利部门、动物保护部门

① 参见蔡鑫磊：《基于利益相关者理论的中国矿业权市场研究》，中国经济出版社2013年版，第169—174页。

表4　我国《矿产资源法》意义之上的多元利益主体

序号	类别	主体	具体法条
1	所有权	国家	第3条
2	所有权的行使	国务院	
3	探矿权	探矿权人	第3条
4	采矿权	采矿权人	
5	获得奖励权	成绩显著的单位和个人	第9条
6	民族自治地方的利益		第10条
7	全国勘查与开采的监督管理权	国务院地质矿产主管部门	第11条第1款
8	协助管理权	国务院有关主管部门	
9	本行政区域勘查、开采监督管理权	省级政府地质矿产主管部门	第11条第2款
10	协同地质矿产主管部门管理	省级政府有关主管部门	
11	勘查登记	国务院地质矿产主管部门	第12条
12	特定矿种的勘查登记	国务院授权部门	
13	勘查报告审批	国务院或省级矿产储量审批机构	第13条
14	档案资料与统计资料管理权	国务院规定的部门	第14条
15	矿山企业设立的审批权	法律和国家有关规定	第15条
16	采矿许可证发证权	地质矿产主管部门	第16条第1款
17	开采石油、天然气、放射性矿产等特定矿种发证权	国务院授权的有关主管部门	第16条第2款
18	特定矿产资源且储量规模为中型	省级地质矿产主管部门	第16条第3款

序号	类别	主体	具体法条
19	矿产资源的管理办法（特定矿种）	省级人大常委会	第16条第4款
20	矿产储量规模划分标准制定权	国务院矿产储量审批机构	第16条第5款
21	矿区范围变更审批权	原审批机关	第18条第2款
22	禁止开采区的例外	国务院授权的有关主管部门	第20条
23	关闭矿山审批权	国家规定	第21条

（二）中央与地方政府之间的利益冲突

《宪法》《物权法》以及《矿产资源法》等法律，确立了矿产资源国家所有的基本权利配置，这种国家所有采取的是以国家名义的完全大一统方式，与西方国家常见的联邦、州等不同层级所有权共存的情况略有不同。按照宪法规定，国务院作为矿产资源所有权的行使者与最高行政机关，承担着"发展矿业，加强矿产资源的勘查、开发利用和保护工作，保障社会主义现代化建设的当前和长远的需要"，① 力求实现生产安全、环境保护，进而实现可持续发展和国家福利的最大化。因此，对国家而言除却矿产资源所有权人的法律定位之外，还承载着矿产资源开发的管理职责，而这种职责又要通过多层级的结构加以实现。我国矿产资源管理体制包含中央、省级、市级、县级以及乡级等各层级，涉及政府以及政府部门等不同的行政主体，形成了复杂的矿产资源管理的"委托—代理"体系。

国家和各级代理人之间存在不同的利益诉求与价值目标，即使

① 参见：《矿产资源法》第1条。

是每个相邻环节的委托人与代理人的利益目标也可能存在很大的差异。从形式上说，各级地方政府应该处于受托管理人的位置，忠诚于上级，接受总体目标的制约。但是在实际上，难免受到地方自身利益的影响。这些利益包括：其一，通过矿产资源的开发，迅速推进地方经济发展；其二，增加各种税费收入，充实地方财政，进而突出主政官员的政绩。

正是由于利益分化的缘故，如此复杂的委托代理管理体制，因为分配规则、监管措施等因素造成管理体制的低效或者功能的打折。实践中，不同层级的政府因矿产资源开发利益的分成而存在利益冲突。例如，省政府强势介入与市县级政府要求扩权之间的冲突。[①] 再如，矿产地乡政府作为承担矿地矛盾的核心，在矿产资源开发的收益分配机制中，仍然处于弱势，事与财之间的张力愈发紧张。[②]

内蒙古发展研究中心发布的《关于内蒙古矿产资源开发管理体制改革调研报告》中，以我国著名的煤炭基地鄂尔多斯为例，阐释了矿山企业开采过程中，中央政府、内蒙古自治区政府、鄂尔多斯市政府以及相关的中央企业与民营企业之间在矿产资源开发中的利益分配。[③]

[①]　参见曹树培：《政府在矿业权管理和市场运行中的定位》，载《国土资源情报》2007 年第 11 期，第 50-54 页。

[②]　矿产资源地乡政府一度在资源开发形成的财政收入中仅分得 3%。参见世界银行、国家民族事务委员会：《中国少数民族地区自然资源开发社区受益机制研究》，中央民族大学出版社 2009 年版，第 112-113 页。

[③]　需要说明的是以内蒙古作为样本的分析，数据采集与选取（截至 2010 年）具有一定的滞后性。我国矿产资源开发利益分配机制的改革亦在进行，尤其是 2017 年《国务院关于印发矿产资源权益金制度改革方案的通知》（国发〔2017〕29 号）的正式颁发，标志着我国矿产资源开发利益分配机制的重要调整（改革的配套措施以及细致方案还有待推进）。但分析报告中所涉及的诸多问题并非从根本上得到解决，依然具有讨论的意义。

表5　矿山企业开采中的税费分配情况①

项目	分配主体及情况	标准
资源税	全部归地方政府	3.2 元/吨
增值税	75%归中央 25%内蒙古归自治区政府、鄂尔多斯市政府共同所有	由 2008 年的 13%提高到 2009 年的 17%
营业税	国有企业上缴中央，地方企业上缴当地政府	3%
各种费用	全部归地方政府	地方企业：11.24 元/吨 中央企业：4.7 元/吨
所得税	95%归鄂尔多斯市政府，其余 5%上缴国家	应纳税所得金额 3 万元（含）以内：18% 在 3 万—10 万元（含）：27% 在 10 万元以上：33%

目前，在矿产资源开发的利益矛盾方面，依据调研结果与实际数据，主要存在以下方面：

1. 营业税与增值税的冲突。当前中央企业除却地方政府独享的资源税，其他的税种统统上缴到总部所在地。另外，设在地方的实际开采企业主要是担任央企"生产车间"的角色，生产—运输—销售过程中的营业税、所得税及增值税并不留在当地。矿产资源开发过程中获取优质资源与巨大产值的央企没有给予地方足够的增加税收的驱动，反而在环境保护、社区建设等方面需要地方政府付出极大的努力，由此激发了二者之间的矛盾。

2. 在各种费用征收上，央企与地方企业差别待遇的冲突。各种费用征收，地方企业需要缴纳 11.24 元/吨，而央企仅需支付 4.7

---

① 胡德、李靖靖、韩淑梅、冯玉龙：《关于内蒙古矿产资源开发管理体制改革调研报告》，资料来源于内蒙古经济信息网，2012 年 1 月 4 日访问。

元/吨。地方政府制定的各种费用类型中，央企对于诸多名类的费用拒不执行。即使在可执行的费用项目中，当地企业与国有企业之间也存在一定差别，如 2006 年开始征收的跨区生态恢复补偿金，当地企业的征收标准为 2.0 元/吨，而国有企业的标准为 1.8 元/吨。[①]

3. 开发主体选择的冲突。地方政府有时候不会选择与央企直接发生冲突，而是支持地方企业，甚至民营企业制衡央企的策略。例如，陕西地方电力集团与国家电网陕西分公司发生武斗事件，山东滨州魏桥集团，私自发电与国家电网发生大规模武斗事件，不论是地方国企与央企的冲突，还是民营企业与央企的冲突，都有地方政府的或明或暗的支持。[②] 地方政府和民间势力在某些事件的处理上会联合起来迫使央企让步，这也成为央企与地方政府利益冲突的新形式。

（三）矿山企业与政府之间的利益冲突

我国《矿产资源法》等立法围绕矿业权这一核心概念进行制度创设，但是其立足管控本位的特点导致我国的矿产资源配置并不是真正意义上的市场配置。实践中，尽管市场化的改革也有了一定进展，但"权力划拨权利"的分配体制没有根本的改变。相反，政府管理行政权力往往习惯过度强化，大力扶持国有矿山企业，而民营矿山企业的私权和利益经常被限制甚至任意侵犯，这就容易出现民营矿山企业和政府之间的冲突。

依据不同的企业性质，矿山企业大致可分为国有矿山企业、

[①]　胡德、李靖靖、韩淑梅、冯玉龙：《关于内蒙古矿产资源开发管理体制改革调研报告》，资料来源于内蒙古经济信息网，2012 年 1 月 4 日访问。

[②]　参见：《国家电网与陕西地方电力被曝因抢地发生武斗》（资料来源于网易新闻）与《山东首富办电厂，电价低于国家电网》（资料来源于中国经济新闻网），2014 年 2 月 12 日访问。

民营矿山企业以及外资矿山企业。① 国有矿产资源企业是矿业产业的经营主体。我国《矿产资源法》第 4 条明确规定："国有矿山企业是开采矿产资源的主体。"具体到矿产资源的分配，国有企业往往以大中型规模矿山为主。基于特定的历史背景与国情，依靠先天的政治优势以及与政府的近亲关系，国有矿山企业一方面在资本、技术以及人员方面有国家的大力支持；另一方面在资源的配置方面，受到政府的倾斜。矿产资源领域国有企业至今维系着独大的地位，部分矿产资源类国企成长并发展成为世界500 强企业。

民营企业的矿山主要以非金属矿产的小型和小矿为主，建材非金属矿产中的私营企业矿业占全部矿山总量的 51.2%。这些矿山中93.1%的矿山为小型矿山和小矿。② 2005 年 2 月，国务院发布《关于鼓励支持和引导个体经营等非公有制经济发展的若干意见》（国发〔2005〕3 号），明确指出："积极发展个体、私营等非公有制经济。"2010 年国务院又发布《关于鼓励和引导民间投资健康发展的若干意见》（国发〔2010〕13 号），明确提出："鼓励民间资本参与土地整治和矿产资源勘查开发。"尽管在资源的配置方面存在极大的差异，但至少民营矿山企业已经深入参与到我国矿产资源的开发之中。

---

① 本文的讨论不涉及外资矿山企业的相关问题，同时当前的矿业活动中外资所占的比重极少（具体数据见本书"各企业经济类型的矿山、产量和产值分布情况"），我国对于矿业领域中外资引入持审慎态度。

② 参见吴琼、吴琪、李树枝、陈从喜：《2012 年全国非油气矿产资源开发利用形势》，载《中国矿业》2013 年第 9 期，第 8 页。

不同性质的矿山企业在当下中国承担着不同的角色。[①] 其中国有矿山企业又有中央直属和地方所属之分。据图 1 数据可知，第一，国有矿山企业"量少质高"，数量仅为矿山企业总数的 3.3%，但产量达到 21.3%，产值占比更是达到 35.3%。第二，民营矿山企业则显出"量大而质低"的总体趋势。数量方面，占总量比达 73.7%，但产量只占 28.8%，工业产值仅占总量的 14.4%。

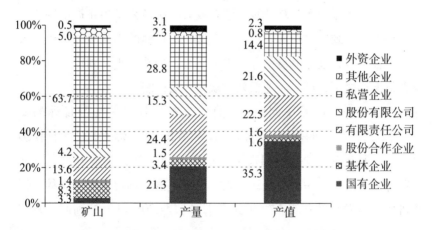

图 1　各企业经济类型的矿山、产量和产值分布情况[②]

我国目前矿产资源开发效率低下，浪费严重。在全国 415 个大中型矿山中，有 50% 面临保有储量危机和即将关闭，全国有 47 个

①　尽管我国的矿产资源法没有限制私人采矿，实践中有采矿权的主体也有少部分为村集体或者个人所有，但仅占极少部分。国土资源部的各种限制性规定将矿业权人限定为企业。《矿产资源法》第 35 条规定："国家对集体矿山企业和个体采矿实行积极扶持、合理规划、正确引导、加强管理的方针，鼓励集体矿山企业开采国家指定范围内的矿产资源，允许个人采挖零星分散资源和只能用作普通建筑材料的砂、石、粘土以及为生活自用采挖少量矿产。矿产储量规模适宜由矿山企业开采的矿产资源、国家规定实行保护性开采的特定矿种和国家规定禁止个人开采的其他矿产资源，个人不得开采……"

②　此表所有涉及数据不含油气矿产，未包括香港特别行政区、澳门特别行政区以及台湾地区开采利用数据。数据来源于 2012 年《国土资源综合统计年报》。

矿业城市探明储量枯竭。我国金属矿山采选回收率平均比国际水平低 10-20 个百分点，矿山资源综合利用率仅为 20%，尾矿利用率仅为 10%。[①] "对 1845 个国有综合矿山抽查显示，综合利用率达 70% 的矿山只占 2%；98% 的矿山资源综合利用率低于 70%。青海省全省平均每采一两黄金，甚至要损失五两左右。"[②] 从原因上看，有自然资源禀赋方面的；[③] 有开发技术不足方面的，直接导致矿产资源开发过程中资源消耗严重、浪费较大；有开采矿山布局不够合理方面的，导致区域分布不均，矿产地与消费地的不同步，造成巨大的运输成本；还有制度引导缺失方面的，仍然处于计划经济体制的总体架构之下，国有企业低效，缺少私法机制鼓励。

国有企业的效率问题，一直以来都是各界关注与批评的要点。[④] 具体到矿业领域，中铝 2012 年亏损 82.3 亿元高居亏损榜第二位，甚至有"央企中铝去年巨亏 82 亿元，职工兼职开黑车"的新闻报道。尽管中铝有经济放缓、消费不振、铝价下降等说辞，但魏桥、信发等民营铝企每年获得 15% 甚至 30% 以上的利润，并在

---

① 董慧凝、尤完：《论资源制约及资源导向的循环经济》，载《财经问题研究》2007 年第 9 期，第 15 页。

② 朱学义：《矿产资源权益理论与应用研究》，社会科学文献出版社 2008 年版，第 11-12 页。

③ 总体而言，我国矿产资源的种类齐全储量较大，多中小矿或贫矿，共生伴生普遍存在的现实国情提高矿产资源开发的技术要求。矿产资源贫矿、小矿以及伴生矿等自然禀赋造成了可采程度差，但技术要求高。

④ 央企先天的政治正确与公益性的道德优势还因其奢侈与腐败受到质疑。奢侈消费与腐败丛生与中央最初的央企设置目标背道而驰。从 2009 年的"天价吊灯"到 2011 年的"天价酒"，一系列的"天价"报道使得央企处于风口浪尖。国有大型能源企业的行政垄断以及严重低效遭致大众的普遍不满。人民网强国论坛的一个帖子《央企到底姓央还是姓企》中，有网友就这么评论央企："当要贷款、占资源、垄断市场时，是'长子'，姓央；当利益分配时，我的利润我做主，给国家一点算贡献，姓企。"具体参见：《央企到底姓央还是姓企》，资料来源于人民网强国论坛，2013 年 12 月 11 日访问。

2012 年净赚 54 亿元已成为不争的事实。① 另外，国有矿山企业饱受诟病的是巨额的补贴。尤其是中石油与中石化，"两桶油" 2012 年合计获得政府补贴金额 122 亿元，高盈利背后水分很大。除却资源分配与巨额补贴的照顾，国有企业还享有垄断经营、低成本融资等多项优势与政策红利。此外，央企利润的上缴问题也是各界关注的热点。国有企业的效率损失不仅包括国有企业本身的效率损失，也包括这种效率损失进一步带来的其他效率损失，即拖累了民营企业的发展进度，进而造成整个经济体制的"增长拖累"。②

民营矿山企业则处在矿产资源配置、经营管控的劣势位置。一方面，我国当前非油气矿产资源开发中，民营经济在企业数量、从业人员、矿石采量、销售收入以及投资等方面已经颇具规模（如表 6 所示）；但另一方面，政府作为所有权的行使者，在资源的分配过程中对民营企业存在严重的所有权歧视。各级政府制定的矿产资源规划，民营企业往往被排除在外。民营矿山获取的资源更多体现为"边角余料"，或者集中于"小打小闹"，或者委曲求全在国企控股后获取一定的矿产资源。矿产资源配置中甚至一定程度蔓延着"宁可把资源配给低效的国有企业，也不可批给低信的民营企业"的心理暗示。矿业权的设立、变更以及消灭的每一个环节，政府几乎都拥有一票否决权。例如，矿业权在二级市场的交易，仍然需要得到国土资源部或者省级国土资源部门的审批方可进行。

---

① 此处具体的数据引自新京报的报道。具体参见尹聪、郑道森：《央企中铝去年巨亏 82 亿职工兼职开黑车，民企净赚 54 亿》，资料来源于凤凰网，2013 年 12 月 9 日访问。

② 参见刘瑞明、石磊：《国有企业的双重效率损失与经济增长》，载《经济研究》 2010 年第 1 期，第 127 页。

表6　2011年民营矿山企业数据统计表①

项目	具体内容
民营矿山企业数占比	全国8类矿山企业总数为107160个，而民营矿山85162个，约占80%
民营矿山企业从业人员占比	全国8类矿山企业从业总人数684.3万人，而民营矿山从业人数338.9万人，约占50%
民营矿山年采矿石量占比	全国8类矿山企业年采矿石量87.95亿吨，而民营矿山47.81亿吨，约占54%
民营矿产品销售收入占比	全国8类矿山企业矿产品销售收入19366.62亿元，而民营矿山为8247.01亿元，约占43%（这与民营矿业主采矿种价值有关）
民营矿山矿业投资占比	全国8类矿山企业矿业年投资4688.28亿元，而民营矿山为2408.56亿元，约占51%

　　现实中，民营矿业经济主体为了追逐利益的需要，只好各显神通，讨好权力，力求规避或者突破所有权歧视与严苛的矿业权审批，这就导致了许多矿业经营违法现象。包括：（1）造租与寻租。针对矿产资源的配置与强大的管理权，民营矿山企业通过权钱交易的方式扶正所谓的所有权歧视。官商勾结成为民营企业敲碎矿产资源配置障碍的重要手段。（2）公然违法或逃避规范。例如，针对矿业权转让，尤其是私营矿山企业之间转让矿业权，未经审批已经成为普遍现象。由此催生的矿业权流转市场往往采取地下交易，而阴阳合同、非法承包等常常成为规避管控的通道。

　　（四）矿山企业与矿区居民的利益冲突

　　1. 矿产资源开发与矿区居民财产权保护

　　《矿产资源法》确立了矿产资源独立于其所依附的土地单独设

---

　　①　参见：《2011年全国非油气矿产资源开发利用年报分析》。

立所有权的立法模式。① 矿山企业取得矿业权，仅仅是针对国家的矿产资源所有权而言，蕴含矿产资源的土地仍然存在所有权人或用益物权人。这构成了矿产资源开发所必需的矿业用地的权益与土地所有权人或者用益物权人的权益产生冲突的根本原因。《土地管理法》第57条仅仅对于探矿用地有所规定，勾勒了矿业权人取得矿业权用地的基础流程，即"有权机关批准—权利人达成合意—合理补偿"。但是，探矿用地临时用地的性质与探矿本身在经济利益获取方面的不确定性，在实践中引发的纠纷较少，真正引发矛盾的是采矿用地部分。采矿用地的性质显然区别于探矿用地临时占用的性质。采矿用地占地范围大、用地类型多，具有不可替代性。采矿用地的位置是由地下矿产资源的分布情况直接决定的，并且与其他的土地利用方式存在激烈的排斥作用。实践操作中，采矿用地依据《土地管理法》比照建设用地进行管理。② 矿业用地需按照建设用地的取得程序进行审查报批，必须履行相应的建设用地审批程序。涉及占用农民集体所有土地的，还需由国家进行征收，履行法律规定的土地征收相关程序。

那么，采矿用地的取得作为用益物权（建设用地使用权）与国家或者集体土地所有权之上既存的用益物权的效力孰先孰后？依照物权法中物权效力的规则，不论是依据成立在先的标准，还是依据占有优先的标准，似乎采矿用地的效力不具有优先于既存的其他用益物权的法定依据。从国家的产业政策出发，矿业的优先地位往往

---

① 参见：《矿产资源法》第6条。

② 采矿用地则按工业用地的政策执行存在很多的质疑。矿业用地无论在用途上、位置的不可替代上，还是在使用期限受矿产资源开发年限限制上等，都不同于一般意义上的工业用地，难以适用工业用地公开竞价方式的规定，也缺乏勘查、开采目的结果后，土地如何有效退出的规定。参见王钢：《矿业用地应有准确法律定位——某矿业公司采矿用地被罚引发的思考》，资料来源于国土资源部网站，2013年12月12日访问。

使得采矿用地的优先性具备了实践中的合理性。《矿产资源法》明确规定"开采矿产资源给他人生产、生活造成损失的,应当负责赔偿,并采取必要的补救措施"。[①] 根据《矿产资源法》《土地管理法》以及《矿产资源法实施细则》等法律法规的规定,探矿权与采矿权的行使应依法取得地表的土地使用权,一定程度在法律层面暗示了矿业用地的优先性。

抛开权利之间的优先性讨论,即使确定了矿业用地的优先位阶,那么其他权利人的权利保障问题如何处理则是权利冲突的另一个表现形式。矿产资源的开发使得原本的农业、牧业等土地利用方式难以为继,甚至还涉及宅基地之上建筑物的拆迁等问题。当前立法对矿业权和土地使用权如何有效衔接的规定缺位,《矿产资源法》对此几乎没有涉及,使得土地权人与矿业权人之间的权利冲突缺乏有效的法律解决机制。

失地农民的经济补偿问题成为矿山企业与矿区居民权利冲突的爆发点。缺乏法律机制与法定的补偿标准,使得矿山企业与矿业居民之间处于极为不信任的状态。漫天要价与黑心掠夺成为彼此的心理状态。相对矿区的农牧民而言,矿产资源开发企业处于优势地位,部分矿山企业对于矿区居民的利益诉求的忽视也确实存在。新疆巴音郭楞蒙古自治州开采石油的中央企业,以捐赠的方式与矿产资源地居民共享矿产资源开发的利益,其捐赠占资源开发收益比例的1%左右,并且在捐赠数额中,只有不到一半落实到矿产资源所在地。因此,矿产资源地居民真正获得收益的,只有矿产资源开发收益的 0.5%左右。[②] 为了突出矿区利益的保护,2012 年国土资源

---

① 参见:《矿产资源法》第 32 条。
② 世界银行、国家民族事务委员会:《中国少数民族地区自然资源开发社区受益机制研究》,中央民族大学出版社 2009 年版,第 97 页。

部启动"和谐矿区建设"项目，曲靖经验（三共运行机制），鄂尔多斯经验（全流程和谐），贵州经验（三者利益共享），以及山西经验（一矿帮扶一村）都成为平衡各方利益机制的有益探索。① 但就目前来讲，尽管成功的个例诸多，但仍然缺乏法律层面或者成形的利益分配机制。

综上，实践中这种法律上的权利矛盾和体系不清，导致了更多的混乱和烂缠。"农民胃口大、企业掏腰包、政府和稀泥"是矿区居民、矿山企业与政府之间矿产资源利益分配中关系的戏谑，而"刁民""黑心矿主"以及"官煤勾结"成为彼此眼中的对方。尽管有一定的渲染成分，但也集中地反映了矿山企业与矿区居民的利益冲突。

2. 矿产资源开发与矿区居民就业

另外是矿区居民就业问题。失地农民就业问题，成为部分矿区的"心病"。矿区居民的就业问题也是属于经济补偿的一种。矿山企业通过就地安置、机械参与等方式探索矿山企业与矿区居民之间的利益平衡。② 但失地农民就业难，已经成为部分矿区的"心病"。一方面，矿业开采的机械化极大地提高了开采效率，同时也提高了矿山企业的用人标准。所以说机械化开采对地方居民的就业带动较弱。另一方面，大量失地农民进入城市，却严重缺乏相应的能力寻求就业，形成社会稳定的隐患。③

---

① 刘维：《探索中国矿业可持续发展之路》，载《中国国土资源报》2012 年 11 月 5 日，第 002 版。

② 所谓的机械参与，指矿区居民通过购买一定的机械设备，然后通过承包矿山企业的工程获取收入，当然形式不限于此，实际中更为灵活，但主要从简单的矿山机械设备入手。

③ 参见：《内蒙古部分重点煤炭资源开发区村企矛盾调查及分析》，载中国矿业网，2013 年 12 月 12 日访问。

3. 矿产资源开发与生态环境保护

采矿业可能从土地污染、水污染、大气污染以及地质灾害几个方面对环境产生影响。矿山开采活动中产生的废渣、废石和尾矿等废弃物，占用大量的土地。2010 年，我国有 10% 的耕地遭重金属污染，年污染粮食可养活珠三角。[①] 采矿业会对周围环境和地下水造成相当大的影响，化学物质会集中污染大片地区，如煤矿就会产生 20 多种有毒化学物质，会经由排放水和供应水的渠道扩散污染范围。据统计，采矿形成的废水占工业废水的 10% 以上，采煤形成的废气占工业废气的 57%。另外，采矿诱发的地裂缝、地面塌陷、崩塌、滑坡、泥石流等矿山地质灾害。"全国因采矿占用、破坏土地 330 万公顷，其中地面塌陷 43 万公顷，固体废弃物 353.3 亿吨。2006 年到 2008 年，引发矿山地质灾害 5000 余次，直接经济损失 70 亿元人民币。"[②] 当前，大多数国家对采矿业有严格的环境保护和恢复地表状态的法律法规，保证采矿区域要恢复原有的状态。近年来，诸多对采矿业限制不严格的国家，加紧了矿业立法与环境保护法的修改，将环境保护作为矿业开发中必须考量的价值目标。

矿产资源开发带来的系列负外部性，已然成为制度性回应的重点。这种负外部性以生态环境的破坏作为源点，呈现出更大范围的扩散效应。

---

① 谢庆裕：《我国 10% 耕地遭重金属污染，年污染粮食可养活珠三角》，载《南方日报》2011 年 4 月 1 日，第 A09 版。

② 具体数据参见：《全国因采矿造成直接经济损失达 70 亿》，载人民网，2013 年 12 月 19 日访问。

表7　煤炭资源开发产生的负外部性

序号	具体表现
1	导致地下水位下降，直接影响地表植被，甚至导致农牧区失去功能
2	污染地表水源，导致水质下降，影响生产、生活
3	过度利用地表水资源，使得生态用水减少，影响社会经济发展
4	导致地质灾害，直接损害与生态移民
5	矿渣的危害，农牧区土地资源、水资源等
6	社会经济结构发生变化，大量原社区居民失去原来的工作，出现了结构性失业问题（大量农牧民从第一产业转移到第二、三产业），再就业面临新的困难
7	矿地矛盾导致行政成本增加
8	新增外来人口导致公共需求、行政成本增加，接待任务增加

资料来源：世界银行、国家民族事务委员会：《中国少数民族地区自然资源开发社区受益机制研究》，中央民族大学出版社2009年版，第128-129页。

矿区居民无法避免地承受矿产资源开发引发的负外部性。例如，内蒙古乌兰木伦镇全镇煤炭生产能力超过5000万吨，所有108个自然村中，有49个村因为涉及塌陷、污染等问题需要搬迁，其中9个村整体搬迁，7-8个村正在实施搬迁。[①] 尽管大多数企业积极投入塌陷区治理，并对塌陷区居民给予一定的补偿和安置处理，但补偿范围仅限于采矿区，而对于非采矿区但同样面临耕地、水污染以及大气污染的居民的补偿根本没有或少之又少。

矿产资源开发产生的环境污染导致矿区居民生产、生活受到影响，但此种权益的受损无法纳入用益物权的补偿体系，不能得到直接补偿，而矛盾累积到一定程度容易导致群体性事件，2011年发生

---

① 参见：《失地农民就业难成内蒙古部分矿区心病》，载网易新闻，2013年12月12日访问。

于内蒙古锡林郭勒盟的"511事件"与"515事件"即是典型。

不论是"511事件",抑或"515事件",其发生是诸多因素叠加的结果。但从内蒙古自治区公安厅的新闻发言稿中,可以寻觅到矿产资源开发与生态环境保护的利益冲突。

第一,关于"511事件":"经查,自2011年5月10日白天开始,死者莫日根和亲属、群众等近20余人因运煤车辆昼夜行使、噪声大、尘土多,严重影响生产生活等,阻止运输车辆在草场旁边的简易公路上行使。"①

第二,关于"515事件":"锡林郭勒盟阿巴嘎旗玛尼图煤矿平安矿业有限责任公司二采区周边部分居民因该矿噪音、粉尘和饮水等问题,到该矿生活办公区聚集,要求停止生产。"②

矿产资源开发中多元主体的利益配置机制设计,可谓矿产资源开发软环境建设中的核心内容。其中,一定的历史阶段与发展历程中,矿产资源开发引发的生态补偿问题的应对,尤其对矿区居民利益的保障问题成为我国矿产资源开发中的薄弱环节。从法律关系的角度观察,"511事件"其实系煤炭运输企业同具有利害关系的矿区居民之间的法律关系,而"515事件"直接表现为矿山企业同矿区居民之间的法律关系。尽管两个事件均以刑事法律关系的形式呈现,但其引发的背后缘由是民事法律关系,进言之是以矿产资源开发为核心内容的权利义务关系。

"511以及515事件"中,矿区居民的权利诉求主要围绕噪声、饮水、粉尘等问题,归根结底是其基本的人身权与财产权的保障与

---

① 具体参见:2011年5月28日下午3时,《内蒙古自治区公安厅新闻办关于发生在锡林郭勒盟的"511""515"恶性刑事案件的通报》。

② 具体参见:2011年5月28日下午3时,《内蒙古自治区公安厅新闻办关于发生在锡林郭勒盟的"511""515"恶性刑事案件的通报》。

实现。矿区居民的利益诉求具备请求权基础。现行《民法通则》（1986）、《物权法》（2007）、《侵权责任法》（2009）等法律法规其实为矿区居民的权利维护提供了充分的保障依据，但事件的演进显然没有照搬法律预设的剧本，事件的脚本是一方当事人选择自力救济，进而导致双方当事人之间关系张力破裂，从而升级为刑事案件。需要反思的是，既然法律已经为矿区居民提供了权利保障机制，那么为何自力救济的方式更加受到青睐？当事人对于诉讼成本以及效果等诸多方面的疑虑显然影响其维权的方式选择。

环境侵权当中，"污染物认定、损失评估、因果关系认定等专门性问题，需要由司法鉴定机构出具鉴定意见。但是，目前具有环境污染鉴定资质的机构较少、鉴定周期长、费用昂贵，难以满足办案实践需求"。[1] 2015 年 1 月 1 日新修订的环境保护法生效以来，最高人民法院连续颁行《关于审理环境民事公益诉讼案件适用法律若干问题的解释》以及《最高人民法院关于审理环境侵权责任纠纷案件适用法律若干问题的解释》，专门针对环境侵权的司法裁判规则加以补充。当事人本身对于求助司法机关的理解与认识本身以及寻求司法救济的成本等也会导致其更为直接地选择私力救济的方式。

4. 矿产资源开发与安全生产

我国《矿产资源法》和有关法律的管控规范模式，主要是在矿业权配置和行使等利益分配方面体现国家意志，但是具体到关于矿山企业的具体安全运营等问题，却缺少具体有效的管理机制（如后文介绍的有关国家的施工程序）。这就导致矿山企业在经营时往往重在追求经济效率，而忽视对矿工的安全保障，为此经常发生恶性

---

① 参见：《最高人民法院发布环境侵权司法解释》，载最高人民法院网站，2016 年 2 月 22 日访问。

事件，使我国成为矿难最为严重的国家之一（我国的矿难统计名单，见表8）。这些不仅严重侵犯了矿民的权利，也成为我国矿山企业和矿民紧张关系的导火索。

表8 近年全国各地重大矿难事故一瞥①

时间	地点	遇难人数	事故原因
2011.11.03	河南义马	8人死亡	下巷掘进工作面发生一起冲击地压事故
2011.10.29	湖南衡阳	29人死亡	重大瓦斯爆炸事故
2010.06.21	河南平顶山	48人死亡	井下发生火药爆炸事故
2010.03.28	山西王家岭	38人死亡	特别重大透水事故
2010.03.01	内蒙古乌海	31名被困者无生还可能	在建的神华集团骆驼山煤矿发生透水事故
2010.01.05	湖南立胜	34人死亡	湖南立胜煤矿发生重大火灾事故
2009.11.21	黑龙江鹤岗	共造成108人遇难	新兴煤矿发生瓦斯爆炸
2009.09.08	河南平顶山	54人死亡	违法违规组织生产导致的特大事故
2009.05.30	重庆市綦江县	30人死亡、77人受伤	违规违章行为引发特别重大安全生产事故
2009.02.22	山西屯兰	78人死亡	瓦斯浓度过高，煤矿爆炸

---

① 近年来我国发生的特大矿难事故频发，做一个全面细致的统计将使得篇幅过于巨大。因此笔者仅仅挑选一些社会影响明显的事故，做一个简单的概要，但并不能代表全部，因此仅仅用"一瞥"。本表2009年及以前的数据来源于国际能源网，2012年12月20日访问。

续表

时间	地点	遇难人数	事故原因
2008.12.05	山西山阴	至少 30 人死亡	矿井透水；矿方及部分官员瞒报
2008.09.21	河南登封	37 人死亡	煤与瓦斯突出
2008.09.08	山西襄汾	276 人死亡（截至当年 10 月 27 日）	尾矿库垮坝；矿方瞒报
2007.12.06	山西洪洞	105 人死亡	煤尘爆炸；矿方瞒报
2007.08.17	山东新汶	181 人死亡	暴雨引发洪水，两家煤矿被淹
2006.11.12	山西灵石	34 人死亡	井下私制炸药起火，并产生大量毒气
2005.11.27	黑龙江七台河	171 人死亡（截至当年 12 月 6 日）	煤尘爆炸
2005.08.07	广东梅州大兴煤矿	121 人死亡	煤矿透水；非法经营，当地安监官员受贿不作为
2005.02.14	辽宁孙家湾煤矿	214 人死亡	瓦斯爆炸
2004.12.02	陕西铜川	166 人死亡	瓦斯爆炸

同样作为煤炭大国的美国，对于煤炭的安全生产，数据会告诉我们差距所在。表 9 中对比了 2000-2009 年中美两国煤炭产量、死亡人数以及每百万吨死亡人数。

表 9　2000-2009 年中美两国煤炭产量、死亡人数以及百万吨死亡人数①

年份	中国			美国		
	年产量（百万吨）	死亡人数	百万吨死亡人数	年产量（百万吨）	死亡人数	百万吨死亡人数
2000	1314.4	5797	4.41	1073.6	40	0.04
2001	1458.7	5670	3.89	1127.7	41	0.04
2002	1380.2	6716	4.87	1094.3	27	0.027
2003	1667.6	6434	3.86	1071.8	50	0.05
2004	1956.4	6027	3.08	1112.1	27	0.023
2005	2190.3	5986	2.73	1131.5	22	0.02
2006	2380.5	4746	1.99	1161.4	12	0.01
2007	2532.6	3786	1.5	1145.6	22	0.02
2008	2716	3215	1.182			
2009	2960	2631	0.892			
合计	20556.7	51008	28.404	8918	241	0.23

5. 矿产资源开发与少数民族文化保护

民族地区作为矿产资源富集地区，其资源开发直接关涉到少数民族文化保护的问题。少数民族文化作为我国传统文化的瑰宝，其传承与保护愈发地受到社会各界的关心与重视。生存环境变迁、传承人断代、外来文化的冲击等诸多因素导致当前少数民族文化的传承与保护的困境愈发严峻。少数民族地区矿产资源的开发活动与如上诸因素具有千丝万缕的耦合，其中矿产资源开发与生存环境的变迁更具直接的关联。

如上文所述，矿产资源开发产生大幅的负外部性，导致少数民

---

① 周小勇：《矿业权的法学构想——从公私法二元区分及其互动的视角分析》，2010 年中国政法大学博士学位论文。

族生存环境的变化，而这些变化对于少数民族地区的传统生产、生活方式冲击巨大。例如，内蒙古矿产资源的开发，使得原本以畜牧业为生产生活常态的蒙古族，被迫改变其生存状态。以矿产资源开发为核心的各种生产生活方式迭代了原本的传统模式。生存环境的变化到生产生活方式的变化进而会引发民族传统文化传承的变化。如此意义之上，矿产资源开发对于少数民族传统文化传承与保护产生消极的作用，甚至某种程度上可以理解为导致民族传统文化流失的原因之一。

少数民族传统文化的保护是一个复杂的系统工程，当前的困境如何突围也不可能一蹴而就。但不可否认的是矿产资源开发对于少数民族传统文化的保护与传承的消极影响。民族文化的传承保护与矿产资源开发的冲突与平衡是无法回避的论题。

需要注意的是，比较法视野下的原住民（Indigenous peoples）既可以是作为矿区的一部分，也可以当作不同于矿区而独立存在的利益主体。1989 年国际劳工组织 the International Labour Organization（ILO）第 76 届会议 169 号公约确认了原住民分享当地发展权利的国际认同。大会的主要目标是确保原住民有权决定其经济、社会以及文化的发展。[1] 2007 年联合国大会将原住民的权利纳入联合国宣言，截至 2008 年很多国家没有批准 ILO 对于原住民的相关条款。当前，我国矿业开发的主要注意力集中于经济利益平衡机制的探索与协调，对于非经济价值即社会、文化、历史等方面的利益诉求的关注仍然有待加强。

---

[1]　大会对于原住民的含义提出两项判断标准：第一，历史上至今长期定居某地。第二，完整的或者部分的保留其社会、经济、文化以及政治制度。其中第一点仅是参考性的标准，而第二点则是决定性的因素，甚至大会第 15 条对于在矿产资源开发活动中原住民的地位与角色做出明确规定，即在国家保有所有权的情况下，原住民所在地区矿产资源的勘查与开发项目的授予需要满足原住民同意这一条件。

第五节　矿产资源开发实践中私法适用困惑[①]

一、矿业权转让合法性判断的困惑

矿业权转让纠纷是当前涉矿类民事纠纷的频发区域，亦是司法实务关注的重点与难点。[②] 透过矿业权转让纠纷的诸多案例，其主要纷争可以类型化为：矿业权转让的认定与矿业权转让合同的效力。

依据现行《矿产资源法》，可采企业合并、分立，作价出资、与他人合资、合作勘查或开采、出售、上市等方式转让矿业权，并依法办理审批登记手续。矿业权之认定引发的争议，又可细化为如下问题的处理：（1）矿业公司股权转让是否应当视为矿业权的转让。（2）个人独资矿山企业投资人变更或合伙矿山企业合伙人转让合伙财产份额的行为是否属于矿业权转让。（3）采矿权的出租是否应当被视为采矿权的转让，或者在什么情况下应当被视为采矿权的转让。（4）矿业权合作的性质应当如何认定。（5）采矿权承包的实质内涵究竟是什么，其与采矿权的转让和出租究竟有何本质

[①]　2017 年 7 月 27 日，《最高人民法院关于审理矿业权纠纷案件适用法律若干问题的解释》（法释〔2017〕12 号）正式颁行，本部分所涉部分问题，已经在司法实践中形成观点，后文专就司法解释加以解读。

[②]　综合当前涉矿司法实务的论著，无论是从业多年的律师，抑或矿产资源法研究的专家，无一例外地将矿业权的转让作为案例分析与制度反思的重点。具体参见李显冬：《矿业法律实务问题及应对策略》，中国法制出版社 2012 年版；蒋文军：《矿产物权疑难法律问题解析与实务操作》，中国法制出版社 2008 年版；李晓峰：《中国矿业法律制度与实务操作》，法律出版社 2006 年版。2017 年颁行的《最高人民法院关于审理矿业权纠纷案件适用法律若干问题的解释》也将矿业权转让纠纷作为重点规范的内容，详见后文。

区别。[1]

以上问题的回答要点在于如何理解对矿业权转让的界定。矿业权转让的认定为什么会成为一个争议问题，根本原因在于矿业权转让条件与程序的适用与否问题。矿业立法以列举的方式设定了矿业权转让的法定类型，矿业权主体的变化是判断转让与否的重要标志。[2] 矿业权主体是否变更这一认定标准受到了矿山企业股权转让、合伙份额转让、出租、合作以及承包等各类行为的冲击。矿业权转让中管制与规避的矛盾十分突出。一方面，矿业权转让法律制度紧握审批的利剑，试图通过严密的矿业权转让程序，规制矿业权转让行为。另一方面，矿业权转让当事人使出浑身解数，力求规避繁杂的矿业权审批程序。以"承包"为名，行转让之实，或者私下转让之后，既不变更企业名称，也不进行登记等诸多游走于法律模糊地带的方式层出不穷。[3] 究其原因，在于矿业权流转条件严苛与转让程序复杂。本质上则是政府对矿业权流转的管控与市场交易主体基于利益追逐而进行的博弈。主管部门则针对各种具有规避矿业权转让程序效果的行为给予再规制，并呈现"一招鲜"，即将允许但需要管控的行为纳入矿业权流转类型。其他行为则需要受到来自主管部门的处罚，甚至遭到刑罚的苛责。

需要说明的是《最高人民法院关于审理矿业权纠纷案件适用法

---

① 参见蒋文军：《矿业权行政管理实务——矿业律师的实务经验与视角》，法律出版社 2012 年版，第 64-65 页。

② 规范意义之上，《矿产资源法》第 6 条倾向于将采矿权主体的变更作为矿业权转让的重要标志。"已取得采矿权的矿山企业，因企业合并、分立，与他人合资、合作经营，或者因企业资产出售以及有其他变更企业资产产权的情形而需要变更采矿权主体的，经依法批准可以将采矿权转让他人采矿。"该法条表述中"其他"作为兜底性的规定预留了制度创设的空间，是 1996 年《矿产资源法》修改对于矿业权市场化改革的前瞻。

③ 曹宇：《规避与管控：矿业权转让与矿股变动关系研究》，载《北京航空航天大学学报（人文社科版）》2014 年第 2 期，第 53 页。

律若干问题的解释》（2017）（以下简称《矿业权司法解释》）的颁行以及"矿业权纠纷十大典型案例"（2016）的公布，就矿业权转让认定的部分问题予以直接回应，明晰的司法裁判的规则，有利于相关纠纷的处理与矛盾的化解。《矿业权司法解释》对于主体变更标准的坚守，意味着之前的部分规避行为将华丽地完成合法化的转身（如矿山企业股权转让等）。如果说《矿业权司法解释》的颁行是那"挥舞的翅膀"，作为根本原因的矿业权转让管理体制的应对还会远吗？

二、矿业权转让合同效力认定的困惑

按照现行矿产资源法律要求，国土资源部门的审批登记对于矿业权转让合同的效力具有决定性的影响。但是，矿业权流转中产生的纠纷诉诸法律时，采矿权转让合同尚未报请相关行政主管部门批准是一种常态，那么实践当中采取何种态度呢？司法实践逐渐形成了多种效力判断标准，均有一定的理论支持。

第一，未成立说。需批准的法律行为，获得批准属法律行为的特别成立要件，未经批准，法律行为尚未成立。[①] 欠缺形式要件的要式合同，既没有成立，也不可能生效，也就没有法律上的约束力。国土资源部门的审批是矿业权合同的特别成立要件，未经批准直接导致合同尚未成立。

第二，无效说。依据《探矿权采矿权转让管理办法》第 10 条第 3 款之规定，探矿权与采矿权转让合同属于法律、行政法规规定应当办理批准、登记等手续才能生效的合同。未经审批的采矿权合同违反行政法规的强制性规范，根据《合同法》第 52 条第 5 项之规定，合同无效。"矿业权转让审批应是矿业权转让合同的生效要

---

① 参见：《合同法》第 44 条。

件。审批是一种特殊的合同管理方式，是矿业权市场严格准入之客观要求。审批与登记所指向的对象不同，批准指向合同的生效，而登记指向物权的转移，两者自然不能混淆。"①

第三，成立但未生效说。依据《合同法》第44条、《探矿权采矿权转让管理办法》第10条第3款、《最高人民法院关于适用〈中华人民共和国合同法〉若干问题的解释（一）》第9条的规定，未经批准的矿业权转让合同成立未生效。《最高人民法院关于适用〈中华人民共和国合同法〉若干问题的解释（一）》第9条为欠缺生效要件的矿业权合同的效力状态指明了出路：在一审法庭辩论终结前该合同仍未办理批准手续的，应当认定该合同未生效，未生效即是无效。反之，合同有效。《最高人民法院关于适用〈中华人民共和国合同法〉若干问题的解释（二）》未报批准的采矿权转让合同的处理给出了新的解决思路：其一，有报批义务的一方当事人未办理相关手续，属于"其他违背诚实信用原则的行为"即缔约过失行为；其二，法院可以判决相对人自己办理有关手续；其三，有义务报批一方当事人应承担缔约过失责任。② 但司法实践中的实施效果可能尚存争议。一方面，缔约过失的认定存在理论瑕疵，而仅保护信赖利益难以防范道德风险；另一方面，相对人自行办理审批登记手续不具有可操作性与现实可能性。③

第四，有效说。又有三种不同理由。理由一：《物权法》第15条之规定。《合同法》第44条规定，对于合同效力产生影响的是

---

① 李显冬、刘宁：《矿业权物权变动与行政审批之效力研究》，载《国家行政学院学报》2011年第1期，第53页。

② 参见：《最高人民法院关于适用〈中华人民共和国合同法〉若干问题的解释（二）》第8条。

③ 参见樊非、晋松、向亮：《采矿权转让合同纠纷法律适用难题与破解——以合同法理论创新和"两权协同"为进路》，载重庆法院网，2013年11月28日访问。

"法律、行政法规另有规定",但《物权法》第15条对于不动产物权合同的成立与生效的判定限定为"法律规定",行政法规则被排除在合同效力的判定依据之外。故按照新法优于旧法的原则,采矿权转让合同何时生效,应适用物权法而非合同法,且排除《探矿权采矿权转让管理办法》的适用。矿业权转让适用不动产转让的相关规则,所以矿业权转让合同效力认定应当遵循《物权法》的规定,即矿业权转让合同应当自成立时生效。[1] 理由二:诚实信用原则。尽管采矿权转让合同未经批准,但受让方已经实际投入运营,符合生产条件与安全技术条件,按时向国家缴纳资源费、税费等,可以认定采矿权转让行为有效。[2] 原因在于火爆的矿业权市场和巨大经济收益可能引发出让方主张合同无效的道德风险。同理,若遇到市场低迷,则受让人可以根据经济方面的判断,以近乎同样的理由主张合同无效。为了避免交易中鼓励不诚信行为的恶果,特定条件下可认定未审批的矿业权转让合同有效。理由三:将行政审批与矿业权转让合同的效力相区分,行政审批控制范围仅及于矿业权的变动,而与矿业权转让合同的效力无关。国家管制矿业权变动应从否定矿业权转让合同的效力转向控制矿业权的实际变动,也即未经行政审批的矿业权转让合同亦为有效合同。在技术构成上,可以利用违约责任的承担与免除机制调整当事各方的利益关系。[3]

综上,司法实务对未审批矿业权转让合同的效力判断问题,在不同立场选择下的解释论可以得出不同甚至截然相反的结论,容易

---

[1] 如此的法律解释,认为矿业权转让合同效力的界定标准在《物权法》实施后有了质的变化,即矿业权转让合同自合同成立之日起生效。

[2] 参见重庆市二中院研究室课题组:《采矿权转让合同纠纷案件实务问题探析》,载重庆法院网,2013年11月27日访问。

[3] 参见蔡立东、李晓倩:《行政审批与矿业权转让合同的效力》,载《政法论坛》2011年第5期,第33-37页。

形成司法的不确定性以及自由裁量权过大的问题。①

三、矿业权出让合同的法律性质认定的困惑

矿业权出让合同的性质界定具有重要实务意义。② 其一，矿业权出让合同的理解以矿产资源国家所有权为基础，有利于了解当前矿业权市场化运行的法律逻辑。其二，矿业权出让合同的性质事关纠纷的解决机制选取。民事诉讼还是行政诉讼的选择对于当事人的权益影响明显。

目前，关于矿业权出让合同的性质界定存在三种观点：第一，民事合同说。矿业权出让合同是国家作为矿产资源的所有权人，以民事主体的身份与矿业权受让人订立的民事合同。在矿业权的出让中，矿政主管部门是基于平等自愿原则的市场交易主体。③ 第二，行政合同说。矿业权出让合同是国家行政机关行使其国家行政权力，与矿业权受让人达成的行政合同，本质是国家许可矿业权人在特定区块进行勘查和开采的行政许可行为。④ 第三，双重性质说。现代公私法相融合的法律思想赋予矿政管理机关在矿业权出让过程中的双重职能。政府的身份具有市场主体和社会经济管理的双重性，矿业权出让合同兼具行政合同与民事合同的双重属性。⑤

---

① 2017年《矿业权司法解释》就矿业权转让合同着墨颇重，详见后文。

② 当前矿业权的出让通常需要借助合同这一载体或者工具完成。例如，《探矿权采矿权招标拍卖挂牌管理办法（试行）》第20条明确规定中标人、竞得人需要与主管机关签订成交确认书，成交确认书具有合同的效力。而协议出让则需要签订出让协议。但官方的文件并没有说明合同的性质，为理论与实务界的争论留下空间。

③ 对于民事合同说的具体论述可参见孙宏涛、田强：《论矿业权的流转》，载《中国矿业大学学报（社会科学版）》2005年第3期，第61-67页。蒋文军：《矿业权行政管理实务——矿业律师的实务经验与视角》，法律出版社2012年版，第66-74页。

④ 李晓峰：《中国矿业法律制度与实务操作》，法律出版社2006年版，第112页。

⑤ 双重性质说的具体论证可参见张文驹：《矿权性质及其市场制度》，载《中国地质矿产经济》2003年第10期，第15-23页；武钧琦、王丽艳：《矿业权出让合同法律属性探析》，载《中国矿业》2011年第4期，第81-83页。

上述实践中有关矿业权出让合同性质的争议，源于现行立法的矿业权设置。民事合同说的证成以国家作为矿产资源所有权人出发，国家作为民事主体是论证的起点；行政合同说则依国家的公权力作为着眼点展开论证；双重属性说则属于我国法律理论研究中常见的"折中说"，兼具以上两说之特点。

矿业权出让合同的性质界定，最直接的影响是诉讼机制的选择。民事合同说与行政合同说分别对应民事诉讼程序与行政诉讼程序。司法实践中，诉讼机制的选择并不相同。最高人民法院环境资源审判庭对此亦未给出倾向性的选择，而是认为"不管是适用民事诉讼程序，还是适用行政诉讼程序审理案件，均应充分保障当事人的合法权益"。①

第六节　小结：政策增生与法律的空洞化

现行矿产资源开发法律制度的架构，法律层面的规则输出主要依赖于《矿产资源法》。我国《矿产资源法》共计53条，在立法技术层面表现为简略粗犷的风格，设置有大量的宣示性规范与授权性规范，采取授权政策机制的管矿立法模式（参见表10）。此种粗线条的立法技术，在完整性、周延性、精确性和普适性等方面存在不足，实质内容缺乏，可操作性差，致使法律出现仅剩一个空壳甚

---

① 杜万华主编：《最高人民法院审理矿业权纠纷司法解释理解与适用》，中国法制出版社2017年版，第52—53页。另外需要说明的是：第一，2014年，为积极回应人民群众对环境资源司法新期待，为生态文明建设提供坚强有力的司法保障，最高人民法院决定设立专门的环境资源审判庭。观察其主要职责，就纠纷处理的类型而言，关键词为"民事纠纷"。第二，《最高人民法院关于适用〈中华人民共和国行政诉讼法〉若干问题的解释》第14条、第15条第2款的规定，意味着作为行政主体的国土资源主管部门，也有承担民事责任的规范基础。

至连外壳都没有的现象。①

　　显然，这种立法技术的选取是将精细化规则供给的任务寄希望于国务院以及矿政主管部门。为了实现对于具体现实活动明确而及时的规范指引，国务院与矿政主管部门积极出台政策，进而导致政策增生和由此而生的法律空洞化现象。政策增生，指在法律之外不断出台政策，形成一种法律外的政策循环机制；法律的空洞化，指的是政策对法律产生实际的替代作用，政策为主法律为从，政策具有优于法的"先导作用"。②

　　尽管授权政策机制的立法模式导致了法律的空洞化，但是其在矿业立法领域，具有一定的合理性与正当性。法律严格的立法程序，缓慢的颁布过程，以及较强的稳定性使得灵活多样且可不断试错的政策更受政府或者矿政主管部门的偏爱。政策机制灵活性的特点，顺应了我国当前矿业立法改革中的"摸着石头过河"的指导思想。正如理查德·波斯纳曾指出："在一开始对法制改革的投入过于巨大，反倒可能会消耗过多的经济资源，进而扼杀整个改革。"③

表 10　矿产资源法授权条款/转介条款

序号	条文	具体事项	被授权机关/转介规范
1	第 3 条	勘查开采资质	无明确授权
2	第 5 条	有偿取得费用以及减缴、免缴条件	国务院
3	第 6 条	矿业权转让	国务院

---

　　① 参见邢会强：《政策增长与法律空洞化——以经济法为例的观察》，载《法制与社会发展》2012 年第 3 期，第 117-121 页。

　　② 参见邢会强：《政策增长与法律空洞化——以经济法为例的观察》，载《法制与社会发展》2012 年第 3 期，第 117-121 页。

　　③ Richard A. Posner, Creating a Legal Framework for Economic Development, World Bank Research Observer, February 1998, pp. 1-11.

续表

序号	条文	具体事项	被授权机关/转介规范
4	第10条	民族自治地方的优先权	民族自治地方的自治机关
5	第12条	勘查登记	国务院
6		需主管部门审批方可开采的矿种①	国务院
7	第16条	各省权限内矿种的矿产资源的管理办法	省、自治区、直辖市人民代表大会常务委员会
8		矿产储量规模的大型、中型的划分标准	国务院矿产储量审批机构规定
9	第20条	不得开采矿产资源的其他地区	无明确授权。仅描述为：国家规定
10	第21条	关闭矿山，必须提出矿山闭坑报告及有关采掘工程、不安全隐患、土地复垦利用、环境保护的资料并按照国家规定报请审查批准	无明确授权。仅描述为：国家规定
11	第25条	综合评价的勘查报告的例外	国务院计划部门
12	第26条	普查、勘查易损坏的特种非金属矿产、流体矿产、易燃易爆易溶矿产和含有放射性元素矿产的勘查方法	省级以上人民政府有关主管部门
13	第27条	实物标本资料，各种勘查标志的保护与保存	无明确授权。仅要求遵循"有关规定"
14	第28条	有价值勘查资料的使用	国务院
15	第31条	统一收购的矿产品	国务院
16	第59条	外商投资勘查、开采矿产资源	法律、行政法规另有规定的
转介条款			
17	第31条	国家劳动安全卫生规定	概括性指引

---

① 《矿产资源法》第16条规定："开采下列矿产资源的，由国务院地质矿产主管部门审批，并颁发采矿许可证：……（五）国务院规定的其他矿产资源。"

序号	条文	具体事项	被授权机关/转介规范
18	第 32 条	有关环境保护的法律规定	概况性指引
19	第 39 条	擅自采矿	《刑法》第 156 条
20	第 40 条	越界采矿	《刑法》第 156 条
21	第 41 条	盗窃、抢夺矿山企业和勘查单位的矿产品和其他财物的，破坏采矿、勘查设施的，扰乱矿区和勘查作业区的生产秩序、工作秩序的	1. 刑罚相关规定 2.《治安管理处罚法》
22	第 43 条	违反本法规定收购和销售国家统一收购的矿产品	《刑法》第 117 条、第 118 条
23	第 44 条	破坏性开采	《刑法》第 156 条
24	第 48 条	阻碍矿山管理工作	1.《刑法》第 157 条 2.《治安管理处罚法》

授权（转介）条文比重：24/ 53 = 0.45（约等于）

当然，我国矿业政策增生还存在另外一个特殊原因，就是现行《矿产资源法》年久失修而且极为保守。鉴于矿业本身的敏感地位以及计划经济体制的长期影响，我国矿业领域改革步伐尤其是法律层面的修正较为迟缓。近三十年来，《矿产资源法》仅在 1996 年进行过一次修订。但此次修改没有从根本上摆脱原有体制的束缚，依然维系传统的行政审批和严格管控的立法理念与体制。① 2012 年 12 月，全国人大常委会建议国务院按照全国人大常委会组成成员提出

---

① 2003 年，全国人大常委会提出加快《矿产资源法》修订工作要求，国土资源部随即展开《矿产资源法》修订研讨论证工作。截至 2011 年，《矿产资源法》十易其稿，但由于关键问题难以达成共识而仅停滞于讨论、起草阶段。党的十一届全国人大届内，共有 270 多位代表提出 9 项关于修改矿产资源法的议案。2011 年，国家将《矿产资源法》修改列入十一届全国人大常委会立法规划，要求由国务院起草，随后，国务院将《矿产资源法》修订列入国务院 2012 年立法工作计划中的二档立法项目。参见陈丽平：《矿产资源法修订列入立法计划》，载《中国矿业报》2013 年 2 月 21 日，第 A01 版。

的审议意见，在总结《矿产资源法》实施经验和问题的基础上，提出修改草案，并尽快提请全国人大常委会。[①]

国务院以及国土资源部门为了适应矿业市场经济发展的需要，大搞矿业行政立法实验，陆续出台诸多行政法规、部门规章以及规范性文件，相当程度上突破了原先《矿产资源法》的规定与立法理念，发挥了矿业改革制度供应的作用。例如，矿业权流转由严禁到有限转让的态度转变历程说明了矿业市场经济的建设促使国土资源部门理念的联动变化。矿业权法律规制在方向性层面的犹豫，导致行政立法实验存在极大的不确定性。一个文件出台之后不久，新的思路致使又一个文件的出台，循环往复使得矿业立法呈现"碎片化"。矿业政策的暴增已经达到超乎想象的规模。

矿业规范的政策替代和法律空洞化，带来了不少消极作用：

首先，带来法律适用的纠结，即冲突规范的应对问题。以法律的效力等级为视角，当前广义的矿业立法囊括法律、行政法规、地方性法规、部门规章、地方政府规章、司法解释以及规范性文件等，几乎涵盖了所有的法律渊源类别。但年久失修的《矿产资源法》与肩负行政立法实验的其他法律渊源存在激烈的效力冲突。法律的效力高于行政法规、部门规章以及其他法规性文件，因此不属于同一效力层级的规范无法适用"新法而优于旧法"的法律适用规则。当法律与行政法规或行政规章出现冲突的时候，以法律为准。事实上，为适应矿业经济改革需要所出台的一系列规范性文件与《矿产资源法》的不少规定明显冲突，矿业经济运行主体往往以国土资源部门颁布的规范为行为准则。这不仅涉嫌违背《立法法》的精神与规定，而且使

---

① 王宏峰：《修改〈矿产资源法〉势所必然——访国土资源部法律中心实验室副主任郑美珍》，载《中国矿业报》2013 年 10 月 5 日，第 B01 版。

主管机关与司法机关陷于法律适用的被动。① 我国授权立法的管矿立法模式，希望发挥政策的灵活性与实验性，往往遵循如下路径：虽然有矿产资源法，政策优先或者政策先行进行行政立法实验，在法律未做修改的情况下，则先依政策办事，之后再修改法律，即对既有的成熟规则进行法律化。该模式暗含政策对于法律突破的容忍，对于法律的虚置采取临时的失明。但问题在于矿产资源法已经远离实然规则太久，甚至使得暂时性的"违法状态"常态化。

其次，导致法律公信力流失。矿产资源法过分远离当前的矿业实践与管理实际。既定的管控理念一如既往，法律层面的规定没有及时地跟进矿业实践。矿产资源法甚至被束之高阁，只有在批判与检讨时才会被提及。国土资源部门制度修正的积极回应，催生了大批的行政立法实验，并且取得了一定的积极效果。《矿产资源法》"禁止矿业权倒卖牟利"的规定仍然处于将矿业权交易界定为"投机倒把"的认识阶段。其实，国务院与国土资源部门的相应规范早已解除了禁止矿业权转让的红线。政策的作用发挥到极致的时候，可能产生物极必反的效果。长此以往，法律会如同"劣币驱逐良币"那样被驱逐出现实生活和人们的心目中。一方面，法治的理念会越来越模糊。另一方面，积累到一定程度，政策也将遭到漠视。②

总之，矿产资源开发实践中，屡见种种与正当私法化调整相背离的"违法"乱象和"秩序"危机，进一步凸显了我国现行矿产资源开发制度应加深私法化完善的理论研究和改进相关规范设计的必要性和急迫性。

---

① 曹宇：《矿业权登记的理论反思与修正面向》，载《河北法学》2014 年第 5 期，第 174 页。

② 参见邢会强：《政策增长与法律空洞化——以经济法为例的观察》，载《法制与社会发展》2012 年第 3 期，第 129 页。

第三章 《矿产资源法》理论基础之流变：政策驱动下的理念转换[①]

我国现行《矿产资源法》早在 1979 年即着手起草，1986 年正式颁行。1996 年《矿产资源法》进行了一轮较大幅度的修订，但终究已超负荷运行近二十年之久。随着矿业领域体制改革的持续深入，全国人大调研组在 2002 年已经就《矿产资源法》的修订达成共识，同时报请全国人大常委会建议加快推动修法。相应地，2003 年 6 月国土资源部成立"两法"修改领导小组及办公室，就矿产资源法修订的相关问题进行修法准备。从 2003 年起算，时至今日《矿产资源法》修改工作已经历时十余年，且已十二易其稿。[②] 2012 年国务院将《矿产资源法》修订纳入立法计划中的二档立法项目。2013 年《矿产资源法》修订纳入十一届全国人大立法规划。然而修法尚未进入实质性的阶段，且无近期通过的迹象，学界与实务界就矿产资源法的修订仍然处于热烈的讨论之中，某种程度上说

---

① 本部分主要内容发表于《私法研究》（第 18 卷），略有修改。具体参见曹宇：《〈矿产资源法〉理论基础之流变：政策驱动下的理念转换》，载陈小君主编：《私法研究》（第 18 卷），法律出版社 2015 年版，第 111-122 页。

② 参见甘藏春：《在〈矿产资源法〉修改协调小组会议上的讲话》，载《国土资源通讯》2012 年第 2 期，第 19-21 页。

明修法尚未达成共识。①

　　美国学者戴维斯在其《裁量正义》一书的前言中感慨，学术研究中常常出现有的主题过剩，有的主题匮乏的不均衡。② 就矿产资源法学以及矿产资源法的修订而言，此种不均衡集中体现于：其一，从学科定位上讲，矿产资源法学属于法学研究中的小众学科，并非法学研究关注的重点，相较而言其研究的广度与深度尚显不足。其二，从理论论题上说，仅表现为矿业权的概念与矿业权的性质之争。本文丝毫不贬低矿业权概念与性质学术之争的意义，只是在表面热烈的讨论背后，遮蔽了矿产资源法理论基础这一论题研究的单薄。③ 在当下的矿产资源法学研究之中，矿产资源立法理论基础的深入讨论甚少，通常仅以计划经济体制作为时代背景简要介绍，学界研究的射程十分有限。

　　在矿产资源法修法陷入僵局这一时间节点，梳理和重新审视现行矿产资源法的理论基础，并以过去三十年中国大立法时代为历史纵深，描绘矿产资源立法理念的转换轨迹，勾勒一幅政策驱动之下矿产资源立法理论基础的发展图景，实有特殊的学术和实践价值。

─────────────

　　① 实务界尤其是国土资源部门的声音显示：《矿产资源法》的修订势在必行，然而就具体的修订内容则不限于小修小补，涉及内容甚广、牵涉部门多，故难以在短期达成共识。理论界的讨论仍然激烈，既有立足于矿业制度整体设计的建言，亦有修法具体方面的专题性讨论，但不论如何争议较大，共识难成。具体参见李显冬、杨城：《关于〈矿产资源法〉修改的若干问题》，载《中国国土资源经济》2013 年第 4 期，第 4-9 页；康纪田：《中国现代矿业制度研究——基于〈矿产资源法〉修改的框架性建议》，载《时代法学》2014 年第 1 期，第 38-54 页；王宏峰：《修改〈矿产资源法〉势所必然》，载《中国矿业报》2013 年 10 月 5 日，第 B01 版。

　　② ［美］肯尼斯·戴维斯：《裁量正义》，毕洪海译，商务印书馆 2009 年版，前言。

　　③ 截至 2015 年 1 月 10 日，在中国知网以"矿产资源法 理论基础"作为关键字段，尚未搜到相关的文献，其他关于矿产资源法修订的文章中，也很少提及矿产资源法的理论基础。

第一节 《矿产资源法》的理论基础：管控本位论

一、管控本位论的历史基础

管控本位论创始于德国①，集大成于苏联②。管控本位论的出现与发展以高度集中的计划经济体制为土壤。政府主导资源配置的计划经济体制，挤压甚至排斥市场配置资源的作用。计划经济体制之下，政府致力于解决三个基本问题，即生产什么、怎样生产和为谁生产。政府拥有大部分的资源，并通过指令对资源进行分配，市场对资源的配置作用十分有限。"整个国民经济组织成一个巨大的企业，各种生产和交换活动按照计划指令进行，国家计划是解决资源配置、收入分配以及个人消费的基本途径或手段。"③

管控本位论是计划经济体制下规范矿产资源开发的立法理论，主张国家全面控制并管理矿业。立法例层面，《苏联和各加盟

---

① 管控本位论本质上受李斯特政府干预经济行为理论的影响，德国的经济学历史学派积极倡导政府对经济干预的必要性和对经济发展的主导性，奠定了德国国家资本主义运行的理论基础。管控本位论根植于计划经济体制，肇始于对市场经济的批判，在国家资本主义范畴内亦有一定程度的体现。笔者认为，以特许权机制为基础的德国《联邦矿山法》其实一定程度体现了国家管控的基本理念，矿产资源勘查的许可、开采的同意以及矿山所有权的特许都属于行政行为，也证明了国家管控在德国矿业立法中的体现。此处，主要以计划经济为重要标签，将苏联与我国 1986 年版的矿业法作为重要的立法例体现。

② 苏联成立之后，计划经济理论得到空前发展。苏联经济学家普列布拉津斯基的《新经济》一书，系统完善地阐释了社会主义国家政府干预经济的模式。与之相应的是，国家在矿业领域需要一整套不同于市场化的制度设计，完成对已然成为推动社会经济发展重要引擎的矿业的有效控制。

③ 欧阳北松：《对计划经济从理论到实践过程的再反思》，载《社会科学阵线》2005 年第 1 期，第 63 页。

共和国地下资源法纲要》（1975）① 以及我国《矿产资源法》（1986）是管控本位论的立法体现。新中国成立以来，我国的社会主义经济建设大量地参考借鉴了苏联经验，不论是通过"五年计划"突出发展重工业，还是矿业领域的立法，都有师从苏联的痕迹可循。今天，《苏联和各加盟共和国地下资源法纲要》（1975）已随苏联解体成为历史的记忆，《俄罗斯联邦地下资源法》放弃了管控本位论，在市场化方向迈出了重要步伐。作为管控本位论的残存"势力"，我国的《矿产资源法》在 1996 年做出了修改，对既有的体系进行了小幅的调整，但法律层面管控本位的现状并没有根本改变。

二、管控本位论的理论要点

（一）矿产资源必须国有

苏联法学家维涅吉克托夫 1948 年撰写《论国家所有权》中坚持并倡导的"统一唯一国家所有权"理论，在得到斯大林高度评价之后，成为社会主义国家里定性国家所有权的经典理论。② 苏联宪法明确规定，"苏联地下资源属国家所有，是全民的财富"。《苏联和各加盟共和国地下资源法纲要》在第一章总纲之前，设置有"序言"，着重对矿产资源的国家所有作出特别的强调。《苏联和

---

① 《苏联和各加盟共和国地下资源法纲要》（1975）是立足矿产资源国家所有的基础上对矿产资源利用与保护法律表达之具体化，其制度设计体系以矿产资源的利用为中心，以资源使用者、使用目的、使用的具体方式以及权利义务的设置为主线展开。目的上有采矿与采矿无关之区别，内容上有勘查与开采之区分。矿业生产安全、矿产资源保护，争议解决方法以及法律责任等都有较为详尽的规定。职权划分方面，苏联与各加盟共和国的管辖范围与权能划分有所规定。

② 参见孙宪忠：《"统一唯一国家所有权"理论的悖谬及改革切入点分析》，载《法律科学（西北政法大学学报）》2013 年第 3 期，第 59 页。

各加盟共和国地下资源法纲要》开宗明义地宣誓"由于伟大十月社会主义革命的胜利,地下资源已经国有化,成为全民的财产。苏联地下资源国有制是矿业关系的基础,即地下资源利用和保护范畴的社会关系"[①]。"地下资源是苏联(国家)专有的财产,仅提供使用。一切公开地或隐蔽地违犯地下资源国有制的行为均在禁止之列。"[②]

(二)矿业经营采取计划模式,即实施矿产资源分配和严格管控

严格意义上管控本位论与计划经济体制相生相伴,致力于发挥国家在矿业领域中的绝对主导作用,是计划经济体制在矿业领域的集中体现。不同于市场经济条件下市场作为资源配置的基础,国家的指令性计划在资源配置中发挥基础作用。围绕计划经济体制,《苏联和各加盟共和国地下资源法纲要》建立了一系列以政府分配为主导的机制。行政审批制是国家控制矿产资源开发的主要抓手。依据《苏联和各加盟共和国地下资源法纲要》开采矿床首先需要得到有关部门的同意并批准。[③] 尽管民间采矿并不是绝对禁止,但其适用的空间仅为"不宜由采矿企业开采的矿床或其一部分"。[④] 民间劳动组通常与采矿企业签订协议,而个体采矿者则需依据采矿企业颁发的许可证从事采矿活动,并接受采矿企业监督。民间准入的开采目录需要按苏联部长会议的规定办理审批。中国《矿产资源法》(1986),同样严格奉行审批登记制作为国家管控的手段。从矿山企业的设立,到勘察报告,开采计划的实施,再到许可证的颁发,更到矿产资源与环境的保护等都需要审批环节方可

---

① 参见《苏联和各加盟共和国地下资源法纲要》序言部分。
② 参见《苏联和各加盟共和国地下资源法纲要》第 3 条。
③ 参见《苏联和各加盟共和国地下资源法纲要》第 23 条。
④ 参见《苏联和各加盟共和国地下资源法纲要》第 26 条。

进行。国家在矿产资源开发的整个链条中发挥决定性作用。乡镇集体矿山企业与个体采矿在矿产资源的开发过程中有一定的戏份，但"上级主管部门批准""国营矿山企业矿区范围内的边缘零星矿产"以及"办理采矿许可证"等条件极大地压缩了其生存空间。①

（三）严格排斥市场机制

管控本位论指导下的极端矿产资源立法的重要特征之一是去市场化机制。《苏联和各加盟共和国地下资源法纲要》甚至根本没有矿业权、探矿权或者采矿权这样或类似的法律概念设置。对于矿床的先发现者，苏联矿业立法并没有也不可能据此授予产权。只是规定矿床的首先发现者有获奖权。②苏联对于已探明的矿床或其他地段的储量，审批后由勘查部门转交采矿部门进行开发。从矿产资源的勘查、开采，到矿产品分配等，绝对难觅私法机制踪迹。矿产资源的开发依据为政府的计划与指令，完全无偿取得和使用，没有出让、转让、出租以及抵押等市场化运作的制度设计。我国《矿产资源法》（1986 年）在此点上略有不同，在形式上引入了探矿权、采矿权概念，不过根本上依旧排斥市场机制，通篇展示国家操办。不论是矿产资源的所有权，抑或矿产资源的勘查与开采，还是矿产资源的保护，方方面面都由国家一手操办，实施严格的审批制度。可见，采取探矿权、采矿权许可制度仅仅成为我国《矿产资源法》（1986 年）不同于苏联模式的国家管控矿业的外观，真正起作用的是审批登记制度，后者对于许可设立、变更以及消灭具有决定性作用。二者的对接也构成了管控本位论指导下的中国特色，"采矿权

---

① 参见《矿产资源法》（1986 年）第 22 条、第 23 条。
② 参见：《苏联和各加盟共和国地下资源法纲要》第 20 条。

不得买卖、出租，不得用作抵押"更是得到苏联老大哥矿业立法管控本位论的真传。探矿权与采矿权实际上已经依附于地质勘查计划与矿产资源开采计划，并成为主管部门授予地勘单位或矿山企业独占享有并不可转让的权利，很难说具有一般意义上所理解的私权属性。

三、管控本位论的理论缺陷

管控本位论的理论与实践产生于特定的历史时期，对推动经济建设，发展矿业产生了特殊的历史作用。苏联建国伊始，饱受战争创伤，百业待兴，管控本位论有利于国家集中有限的资源优先发展矿业。苏联在 20 世纪工业产值跃居欧洲首位，以及"二战"后成为超级大国很大程度受惠于计划经济体制。重工业以及矿业的突出发展则离不开管控本位理论的支持。新中国成立之后，面临苏联建国时的类似境遇。所以，全国人大常委会副委员长司马义·艾买提在纪念《矿产资源法》颁布 20 周年座谈会上明确指出："20 年来，《矿产资源法》的实施取得了显著的成绩，为社会主义现代化建设、社会进步与发展，作出了突出贡献。"[1]

但是，管控本位论毕竟是计划经济体制下规范矿产资源开发的立法理论，其产生与运行的经济政治条件都已发生根本性的转变，特定历史时期集中优势发展重工业与矿业的形势亦发生了扭转。东欧剧变与苏联解体，使得计划经济体制受到了空前的打击。苏东国家纷纷走上资本主义发展的道路，市场经济一夜之间取代计划经济成为发展的主流模式。矿业领域，原本服务

---

① 2000 年 10 月 25 日下午，纪念《矿产资源法》颁布 20 周年座谈会在京召开。全国人大常委会副委员长司马义·艾买提出席会议并作重要讲话。

于计划经济的管控本位论与《苏联和各加盟共和国地下资源法纲要》也遭到抛弃。苏东国家效仿西方矿业发达国家进行矿业立法实践。例如，苏联解体后俄罗斯矿业立法就呈现剧变性的方向性调整。

四、管控本位论的立法体现

由于特定的时代背景与历史局限，我国矿业立法继受苏联的管控本位论，导致 1986 年颁布的《矿产资源法》总体呈现"重行政管理，轻权利保护"的基本格调。近三十年来，我国矿业领域受制于管控本位论的影响，改革步伐迟缓，始终没有摆脱原有体制的束缚，以行政审批和严格管控为主线的管控本位论理念没有根本的转变。可以说，"矿业依然是中国经济向市场经济渐进死角中最顽固的堡垒"。[①] 为了适应矿业市场经济发展的需要，国务院以及矿政主管部门在修法后的十多年里，陆续出台诸多行政法规与部门规章，一定程度突破了《矿产资源法》原先的理念。但总体而言，《矿产资源法》确立的以公权力为主导的"重权力，轻权利"管控理念，已经无法适应矿业市场经济的基本要求，也无法达到维护公平竞争与社会公益的基本标准。

根植于计划经济体制的管控本位论与矿业权的市场化改革产生了体系性的不适。固守计划经济体制下的管控本位理论，已经无益于中国矿业立法与实践的可持续发展。1996 年，第八届全国人大常委会对《矿产资源法》（1986 年）进行了较大幅度的修订，涉及18 个条文。探矿权与采矿权由 1986 年的"严禁转让"，修订为"有限转让"。我国的《矿产资源法》尽管保持传统的立法体

---

① 肖国兴、肖乾刚：《自然资源法》，法律出版社 1999 年版，第 366 页。

系，但随后颁行的一系列行政法规、部门规章以及其他规范性文件不同程度对《矿产资源法》进行了突破与修正。政策驱动之下，我国矿产资源立法的基本理念已经悄然变化，广义上的矿产资源法的理论基础已经展示出了适应性的调整。

第二节　《矿产资源法》理论渊源之反思：私权基础论和公私二元兼顾论

一、私权基础论

私权基础论兴起于中国改革开放的时代背景，主要是由我国民商法学者提出，其代表人物有江平教授、崔建远教授等。改革开放三十多年，中国人以前所未有的热情与期待投入到以市场化为目标的经济建设当中，也开启了以社会主义市场经济法律体系为目标的"大立法"时代。1986年作为权利宣言书的《民法通则》开启了中国私法思想与制度建设之先河，之后1993年《公司法》致力于市场主体制度的建设，到1999年《合同法》则聚焦交易自由化目标的实现，2007年《物权法》更是将权利的平等保护作为追求。三十年的探索与积累将西方国家私法自治的理念与思想引入中国，并在立法技术与理论认知层面形成了重要的积累。在这一过程中，崛起的私权意识自觉的引入矿业立法与修法的实践中，并为矿业领域的私法制度建设提供有益的理论支持。于是，在矿产资源开发立法领域，私权基础论应运而生。

私权基础论的基本观点是坚持矿业权之私权化。私权基础论并不主张矿产资源去国有化（此点与管控本位论相同），但是主张矿业权私权化，由此使得矿业经营市场化。这一论点的主张，主要通过矿业权的概念与性质之争来表达。自 1991 年江平教授的中国第一本专门研究矿业权的专著出版以来，截至 2013 年这 20 多年来，矿业权的概念与性质的争论仍然活跃。[①] 甚至 2010 年以来出版的诸多矿业权研究的专著，无一例外的在矿业权概念与性质这一主阵地展开激烈的攻防。2007 年，物权法的颁布将讨论引入一个崭新的领域，反对矿业权是私权的观点已经没有依据，《物权法》第123 条明确将探矿权、采矿权明确纳入用益物权范围，至此，学界对于矿业权性质的大争论有了一个法规范层面的定论。[②] 此后，多数学者虽然对于矿业权应如何具体定性尚有分歧，但都是试图在用益物权的范畴下修正或者调整原有观点，当然仍然还有部分学者坚持原有意见，对物权法中探矿权、采矿权用益物权定性给予强烈的批评。[③]

---

① 江平老师接受当时地质矿产部的委托，带领数名研究生着手进行新中国成立以来的对矿业权法律制度的第一次全面系统研究，并于 1991 年主持出版了《中国矿业权法律制度研究》。该书致力于提供一些有价值的资料，以使这一领域不再成为法学研究的"盲区"。具体参见江平：《中国矿业权法律制度研究》，中国政法大学出版社 1991 年版，前言。

② 《物权法》第 123 条的规定："依法取得的探矿权、采矿权、取水权和使用水域、滩涂从事养殖、捕捞的权利受到法律保护"位于《物权法》第三编"用益物权"的第十章"一般规定"中，之后的法律释义丛书，大多依据体系解释将矿业权界定为用益物权。具体参见全国人大常委会法制工作委员会民法室：《中华人民共和国物权法解读》，中国法制出版社 2007 年版，第 263 页；朱岩、高圣平、陈鑫：《中国物权法评注》，北京大学出版社 2007 年版，第 387 页；房绍坤：《物权法用益物权编》，中国人民大学出版社 2007 年版，第 8 页。

③ 例如，对于矿业权的概念与性质的界定，康纪田与李显冬观点相左。具体参见康纪田：《采矿权并非用益物权的法理辨析——与中国政法大学李显冬教授探讨》，载《时代法学》2008 年第 2 期，第 89-96 页。

表 11　矿业权概念与性质学说简表①

性质	概念	代表人物	出处
债权说	矿业权本质上是一种物权化的债权	江平	江平:《中国矿业权法律制度研究》,中国政法大学出版社 1991 年版,第 56 页、第 194 页
准物权说	1. 矿业权属于物权,但为揭示其不同于传统物权的个性,应称之为准物权(2003)。矿业权属于用益物权的范畴,只不过该用益物权不同于传统的用益物权而已(2009); 2. 准物权的定性表明了矿业权与传统物权之间存在着差异,同时强调了矿业权是一种物权,具有物权效力,可适用物权法上关于物权的规定,具有较大的合理性和科学性	崔建远李显冬	1. 崔建远:《准物权研究》,法律出版社 2003 年版,第 26 页。崔建远:《物权法》,中国人民大学出版社 2009 年版,第 394 页; 2. 李显冬:《中国矿业立法研究》,中国人民公安大学出版社 2006 年版,第 66-141 页
用益物权说	除物权法规定了传统的用益物权外,许多特别法中还规定了采矿权、取水权等用益物权,依据物权法基本理论,应把包括矿业权在内的自然资源使用权归于用益物权	屈茂辉房绍坤	1. 屈茂辉:《用益物权论》,湖南人民出版社 1999 年版,第 282 页; 2. 房绍坤:《用益物权制度的发展趋势》,载《河南省政法管理干部学院学报》2003 年第 3 期,第 48-51 页

---

① 需要注意的是,为了对比得明确与完整,笔者将"公私二元兼顾论"中学者对于矿业权私权属性的鉴定与描述纳入其中。

性质	概念	代表人物	出处
准用益物权说	1. 由于矿业权具有较强的公权色彩，法律属性上更接近用益物权，但却有别于传统的用益物权，故可称其为"准用益物权"。作为准物权说对于物权法规定的妥协； 2. 在学理上，准用益物权又称为准物权、特许物权、特别法上的物权、非典型物权、特别物权等，是指权利人通过行政特许的方式所获得，对于海域、矿藏、水流等自然资源所依法享有的占有、使用以及收益的权利	李显冬 王利明	1. 李显冬、刘志强：《论矿业权的法律属性》，载《当代法学》2009 年第 2 期，第 104 页； 2. 王利明：《物权法研究（第三版）》，中国人民大学出版社 2013 年版，第 1027 页
特许物权说	通过行政特别许可而产生的物权	王利明	王利明：《中国物权法草案建议稿及说明》，中国法制出版社 2001 年版，第 90 页
经济权利说	基于国家矿产资源所有权，由行政机关依法授予具有适格资质条件的市场主体，从事勘查、开采、销售矿产品的经济权利	郗伟明	郗伟明：《矿业权法律规制研究》，法律出版社 2012 年版，第 60 页
特别物权说	非民法典规定的物权，而是特别法规定的物权	梁慧星 陈华彬	梁慧星、陈华彬：《物权法》，法律出版社 2010 年版，第 74-75 页

续表

性质	概念	代表人物	出处
所有权说	1. 矿产权是国有特定矿产所有权的让渡，属自物权； 2. 采矿权实质上是以使用权的名义取得了对矿产资源的所有权	康纪田 王继军	1. 康纪田：《采矿权并非用益物权的法理辨析——与中国政法大学李显冬教授探讨》，载《时代法学》2008 年第 2 期，第 89-96 页； 2. 王继军：《我国矿业问题的制度及其分析》，载《中国矿业》2005 年第 4 期，第 24-27 页
分权说	1. 探矿权是物权化的债权； 2. 采矿权是债权与所有权的组合体	朱晓勤 温浩鹏	朱晓勤、温浩鹏：《对矿业权概念的反思》，载《中国地质大学学报（社会科学版）》2010 年第 1 期，第 89 页
土地类物权说	矿业权为"土地类物权"，其中的"类"字含有种类和类似两种意思，但此处的"类物权"与有学者提出的代表准占有之意的"类物权"提法无关	刘欣	刘欣：《物权法背景下的矿业权法律制度探析》，2008 年中国人民大学博士学位论文
资源权说	资源权是指法律上的人对自然资源所享有的进行合理利用的权利，它由旨在保障生存的自然性资源权和旨在激励发展的人为性资源权所构成	金海统	金海统：《论资源权的法律构造》，载《厦门大学学报（哲学社会科学版）》2009 年第 6 期，第 121-127 页

续表

性质	概念	代表人物	出处
搁置争议说	矿业权是探矿权与采矿权	国土资源部	《矿业权出让转让管理暂行规定》

按照市场自由理念进路的分析，建设和发展社会主义市场经济的目标，要求矿业领域摆脱苏联管控本位思想的羁绊，继受和发展西方矿业发达国家矿业立法的思想、制度与理论，力求私法制度发挥资源配置的基础作用。计划经济与市场经济在法律层面的重要区别体现为"计划经济本质是权力经济，主要依靠行政命令与长官意志。市场经济本质是权利经济，主要依靠主体平等意思自治的法律规范调整"。[①]"三十年来的市场经济法制建设，本质上是一个由国家本位到个人本位与社会本位的转型过程，凸显了一个私权进步的历程。"[②] 物权法昭示了矿业立法与修订的方向应立足于社会主义市场化方向，注重私法调整的积极信号。由于现行《矿产资源法》颁布于物权法之前，其中很多规定在所难免地会与《物权法》的具体规定甚至基本原则相抵触。因此，物权法成为《矿产资源法》修订的重要依据。

按照法律规范解释论者的分析，矿业权私权化的理论证成可遵循如下的思路：《物权法》从法律规范上对于矿业权做出了表达，可以通过文义、系统、历史和目的解释来证成其私权（准物权或准用益物权）属性；然后，具体分析探矿权或采矿权的法律特征

[①] 江平：《私权的呐喊》，首都师范大学出版社2008年版，第113-114页。

[②] 龙卫球：《民法基础与超越》，北京大学出版社2010年版，第71页。

和取得的构成要件。① 按照这种观点，在法律适用方面，探矿权、采矿权"物权化"的定性使得作为专门性立法的《矿产资源法》在没有特殊规定时，甚至可以适用物权法乃至民法的规定。②

法律规范解释论在证成矿业权私权化问题上，存在三个较大的难题：

其一，是关于矿业权的具体定性问题，前面已经述及有很多分歧，并不因为《物权法》出台而终结。《物权法》第 123 条将探矿权与采矿权宣言式地纳入用益物权编，采取了"宜粗不宜细"点到为止的立法策略，对矿业权的具体性质争论作了巧妙的处理。依据法律的体系解释，虽然可将"用益物权编"的探矿权与采矿权解释为用益物权，但因为探矿权与采矿权的行政许可属性而难以周延。这也是将矿业权界定为不同于传统物权的准物权抑或准用益物权的重要论据。与之对应，针对准物权概念的定性的批评也格外尖锐，孟勤国教授就指出，"准物权"概念存在不确定性，是从东瀛舶来的"不三不四的词"，并不能很好地彰显权利的本质属性。③

其二，如何确定矿业权客体。矿业权的客体具有不特定性与复合性。崔建远教授认为，对矿业权物权化在物权客体方面遇到的难点，需要以"视野放宽的思考模式"，对矿业权不同于传统物权的

---

① 可选取崔建远教授的《准物权研究》相关部分作为样本。1997 年崔建远教授参加原中国石油天然气总公司政策法规司负责的油气矿权课题研究，后与课题组成员晓坤老师共同发表《矿业权基本问题探讨》《论矿业权的客体》等系列文章，均属矿业权法律规范解释论研究的典范之作。

② 参见崔建远：《准物权研究》，法律出版社 2003 年版，第 26 页。

③ 参见孟勤国：《有思想无行动——评物权法草案的用益物权》，载《法学评论》2006 年第 1 期，第 156 页。

部分进行理论改造，需对传统物权的特征"放宽"处理。①

其三，如何理解矿业权与行政许可之间的关系。崔建远教授的"催生""准生"作用说，是私权基础论范围内处理矿业权与行政许可之间关系的著名论述。② 但是鉴于《矿产资源法》和《物权法》存在观念的抵牾，这种说法并非绝对没有疑义。

自 1996 年《矿产资源法》修改以来，虽然国务院与国土资源部先后出台多项应对矿业领域市场化改革的规范性文件，甚至一定程度突破了既有矿法相关规定，但矿产资源法本身一直陷于修法停顿，是否说明国家立法机关在是否放弃矿产资源严格管控方面存在犹豫呢？

二、公私二元兼顾论

公私二元兼顾论采取了折中路线。代表人物有李显冬教授、张文驹先生等。公私二元兼顾论的划分依据在于对当前矿业立法中问题的求解坚持公私法二元区分，严格区分国家角色与私人空间界限

---

① 依据崔建远教授的理论：未特定性是指与传统物权客体具有特定性相比，在探矿权场合，在矿区内可能并不存在矿产资源；复合性是指与传统物权客体具有单一性相比，在探矿权场合，客体以特定矿区或工作区内的地下土壤为主，（局部的）矿产资源不明，或者存在，或者不存在；在采矿权场合，客体由特定矿区内的地下土壤与赋存其中的（局部）矿产资源结合而成。参见崔建远：《准物权研究》，法律出版社 2003 年版，第 184-185 页。

② 依据崔建远教授的理论："矿产资源所有权（母权）和行政许可的共同作用才可以产生准物权（矿业权），两者缺一不可。但矿业权的权能并非来自行政许可。母权起'遗传作用'与'分娩作用'。没有母权的'遗传'与'分娩'，准物权就不会含有占有、使用、收益等权能，就不会是支配权，因为行政许可或特许、行政权没有上述基因，不具有上述内容。行政许可或特许起'催生''准生'与确认的作用，赋予行为人以法律上之力，使其占有、使用等状态名实相符，即享有准物权。"参见崔建远：《准物权研究》，法律出版社 2003 年版，第 182 页；崔建远：《物权法》，中国人民大学出版社 2009 年版，第 399-400 页。

这一基本思路。① 一方面，该说反对管控本位论中国家统筹一切的管矿思路；另一方面，认为全面强调矿业权私权属性的私权基础论对公私法交融的矿业领域不适应。这种观点认为：一方面，改革过去偏重公权力管制的模式，承认矿业权之私权属性，强调矿业权的物权保护，以矿业权"物权化"为目标展开制度改进；另一方面，必须同时认真对待矿产资源的国家管理必要性，继续保持和加强矿业资源的公法系统，走公法私法协同规制的道路。② 公私二元兼顾论目前得到了更多的认同。公私二元兼顾论主张公私法调整并重的同时，内部又存在分歧。具体区分为：

（一）系统内部区分与公私互动说

以李显冬教授等为代表。李显冬教授将钱学森的系统论引入矿产资源法学，解释矿业立法不同于传统立法公私法分明的综合性立法选择。

首先，他以"矿业法律规范系统"将矿产资源法作为一个"法律规范系统"，系统内的各要素各自独立，自成体系，分别从各个侧面具体调整矿业领域的社会关系。他力求重新梳理矿产资源法所调整的各类法律关系，协调矿产资源法系统内部民法、经济法、行政法等不同性质法律规范的一致。③ 认为所有调整矿业领域各种社会关系的法律规范构成"矿业法律规范系统"。系统内各要素的独

---

① 通常意义上矿业权理论基础的划分往往以"矿业权概念与性质的界定"作为界分依据。作者认为矿业权概念与性质之争在一定程度已经异化，无法很好地发挥认识事物的指导作用。此处，打乱既有的划分思路，尤其在二元兼顾论的划分上，更加突出公私法这一立法技术。

② 主要参见郤伟明：《矿业权法律规制研究》，法律出版社 2012 年版，第 27 页；朱晓勤、温浩鹏：《对矿业权概念的反思》，载《中国地质大学学报（社会科学版）》2010 年第 1 期，第 89 页。

③ 李显冬：《矿业法律实务问题及应对策略》，中国法制出版社 2012 年版，第 6-9 页。

立性，允许将部门法划分也纳入系统划分中来。在"矿业法律规范系统"中，可以有"矿业民事法律规范子系统""矿业行政法律规范子系统""矿业经济法律规范子系统"甚至还可以有"矿业刑事法律规范子系统"等。

其次，矿业法律规范系统内部，仍坚持公私法的二元区分，区分公法规范与私法规范。"矿产资源法调整范围的综合性和矿业法律规范系统的存在，不影响我们从公法与私法的角度对矿产资源法的具体规范进行分析与定性。"[①]

最后，进而以"矿业法律系统"的方式实现公私法的区分与互动。矿业法律规范系统紧密相连，制约配合，以整体的方式发挥调整功能。"系统划分是法律体系中更高层次上的一种划分。将我国现有的矿产资源法律体系看作一个既有传统的法律部门法划分，同时又允许在另一个层次上进行法律系统划分的多层次的法的体系结构。"[②] 此外，刘忻博士也赞同此说法，只是表述层面略有差异。矿业权具有公权私权双重性的特点决定了公法与私法共同作用于矿业权这一客体，构成了矿业权法律制度内复杂的权利矛盾关系。具体可区分为：公权部分，完善矿产资源行政许可制度，尤其明晰产权；适应市场经济的发展，推进政府职能转变；避免直接干预企业生产经营活动，使政府部门的权力和利益非市场化。私权部分，完善矿业权授予与保留制度；平等对待和保护不同经济类型的矿山企业与矿业权法律救济是重点改进的内容。二者的结合点在于坚持市场调节与政府干预

[①] 李显冬、杜晓光：《经济法概念与经济法规范体系》，载《法学杂志》1998 年第 5 期，第 28 页。

[②] 李显冬：《溯本求源集——国土资源法律规范系统之民法思维》，中国法制出版社 2012 年版，第 498-499 页。

有机结合的有效机制。①

（二）市场准入与主体资格区分说

以实务界的张文驹先生（曾任前地矿部副部长）为代表。张文驹先生在 2006 年发表《矿业市场准入资格和矿权主体资格》一文，② 对当前财产权、经营权以及矿山企业主体资格杂糅立法模式进行法律层面的切割与区分。③ 依据市场经济的一般原则，矿业市场准入资格是指从事矿业活动的经营权，政府按照法律程序，考察资质条件，无偿授予，不得转让。矿权是针对矿产资源的财产权，按照市场规则有偿取得，可以依法转让。既有的《矿产资源法》第 15 条之规定应分解为三个性质有别而联系密切的环节。从市场法制建设原理角度观察，体现了市场主体资格、客体权利、行为规范三种对象。《行政许可法》定位在授予"采矿经营特许权"、颁发《采矿经营特许证》。《采矿许可证》和《勘查许可证》宜改称《采矿权证》和《探矿权证》，其制度建设应当同《行政许可法》脱钩，直接上承《物权法》。限制经营权同限制财产权的行政处罚应当加以区别。"矿业权"

---

① 刘欣博士在其博士学位论文《物权法背景下的矿业权法律制度探析》的第二章，集中对矿业权中公法私法二元区分与互动进行了详尽的阐述。具体参见其博士学位论文第二章的第三节"矿业权中的公法私法冲突及产生的根源"与第四节"矿业权中的公法私法冲突的表现与协调"部分。他认为，一方面，尽管矿业权本质上倾向于私权，但在公权的干预下不可能真正在市民社会里生存与发展。另一方面，国有与非国有的矿业权人同为市场主体，却易被前者在政府的支持下以维护矿产资源所有权或者实现社会公共利益为由攫取超越市场的特权，从而置后者于不平等的劣势。参见刘欣：《物权法背景下的矿业权法律制度探析》，2008 年中国人民大学博士学位论文。

② 张文驹先生《矿业市场准入资格和矿权主体资格》一文在国内学界首次提出从主体资格与市场准入资格的角度反思当前的《矿产资源法》，之后康纪田教授、蒋文军律师等业界理论界与实务界的专家都受到该观点的影响。

③ 矿山企业资格、经营权、财产权杂糅立法模式的现行法表现当属《矿产资源法》第 15 条规定。即设立矿山企业，必须符合国家规定的资质条件，并依照法律和国家有关规定，由审批机关对其矿区范围、矿山设计或者开采方案、生产技术条件、安全措施和环境保护措施等进行审查；审查合格的，方予批准。

最好改称"矿权"。矿山企业则依据《公司法》之规定构建。[1] 康纪田教授近年在矿产资源法研究中，支持张文驹先生的观点，[2] 将矿业权分解并重构为矿产权、特许权和企业产权，并通过矿业权登记制度阐释三者的区别与联系。探矿权和采矿权属于财产归属权，本就不应通过行政许可取得，矿产权登记适用物权法而统一登记。行政特许是"政府站在市场入口处，对进入矿业市场的申请者资质依据法定标准和客观要件进行严格审查，以决定是否准予进入市场的行政行为"。[3] 经特许授权的探采资格登记归于矿业部门属行政登记，对矿产施行探采活动的矿山企业设立由工商行政登记。[4]

第三节 小结：尚未完成的理论建构

一、私权基础论之局限

私权基础论为矿业立法的改进提供了一种可能的正能量，所谓"不破"既有体制，何以建立符合社会主义市场经济的矿业法律制度。私权基础论最进步的意义在于，直接颠覆管控本位论的理念基

---

[1] 张文驹：《矿业市场准入资格和矿权主体资格》，载《国土资源经济》2006年第10期，第5-8页。

[2] 康纪田教授论文的参考文献中张文驹先生的《矿业市场准入资格和矿权主体资格》几乎毫不例外地出现。可见张的观点对于康的观点形成的重要作用。具体参见：《矿业法论》，中国法制出版社2011年版；《论行政特许功能界定的失误及其矫正》，载《内蒙古农业大学学报（社会科学版）》2005年第3期；《论科学界定矿产产权的法治价值》，载《矿业工程》2007年第2期；《中外矿业特许权设置的比较研究》，载《中北大学学报（社会科学版）》2007年第3期；《采矿权并非用益物权的法理辨析——与中国政法大学李显冬教授商榷》，载《时代法学》2008年第2期。

[3] 康纪田：《中外矿业登记制度比较研究》，载《中国煤炭》2007年第10期，第24页。

[4] 参见康纪田：《矿业登记制度探讨》，载《矿业工程》2007年第6期，第11页。

础，将矿产资源法直接引向为以私权本位为基础的矿业法。矿业法就是私法，或者说矿业权就是私权。1978 年改革开放尤其是 1992 年确定社会主义市场经济建设作为改革动向以来，原本发挥基础作用的计划经济体制开始逐步让位于社会主义市场经济体制。管控本位论作为计划经济在矿业领域的代言人，应该面临着釜底抽薪的命运。

但私权基础论本身不能定分止争。批评意见来自不同角度，与支持者进路多样相对应：有的来自立法政策分析的角度，认为针对矿业权用益物权说的批判，主要立足矿产资源的耗竭性，认为与用益物权不消耗和处分财产的他物权性质有本质的冲突。[1] 有的则从规范矛盾分析出发，或认为，将探矿权的客体界定为"物"在理论上自相矛盾，而将采矿权归于用益物权是对矿产品和矿产资源关系的僵化认识；[2] 或认为矿业权用益物权论无法满足用益物权消灭后标的物返回所有权人的基本要求，采矿权的行使导致矿产资源在开采后转化为矿产品，此种转化实质上构成了客体的被处分，国家的矿产资源所有权无法恢复。[3]

对于私权基础论最主要的挑战应该是矿业立法的功能定位问题。私权的简单定位，不能承载当今社会复杂条件下矿业权设计所需要实现的多种功能目标。国家管理之所以在矿业立法中分量很重，一方面原因在于矿产资源作为特殊资源，具有涉及国计民生、社会分配正义、厉行节约和有效开采等重要价值纬度，因此其公法调整方面绝对不可忽视；另一方面其私法机制的定位也应该更多地

---

[1] 参见肖国兴、萧乾刚：《自然资源法》，法律出版社 1999 年版，第 323 页。

[2] 参见朱晓勤、温浩鹏：《对矿业权概念的反思》，载《中国地质大学学报（社会科学版）》2010 年第 1 期，第 89-91 页。

[3] 参见康纪田：《采矿权并非用益物权的法理辩析——与中国政法大学李显冬教授商榷》，载《时代法学》2008 年第 2 期，第 89 页。

立足于市场化效率而非自由这一原点加以考虑。

二、二元兼顾论之不足

公私二元兼顾论着重从理论上厘清矿产资源综合立法选择下的公私法二元区分与互动的法律逻辑，强调了矿产资源法作为综合法的系统内部区分以及内部平等问题，一方面，在矿业法律规范系统这个统一的"帽子"下，依然存在公私法二分，公法规范与私法规范的区分仍然泾渭分明，但是它们是作为一个系统的两个部分存在，共同合成一个统一系统；另一方面，二者是平等区分的，既有对市场化配置发挥作用的私权配置和私权保护，又有体现国家、社会利益的政府职能的强力规制和限制。

但是公私二元兼顾论，只是简单地对矿业法律规范系统实现了自圆其说。它对于矿产资源的特殊性和多种功能追求采取了平均主义的见解，而没有从功能细分和比较出发做出更加圆满的定位和制度安排。所以，其存在重要的完善方向性：第一，矿产资源开发中私权或私法机制的功能逻辑是什么，相对而言公法机制同样存在这样的厘清问题；第二，在矿产资源法内部私法和公法的功能比重以及发生冲突时如何安排，这种安排如何体现为一套有效的制度技术。

本章重点着墨于我国矿产资源法理论基础以及演进历程，力图揭示其基本理念的动态变化：其一，我国现行矿产资源法奉行国家管制经营与排斥市场化机制的基本理念，立法基础采用本文所称的倾向保守的管控本位论。其二，矿业领域的市场化改革以及物权法的适时颁行，加之矿业政策的适应性调整，以矿业权概念以及性质为核心的关于现行矿产资源法的基本理念的检讨以及反思日益深入，并呈现出倾向开放的私权基础论和折中的公私法二元兼顾论。

其三，矿产资源法理论基础的构建尚未完成。私权基础论虽然正确看到了私权的分量，但是过于理念化，忽视了从功能整合的角度做出更加全面的定位和制度安排；而公私二元兼顾论，对于矿产资源的特殊性和多种功能追求采取了平均主义的见解，而没有就矿产资源内部的公私法规范的功能进行定性和定量比较。

展开而言，政策驱动式立法是广义上矿产资源立法的重要特征，作为行业法其具体内容与规则设计受国家特定政策影响的特征尤为明显。我国当前的矿产资源法业已超负荷运行二十年之久，可以说已经无法适应矿业体制改革与矿业经济发展的需要，但是矿产资源法立法以行政法规、地方性法规、部门规章、地方政府规章以及其他规范性文件等渊源，实现了实然法意义上的矿产资源法修订。如此意义上，矿产资源法的理论基础已经悄然变化，政策驱动下的立法理念已经舍弃了管控本位论下排斥市场的原有立场，转而向市场化的方向努力前行，只是狭义上的矿产资源法岿然不动而已。矿产资源利用的现状和未来需要新的理论基础，以及该基础之上的精细化制度构建。

第四章 矿产资源开发私法机制的比较观察[①]

第一节 大陆法系国家矿产资源开发的私法机制

一、大陆法系矿业立法的形式和体系

大陆法系国家（典型的如法国和德国），对于矿产资源开发的法律规制主要采取制定法的形式，并且其制定法体系以形式逻辑化而著称，因此理解其矿业立法，必须深入其制定法的形式和基本体系之中。

总体而言，这些国家对矿产资源的法律规制采取了"物权法（一般路径）+特别法规定"的模式。大陆法系民法典中的物权编通常被视为矿产资源的一般法，矿产资源专门立法则视为矿产资源的特别法。所以，从矿产资源法律渊源或形式特点来说，存在一般法和专门法的体系整合问题。

[①] 关于本章需要有两点特别说明：第一，本章主要以西方矿业发达国家为观察对象，对其矿业法律特点进行对比分析，尤其重点考察矿产资源开发私法机制的设置与运行。"私法机制"的用词其实并不精准，主要取自大陆法系的语境，鉴于英美法系没有公私法区分的理论界分，主要将英美法系中财产法关于矿产资源开发的"私法规范"纳入讨论。第二，再次需要强调的是，鉴于语言能力所限，大陆法系矿业立法私法机制的考察在资料的选取方面更为倚重经典论著的中文翻译以及英文材料中对于大陆法系矿业立法的介绍。

大陆法系国家多制定有民法典，民法典是关于民法的一般规定，其中基本制度特别是物权编的制度可以应用于矿产资源开发。《法国民法典》《德国民法典》《意大利民法典》《日本民法典》等对于矿产资源的开发，并无详细且大幅的规范，矿业并没有成为民法典规范的具体对象。

矿业立法在大陆法系国家更多以专门立法的形式出现。德国、法国、日本等国家都制定有专门的矿业立法，它们并不因民法典专门规范矿业活动规范的欠缺而忽视矿业活动的重要性，主要通过采取专门的矿业立法对矿产资源的开发活动涉及的权利配置及其运行予以规范。

民法典并非囊括全部民事法律规范，即便是热衷地追求法典化的德国，仍然在民法典之外设置有诸多的民事特别法或单行法。从具体的功能着眼，民法典物权编规定对于矿业立法的作用方式有两点：其一，民法典提供法律制度层面的支持。对于矿业领域通用于民法规则的情况，矿业立法通常不再重复规定，而直接适用于民法典的规定。民法为矿业权的运行提供了制度运行的基本规则。其二，民法典补充矿业立法缺失的功能。民法典对于矿产资源开发的法律调整具有法律补充适用的作用，对于矿业活动中矿业立法无特别规定或者存在法律漏洞的情况，民法典有适用的空间与弹性。对于矿业法规定的不足或者缺憾，可以适用民法的部分规则。

二、大陆法系矿业立法的定位和属性

大陆法系矿产资源专门立法的核心部分是关于矿业的立法，本身具有相当程度的综合性，但是其基本属性被归入民法的物权法范畴，被视为具有特别物权法渊源的地位而处理，相对地归入民事特别法或者叫作特别民法①。

学者依据特别民法的功能类型考察其与民法典的关系模式，主要存在"补充型特别民法""政策型特别民法"以及"行政型特别民法"三个类别。② 矿业立法基于特有的立法价值，不完全遵从民法典自由平等的价值理念，也非民法典的细化与补充，故不属于补充型特别民法；矿业立法也无特别保护消费者与劳动者的功能定位，而是奉行矿产资源开发过程中的经济利益、环境利益以及安全利益为内容的公共利益诉求，满足国家管制这一行政型特别民法的根本特征，因此属于"行政型特别民法"这一类别。③ 行政型特别民法，依大陆法系的立法范式，通常体现出公法与私法杂糅，行政与司法混搭的风格。

德国物权法学者鲍尔·施蒂尔纳在其《德国物权法》第三部分"不动产物权"之"第三编土地所有权"中的"土地所有权典型的特殊形式"中明确将矿山所有权纳入其中。④ 此举表明：第一，印证了德国对于矿产资源开发采用民法典+特别立法的规制模式。第二，即使民法典没有专门就矿业做出详细的规范，但德国学界承认矿业法作为设置物权类型的特别法而存在。

日本矿业法对于东亚地区的矿业立法尤其是我国台湾地区的

---

① 特别民法，即民法典之外调整某一特定部门或特定功能领域的民事单行法或散见于其他法域中的民事法律规范是现代私法的重要发展。关于特别民法的阐述，参见苏永钦：《寻找新民法》，元照出版社2008年版，第52页；谢鸿飞：《民法典与特别民法关系的构建》，载《中国社会科学》2013年第2期，第98-116页。

② 参见谢鸿飞：《民法典与特别民法关系的构建》，载《中国社会科学》2013年第2期，第98-116页。

③ 参见谢鸿飞：《民法典与特别民法关系的构建》，载《中国社会科学》2013年第2期，第98-116页。

④ 参见［德］鲍尔·施蒂尔纳：《德国物权法（上册）》，张双根译，法律出版社2004年版，第34-40页。

"矿业法"具有范本意义，其矿业法也对民法典适用设定了转介条款，即"矿业权应视作物权，除法律另有规定，适用不动产规定"。① 依据日本民法，在规定物权的法律之中最主要的是民法第二编，但其他法律也设置有新的物权类型。"与一般物权具有密切关系的法律规定"部分明确矿业法、采石法作为物权法的法源，而现行法承认的物权种类中矿业法确认的矿业权和租矿权属于"特别法承认的物权种类"。② 帅出日本的韩国矿业法，则直接规定"矿业权和租矿权属于物权，适用有关不动产的民法"。③ 同样我国台湾地区"矿业法"，也有类似的规定，"矿业权视为物权，除本法特别规定之外，准用民法关于不动产物权之规定"。④

三、大陆法系矿产资源开发的法律机制架构：特许权模式

（一）大陆法系矿产资源开发的法律机制特点

大陆法系国家，其矿产资源开发立法（即矿业立法）的法律机制特点，与其物权法渊源地位相适应，采取了以私权化（物权化）设置为主导形式的法律机制特点。不论是德国联邦矿山法，还是法国矿业法，抑或日本矿业法，都是以私法机制作为其主要法律机制来加以规范的。这一法律机制的基本特点是：

第一，矿业权置于整个矿业立法制度架构的中心，作为矿产资源开发的主要法律形式。矿业权的成立、变更以及消灭采取民法中权利（物权）这一立法技术，并依照权利（物权）的生命周期进行法律规制，此处体现了民法的基本思路与特点。

---

① 参见：《日本矿业法》第 12 条、第 71 条。
② ［日］我妻荣：《我妻荣民法讲义Ⅱ》，中国法制出版社 2008 年版，第 31—33 页。
③ 参见：《韩国矿业法》第 12 条、第 52 条之规定。
④ 参见：我国台湾地区"矿业法"第 8 条之规定。

第二，在私法机制中糅入行政管理程序或因素，体现行政确权和行政监管权利的特点，旨在完成国家初始分配和运行管控的目标。对于矿产资源的勘查或开采权利的设立，国家有关行政机构（德国的国家矿产管理局，法国的矿业委员会，日本的通商产业局）往往具有决定性作用，至少要通过该类行政机关的确认，并履行行政手续，方可获得权利；对于这些权利的运行，有关行政机关也有较明显的监管职责。

总之，大陆法系矿业立法是以作为物权的矿业权配置和运行为主要机制，并辅助以行政介入机制的一套规范体系，从法律机制的特点来说，在其主要以民事法律规范与行政法律规范融合而成的"诸法合体"式立法体例表象里，是一种"偏私型的公私综合法"（作者造词）。

（二）大陆法系矿产资源开发法律规制模式：特许权模式

1. 特许权模式的形成

以德国、法国为代表的大陆法系国家，依托所谓"特许权模式"（concession system）来约束和管理矿业权的取得和运行，实现国家对于矿业的合理配置和监管。[①] 特许权机制的核心要素是由所有权人依据自由裁量权决定矿业权归属，体现为一种强行政授权的规制模式。特许权机制作为世界矿业立法通行的模式之一，具有鲜明的特点：（1）最大的特征在于所有权人依据自由裁量权授予或者保留开发矿产资源的权利。（2）避免将矿业权授予不具有社会责任或者不具备开采能力（大规模综合性开采能力）的主体。（3）通

---

① 需要明确的是，采特许权模式的立法例，仅仅是将之作为核心机制而已。矿产资源开发分级分类管理的基本理念依然得到体现，诸多国家对于石灰石、长石、砂土和砂砾等建材类矿种，仍然采取较为自由的配置模式，即土地所有权人自动取得开采权的权利配置方案，该类矿产资源的开采权属自动归于相应的土地所有权人。

过权利金等税费体系强化所有权人的权益保障。（4）授权主体就矿产资源开发的权利具有强有力的影响。①

纵向考察大陆法系发达国家之矿业立法，可以发现关于矿业的国家战略主要历程："管制—自由—再管制"这样一个基本历程。特许权机制始于国王或者封建领主就其土地范围内矿产资源开发权利的配置。具体到德国早期制定的矿业法，特许权机制可追溯至国家（国王）的矿山特权，其内容并不仅仅是自己享有开采权，更主要在于对企业授予采矿权。企业由此获得的是一种作为特权的采矿权。

近代以来，该特权属性逐渐受到遏制，并代之以采矿自由的思想，其在立法上的典范，如1865年6月24日的《普鲁士矿山法》。即"任何人均有权进行矿物勘查，并在发现矿产时，有权要求赋予矿山所有权；国家则退而享有监督权（即所谓的矿山主权）"。之后相当长的一段时期，采矿自由是诸多矿业立法贯穿始终的精神指引。

20世纪初开始，自由采矿的国家战略开始发生变化，国家管控矿业运动的逐渐兴起，又由采矿自由走向采矿管制。据德国学者鲍尔·施蒂尔纳观察，"国家先是对煤矿与盐矿，后又对石油，废除开采自由，并收归己有。这一发展潮流，符合国家对绝大部分可开采矿藏拥有采矿主权之思想，但并非社会主义之体现（参见《魏玛宪法》第156条，《基本法》第15条）"。② 具体到瑞典的矿业立法，19世纪自由主义对于市场作用的极力推崇，促使政府采取消极的态度应对土地所有者对于矿产资源开发利益分配的请求。至20世纪早期，瑞

---

① Charles J. Alford, Mining Law of the British Empire, Gale Making of Modern Law, 2010, pp. 1-2.

② ［德］鲍尔·施蒂尔纳：《德国物权法（上册）》，张双根译，法律出版社2004年版，第683-684页。

典采取了社会主义式的矿产资源国有化方略，矿业立法基于国家的战略考虑并做出了显著的调整，如瑞典北部矿区的国有化。[①]

2. 特许权模式的核心内涵

其一，强调矿产资源的国家所有，至于蕴含矿产资源的土地属于国家或者私人则在所不问。如此的立法目的通常暗含了"矿地分离"的立法技术，即矿产资源所有权与土地所有权相互区分，属于不同的权利类别。[②]

特许权模式的理论前提是国家有权对矿产资源开发权利的保有和处置。《法国矿业法典》第 22 条规定："矿山的开采，即使地表主人的开采也只能是依特许权或开采许可证而进行，或由国家来开采。"《德国联邦矿山法》第 3 条规定："土地所有权人只对依附于其土地的指定种类的矿藏、矿物有先占的权利，其他矿藏一律为国家所有，并由国家矿产管理局颁发勘查开采许可证。"

其二，勘查和开采矿产资源需要政府的评定与授权。这意味着没有国家的同意，不能开发矿产资源，否则要受到法律的制裁。

《德国联邦矿山法》依特许权机制（Konzessionsystem）配置矿业权。不论勘查的许可（Erlaubnis），还是开采的同意（Bewilligung），抑或矿山所有权（许可制）的授予，均为有约束力的行政行为，若无矿业立法命令的拒绝事由，主管行政机关必须做出该行政行为。[③]《德国联邦矿山法》第 11 条和第 12 条还对拒绝授予矿业权的事项给出规定：（1）申请人未能指明将被勘查或开采的矿产种类。（2）申请人缺乏明确的工作计划（working program）以证明勘

---

① 参见：Eva Liedholm Johnson, Rights to Minerals in Sweden: Current Situation from a Historical Perspective, Journal of Energy & Natural Resources Law, June 2015, pp. 278-286.

② 对于土地所有权与矿产资源所有权的配置模式本文在第五章将详细论述。

③ ［德］鲍尔·施蒂尔纳：《德国物权法（上册）》，张双根译，法律出版社 2004 年版，第 683 页。

查或开采有充足的时间安排。（3）有事实显示申请人不值得信任。
（4）申请人没有充足的资金来源以保证正常勘查或者开采。（5）同
意该申请会对其他权利人的勘查、开采构成危害。（6）同意该申请
会有损其他具有重要公共利益的矿产。（7）同意该申请会损害申请
地（矿区）上业已存在的其他优先公共利益，诸如环保、公共交
通、水域保护等。（8）申请采矿权时，申请人未能告知勘查结
果，矿床赋存情况不明。① 综合上述拒绝事由，可以发现，德国矿
业立法综合考虑了经济利益与公共利益，对于矿业权人在资金、技
术乃至诚信等方面都有明确的要求。"例外规定"成为政府介入并
掌握矿业权授予的重要法律手段。

法国矿业法典同样采取特许权模式。《法国矿业法典》第三章
"矿山的开采"第一节是"特许权"，第二节是"矿山开采许可
证"。《法国矿业法典》第三章"矿山的开采"的第 1 条，也即全
法的第 22 条规定："矿山的开采，即使地表主人的开采也只能是依
特许权或开采许可证而进行，或由国家来开采。"②

3. 特许权模式的具体运行

矿业权的取得与矿业权的具体行使是两个截然不同的问题。矿
业权的取得解决的是可否探矿或采矿的问题，而矿业权的行使解决
的则是如何探矿与采矿的问题。国家对于矿业管理权往往通过对矿
业权行使程序的介入，以促进公共利益、环境利益以及安全利益的
实现。特许权机制主要解决矿业权的授予问题，对于矿业权的行使
各国立法例往往设计另外的专门程序。

---

① 周小勇：《矿业权的法学构想——从公私法二元区分及其互动的视角分析》，
2010 年中国政法大学博士学位论文。
② 国土资源部地质勘查司：《各国矿业法选编（下册）》，中国大地出版社 2005
年版，第 596 页。

（1）德国的施工核准程序

在德国，取得矿业权并不意味着可以立即实施探矿或者采矿行为。《德国联邦矿山法》对探采行为实行强制性的行政介入，设定有专门的施工计划核准程序。除极少数法定例外，几乎所有勘查与开采行为的开始、持续、中断、终止都需要事先制订施工计划，并得到主管机关的核准。《德国联邦矿山法》设置有五种施工计划：主体计划、框架计划、个别施工计划、联合施工计划以及矿场关闭施工计划。其中第 1 种和第 5 种需要权利人自主递交核准，第 2、3、4 种则应矿产主管机关要求而递交。[①] 施工计划的核准与矿业权的授予同理，只要满足法定条件，矿业主管机关必须核准：存在有效的矿业权；施工者有良好的信誉、必要的设备和技术人员；对矿场内的矿工、第三人以及矿产品有必需的安全保障措施；不会损害其他具有重要公共利益的矿产；已采取措施保护地表个人安全和公共交通安全；矿业废料能被恰当地转移；能保证地表复垦；不会危及其他矿场的安全；不会大规模地损害公共利益。[②]

（2）日本的施工方案认可程序

日本矿业法要求，"钻探权人在着手进行钻探前，必须按照省令规定的有关手续，制定施工方案，并把该方案呈报给通商产业局长，如拟变更方案，同此办理；采掘权人在着手采掘前，必须按照省令规定的有关手续，制定施工方案，并得到通商产业局长的认可，如拟变更方案，同此办理。通商产业局长在认可采掘施工方案之前，必须与矿山保安监督局长或矿山保安监督部长协商。钻探施

---

① 参见：《德国联邦矿山法》第 51-53 条。转引自周小勇：《矿业权的法学构想——从公私法二元区分及其互动的视角分析》，2010 年中国政法大学博士学位论文。

② 参见：《德国联邦矿山法》第 55 条。转引自周小勇：《矿业权的法学构想——从公私法二元区分及其互动的视角分析》，2010 年中国政法大学博士学位论文。

工方案经呈报，采掘施工方案经认可后，矿业权人必须按施工方案进行矿业活动"。①

（3）我国台湾地区的开采及施工计划核准程序

矿业权的实施需要具备矿场开工申报书、事务所照片、施工计划书、购置坑内外矿业工程设备等相关书图，并指定矿场负责人、选任主要技术人员及购租矿业用地等证明文件，向主管机关申报开工，并经查核后，发给矿场登记证。② 政府对于施工计划的控制采动态监管的态度，采矿权人采矿场所应备置采矿实测图及矿业簿，并于"每年1月将上年度施工实况采矿实测图及相关实测成果表，向主管机关申报。每月10日则需将矿业簿副本向主管机关申报，但经主管机关核准者，不在此限"。③ 主管机关核定时，应先征询地政、环境保护、水土保持、其他相关主管机关及土地所有人之意见；如属国家公园范围时，应征得国家公园主管机关之同意；如所涉土地为公有，应征得该土地管理机关之同意。④

第二节　英美法系矿产资源开发的私法机制⑤

一、英美法系矿业立法的形式和体系

作为英美法系代表的美国，虽然判例法是其特色法律渊源，但

---

① 参见：《日本矿业法》第63条。
② 参见：我国台湾地区"矿业法"第58条。
③ 参见：我国台湾地区"矿业法"第59条。
④ 参见：我国台湾地区"矿业法"第43条。
⑤ 此处"英美法系"的表述选择更多的是基于同大陆法系对称的考虑，其中主要内容以美国矿业立法作为考察对象，同时也涉及英国、澳大利亚以及加拿大等国的矿业立法材料。关于美国法的考察，部分内容业已发表，具体参见曹宁、李显冬：《美国矿业立法的私法优位主义：中国法的未来走向？》，载《山东社会科学》2017年第8期，第175-180页。

在矿产资源开发的领域，除了判例法之外，存在着许多制定法。究其原因，大概是因为该领域的特殊重要性。一方面，矿产资源开发活动的行业特殊性决定了除却效率的考虑之外，环境保护与安全生产等价值目标的实现需要通过政府的制定法予以实现。另一方面，美国联邦政府治下的大幅土地蕴含的矿产资源的开发，基于公平准入与鼓励开发的立法目的采用制定法的方式统一规范，效果可能更佳。

二、英美法系矿业立法的属性和特征

英美法系没有民法典或者相似的民事一般法，因此其有关矿产资源的法律体系主要是单行法的组合与判例法的叠加共同架构的法律体系。但是矿产资源开发立法并不排除某些判例法或制定法中一般财产法规则的适用。英美法系国家（尤其是美国），有关矿产资源的立法核心同样是矿业法，注重从财产权的角度安排和调整矿业活动，因此可以归入广义财产法范畴，属于特别财产法，其地位类似于大陆法系的特别物权法。

美国法上并不存在单独的矿产资源所有权。基于历史传承与现实选择的缘故，美国法就矿产资源开发的初始权利配置采用了独具特点的矿地一体化的规制模式，即矿产资源属于其依附土地的一个部分，从属于土地所有权。① 美国法框架内矿产资源开发的私法机制设计无疑以矿地一体化作为制度预设，并在此基础之上形成了其特有的一整套私权实现机制。

美国矿产资源及其开发立法的法律机制，以矿业立法为重

---

① 如此设计，主要是美国立法继受普通采邑制。"普通采邑制"这一法律术语常出现在英美法系国家的财产法中。实际上这种完全所有权的思想直接来源于罗马法"土地所有人的所有权包括土地上空及地下不动产的所有权"的规定。

心，采取了私权（采矿权）配置和运行的主导机制，在大陆法系语境之下则可以表述为以私权的取得、变动为中心的运行机制。此外，就矿产资源开发的具体活动而言，美国法体现了一定程度的行政介入，确保非经济价值的实现。从法律机制特点来说，美国矿产资源开发法律制度是一种兼有私法规范和管理规范在内的综合调整机制。但该机制设计遵循私法优位主义。其一，选择规范私权配置和运行的主导机制；其二，从功能主义的角度考察，公法功能的发挥更多地依赖于对私权的规范与限制得以实现。

三、英美法系矿产资源开发的法律机制架构：申请权模式

（一）申请权模式的构成与采矿权的设置

英美法系国家的立法例更多地选择作为世界通行的两种矿业立法基本模式之一的申请权模式。所谓申请权模式（claim system）是由矿产资源的发现者决定矿业权的归属。[1] 英美法系国家目前流行的矿产资源开发的申请权模式，形成于 19 世纪中后期。其制度创设以矿业自由为基础，目的在于促动私人对于矿产资源开发的投入。政府对于矿业的态度较为宽松，权利归属无须有关机构特许，矿产资源的发现者对于资源的开发利用具有决定意义。

美国法律通过所谓采矿权（mining right 或者 mineral right）的设置，助力土地所有权人实现其相应的矿产资源权益。[2] 例如，密

---

[1] 申请权模式更加强调"先到先得"，更多地适用于美国联邦所有土地的矿产资源开发，而私人所有土地上的资源开发，其决定权更加依赖于所有权人。对此，下文详细说明。

[2] 《元照英美法词典》对于 mining right 的解释是采矿权。"指的是以采矿为目的而进入、占有某土地，从事地下或露天开采，取得矿物或矿石的权利。该权利的授予也默示采矿权人得享有任何附属于该权利的和必要的权益。"参见薛波：《元照英美法词典》，法律出版社 2003 年版，第 916 页。

歇根州环境质量检测部门（The Michigan Department of Environmental Quality）发布的官方文件中认为采矿权的内涵包括两层意思：第一，从土地开采矿产资源的权利；第二，收取作为矿产资源开采对价的权利金（royalty）。[①] 采矿权作为财产权的一部分，独立于地表权，可以自主保留，也可以如其他财产权那样出售、转让或者出租。采矿权的出售或者出租可以特定的矿种为限，亦可以特定的岩层深度为限。采矿权的交易本质上属于私人事务的范畴，由合同当事人协商确定，使合同自由精神得到最大程度的彰显。

对于矿业权的初始配置，美国法奉行"矿随地走"的基本原则。由此，土地的权属对矿业权即开发相应矿产资源的权益具有决定性的影响。鉴于美国的土地分别由联邦、州以及私人所有的事实，与之相应，矿业权的初始配置也区分不同主体分别拥有。[②]

针对私有土地与公有土地的矿业开发活动，美国法主要对应自由保有（freehold）与出租持有（leasehold）两种权利配置模式。[③] 法律上的私人所有权通常与自由保有相联系，不涉及国家作为权利人的限制；出租持有则意味着通过租赁的方式利用联邦土地，进而从事相应土地范围内的矿产资源开发活动。

（二）私人所有土地下矿产资源开发的私法机制：私权自主

1. 私权自主的制度实现

私人土地上采矿权的设置，采取"矿随地走"的初始配置原

---

① 具体参见：Department of Environmental Quality of State of Michigan. Mineral Rights，资源来源于美国密歇根州环境质量检测部门官方网站，2012 年 8 月 19 日访问。

② 美国的土地分别为联邦、州以及个人所有，其中私人拥有的土地占 58%，主要集中在东部，联邦所有的土地为 32%，主要分布在西部，州大约占到全国土地的 10%。参见杨璐：《美国矿业行政概况及启迪》，载《矿产保护与利用》1998 年第 6 期，第 1-4 页。

③ 在适用普通法系的矿业大国，如美国、加拿大以及澳大利亚，政府或女王往往也持有不少土地，该类土地常蕴含矿产资源，在这种情况下，往往由政府租借矿业用地给矿业权人进行开发，因此称为出租持有（leasehold）。

则；与之相呼应，其行使则采取"自定义配置"的行使原则。私人土地所有权人可以亲自行使采矿权，但基于开发矿产资源技术与资金方面的高门槛，权利人自行开发矿产资源的情况很少发生。更多情况是土地所有权人与矿业公司通过签订租赁协议来实现。[①] 例如，私人土地的所有人有权在其土地钻井并开采石油和天然气，但毫无例外的是，石油和天然气的勘查和开采由土地所有权人授权给石油公司进行。授权通常是由租赁协议完成的，其不同于通常意义之上的租赁合同，"不仅允许而且授权从事毁损行为，即提取并出卖土地的部分物理成分"[②]。

采矿权作为财产权的一部分，独立于地表权，可以自主保留，也可以如其他财产权那样转让或者出租。采矿权的转让或者出租允许以特定的矿种为限，亦可以特定的深度为限。当事人之间可以极尽想象地签订采矿权租赁合同，但采矿权租赁合同往往包含一定的基本条款，其中红利条款则非常典型。采矿权人签订租赁合同，往往会获得一定数量的金钱，通常被称作红利（bonus）。[③] 第一，约定的地块蕴含矿产资源，承租人开采之后需要支付出租人也就是矿资源的所有权人权利金。第二，倘若约定的地块没有发现

[①] 参见［美］约翰·G. 斯普兰克林：《美国财产法精解》，钟书峰译，北京大学出版社 2009 年版，第 503 页。

[②] ［美］约翰·E. 克里贝特等：《财产法：案例与材料（第七版）》，齐东祥、陈刚译，中国政法大学出版社 2003 年版，第 624 页。

[③] 当然这里的理解有英语词典的重大影响。通常英汉词典将 bonus 翻译作奖金、红利或者补贴。其实这样的处理方式在西方国家的经济生活中普遍存在。比如，世界足坛的球员转会。球员往往会因为签字而获得一笔奖金，通常被翻译为签字费。作者认为这样的翻译似乎更为形象和直接。例如，2013 年夏天巴西球星内马尔转会巴塞罗那，当他本人确认签字的时候，巴塞罗那俱乐部会奖励给内马尔数千万美金的签字费。但这并不影响巴塞罗那俱乐部支付给内马尔原东家的转会费，也当然不会影响其日后的薪水。美国的矿业权出租也是同样的道理。尽管一个是矿业权租赁，一个是足球运动员转会，运作的基本规则一致，道理相通。

矿产资源，则承租人需要支付利用土地的租金。但不论是权利金，还是租金，都不影响红利（bonus）的支付。从性质与功能的角度着眼，红利（bonus）意在调整有限资源在多方竞争者请求的情况下的配置问题。

采矿权的交易本质上属于私人事务的范畴，由合同当事人协商确定，合同自由精神得到了最大程度的彰显，但是即使在美国开采矿产资源，也要受到环保、安全等因素的制约。至于政府的角色，只要土地所有权人与矿业公司满足法律要求的环境保护等方面的基本要求，那么联邦政府基本处于消极地位，唯一的重要收入就是可能要征收的联邦所得税。①

2. 采矿权与土地权利的冲突与协调

既然美国法对私人所有的采矿权配置采用"矿随地走"的权利配置方式，何来采矿权人与土地权利之间的矛盾问题？需要注意的是"矿随地走"是针对矿产资源产权的初始配置方式。土地所有权人对其土地蕴含的矿产资源的采矿权及其行使权，仅是其土地利用方式的一种选择。除却采矿权之外，所有权人还就土地享有其他内容的使用权。因此，矿产资源所有权与土地所有权相分离的情况也有可能，而且相当普遍。例如，拥有金地产权的 O，可以把地下的矿产资源所有权转让给 M，而自己保留地面所有权。② 当事人通过合同使得土地权利与矿产资源权利具备了分离的可能，即出现了"地上权与地下权的分离"。

---

① 沈莹：《国外矿产资源产权制度比较》，载《经济研究参考》1996 年第 6 期，第 45 页。

② 参见 ［美］约翰·G. 斯普兰克林：《美国财产法精解》，钟书峰译，北京大学出版社 2009 年版，第 503 页。

（1）单位化与强制同意制度

强制同意制度，往往适用于多人共有矿产资源，但对开发合同无法达到一致同意的情况。例如，一个大型矿脉蕴藏于多个所有人的土地之下，矿业开发合同显然不如单个所有人那样简单地达成协议。由于每个所有人不同的利益需求，往往难以达成一致同意。在此情况之下，密歇根州法律选择保护矿产资源所有权人和采矿权租赁人（the rights of an owner or lessee of minerals）的合法权益。[①] 具体的解决办法是：

第一，单位化。指的是矿产资源作为一个统一的开采单位开发。每个对矿产资源拥有权益的个人或公司可以从整个开采单位中获得一个大家公认的份额，但具体的开采位置在所不问。这样的处理方式在石油和天然气的开发中尤为常见。[②]

第二，单位化若想达到一致同意难度颇大，甚至实践中往往存在反对的意见。因此很多州都有强制性单位化的规定中，即利益多数决可以从法院获得开采矿产资源的授权。其中石油天然气的利益份额需要达到50%，而其他矿产资源则达到75%的一致。[③] 不论石油、天然气的开发，还是其他的矿产资源，法律都会支持非同意者

---

　① 密歇根开发矿产资源主要的法律依据是普通法规则。这些规则包括法院的解释和继承的英国法传统。某些情况下，密歇根州议会颁布的法令会对普通法规则作出修正。

　② 对于"单位"的理解约翰·E. 克里贝特等美国学者撰写的经典《财产法：案例与材料》一书中亦有提及。齐东祥、陈刚将"unit"翻译为"单位化"。具体参见［美］约翰·E. 克里贝特等：《财产法：案例与材料（第七版）》，齐东祥、陈刚译，中国政法大学出版社2003年版，第62页。

　③ 此处的关键在于"more than 50 percent of the oil and gas interests or 75 percent of other mineral interests"的理解，尤其是"interests"的理解。作者认为此处从占地份额的角度考虑更为合理，而应该理解为人数的多数决。具体参见［美］约翰·E. 克里贝特等：《财产法：案例与材料（第七版）》，齐东祥、陈刚译，中国政法大学出版社2003年版，第62页。

基于其份额的合理补偿。①

美国矿业立法确立矿产资源的开发价值高于一般的土地利用类型，因此矿业用地在法律上具有优先的地位。采矿权人或其承租人不论是否在合同中作出权利保留的约定，都有基于采矿而合理地使用相应土地的权利。不可避免的是，矿产资源的开采往往会对土地之上的农作物或者树木等造成毁损，但权利人有权获得合理的补偿。

（2）从"天空法则"到"捕获法则"再到"合理份额"规则

石油与天然气开采适用的普通法规则演变非常形象地说明了土地权利人与矿产资源权利人之间的权利冲突与调和。基于美国的普通法，作为财产的石油与天然气最早通过财产法中的天空法则（ad coelum）确定产权。② 依据天空法则，谁拥有土地，谁就拥有地下的矿产资源。对于"硬矿藏"该规则并没有什么不妥，但对于石油和天然气这样可以通过地下的渗透层流动的"漂泊"资源，并不合适。③ 例如，A 和 B 拥有石油矿藏之上的相邻土地，当 A 在自己的土地上开采石油后，B 土地下的石油可能会自然流向 A 的油井而被开采。因此，如何处理在自己的土地开采了相邻土地所有人地下的石油和天然气将变得格外困难。由于界定财产权范围方面的不确定性，以及涉嫌侵权的可能性，"天空法则"没能起到促进石油工业

---

① 部分内容参考了密歇根州政府的官方网站以及州环境质量检测部门的官方文件。具体参见：Department of Environmental Quality of State of Michigan. Mineral Rights ［EB/OL］. http://www.michigan.gov/documents/deq/ogs-oilandgas-mineral-rights_257977_7.pdf, 2013-11-18。

② 天空法则是指："即某块土地的上空和地下所存在的资源归该土地所有者拥有。"

③ ［美］约翰·G. 斯普兰克林：《美国财产法精解》，钟书峰译，北京大学出版社2009年版，第503页。

发展的积极作用。

为了解决如上问题，美国的法官通过判决确立了捕获法则（the rule of capture）。根据该规则，"油井经营者可以开采另一土地所有者的土地下的石油和天然气，而不承担责任，只要油井经营者不侵入他人土地，一经开采，就获得该资源的所有权"①。有意思的是捕获法则的理论基础竟然有"无所有权理论"（non-ownership theory）与"相应所有权理论"（ownership-in-place theory）两种。加利福尼亚州、路易斯安那州和俄克拉荷马州等都采取"无所有权理论"，认为土地之下的油气为"无主物"，土地所有权人享有勘查和开采地下油气资源的权利，通过开采实际取得油气资源则能获得其所有权。"水法和关于野生动物的法律常常被用来作为类比，以支持这种无所有权的观点。"② 几乎同样数量的州，包括德克萨斯州和堪萨斯州等坚持响应"所有权理论"。③ 土地所有权人拥有其地下蕴藏的油气资源，但如果被他人开采（即捕获），则丧失油气资源的所有权。我们发现，尽管捕获规则论证的理论存在差异，殊途同归的是法律效果没有显著的差别。

捕获规则解决问题的同时，又造成了新的问题。其一，捕获规则是一个严厉的规则，可能会剥夺土地所有权人对其土地下面的油气资源的所有权。其二，"捕获"意味着只有钻井才可以获取油气资源的权利配置规则，造成了不合理的开采与浪费。

"合理份额"原则应运而生，旨在应对新生的问题与挑战，限

---

① Barnard v. Monongahela Gas Co. (S. Ct. 1907).

② ［美］约翰·E. 克里贝特等:《财产法：案例与材料（第七版）》，齐东祥、陈刚译，中国政法大学出版社 2003 年版，第 624 页。

③ Wronski v. Sun Oil Co. (1979).

制捕获规则可能对土地所有权人权利的偏颇影响。① "（储油区）地表的土地所有者有权获取公平的份额，且不因采油对其他业主造成的损失承担责任，德克萨斯州则采取此规则。"② 此外，联邦通过立法确立联营、开采率、限制油井间距和比例限产等规则，限制不同权利人之间的恶性竞争，保护性开采油气资源。对于政府的监管，下文将有较为详细的论述。规则的演变过程，展示了油气资源相关利益主体之间的利益博弈过程。

（三）联邦土地矿产资源开发的私法机制：程序化与固定化

联邦土地范围内矿产资源开发的立法在长时间内沉淀并以制定法的形式呈现，从而形成了如今美国矿业立法中的私法机制。联邦拥有土地的情况下，联邦既是土地（含地下矿产资源）所有权人，又是矿业管理人。联邦作为所有权人，要考虑其控制的矿产资源经济价值的实现，同时又希望在保持平等准入，促进矿业开发等方面予以考虑。③

联邦政府对于其土地下矿产资源的管理，相较于私人拥有土地下意思自治为主的矿产资源开发，则更多地依赖程序化、固定化的规则。"程序化、固定化"的特征是以制定法的形式将私法机制进行法律表达在立法技术层面的基本要求。这并不妨碍私法机制设计

---

① "合理份额"原则的提法来自约翰·E. 克里贝特等：《财产法：案例与材料（第七版）》的中译本，而在约瑟夫·P. 托梅因教授的《美国能源法》的中译本中则被翻译为"相邻权（correlative rights）"。作者认为这样的差异是翻译的缘故，并不影响对其内涵的理解。

② ［美］约瑟夫·P. 托梅因：《美国能源法》，万少廷译，法律出版社 2008 年版，第 129 页。

③ 联邦仅从所有权人的角度切入，需要一个具体的机构负责矿产资源的管理。联邦内政部下设的土地管理局（U. S. Department of the Interior Bureau of Land Management，简称 BLM）以满足美国人民对于可再生与不可再生资源的可持续多元利用为原则，负责管理全美范围内 258 百万英亩的土地与 700 百万英亩的矿产资源。参见：Kathy Rohling, Mining Claims and Sites on Federal Lands, U. S. Dept. of the Interior, Bureau of Land Management, 2007, p. 1.

作为联邦治下土地范围内矿产资源开发立法的驱动机制。

四、美国联邦土地矿产资源开发的机制形成：私法优位主义的确立

尽管美国是一个具有浓厚判例法传统的国家，但在矿产资源的财产法规制方面采取了积极的制定法策略。联邦所属土地的矿产资源的勘查与开采，由国会颁布专门的矿业法律予以规范。例如，美国联邦制定了著名的矿产资源三法，即 1872 年制定的《通用矿业法》（General Mining Law of 1872），1920 年制定的《矿地租赁法》（Mineral Leasing Act of 1920），1947 年制定的《建筑材料法》（Mineral Material Sales）。通过上述矿产资源立法的"三法"，美国将联邦土地蕴藏的矿产资源类型分为三种，即可标定矿产、可租赁矿产和可出售矿产，并分别调整。如此区分类型的法律设置，突出了矿产资源取得方式的差异，着眼于不同矿产资源的开发与管理特点，巧妙地协调了由于矿产资源自然禀赋与经济价值的差异而产生的不同制度需求。其中，《通用矿业法》的地位相当于矿业领域财产权设置的一般性立法。起初，矿产资源的勘查与开采都要适用该法，但该法的适用范围受到了之后《矿地租赁法》与《建筑材料法》的限制。石油、天然气、油页岩、煤炭、含沥青石材以及其他化石燃料，也包括铝酸盐、钠、钾等肥料被纳入 1920 年《矿地租赁法》的调整，砂石等建筑材料则由《建筑材料法》具体规范。①

---

① 起初，美国的矿业立法中的制定法仅为 1872 年的《通用矿业法》，但社会经济的发展促使联邦重新定位其拥有的矿产资源的价值实现。先后颁行的《矿地租赁法》与《建筑材料法》贯彻了"抓大放小"的基本策略。抓大：增强对于石油、天然气、煤炭等战略性资源的掌控与管理。放小：对于砂石土等建筑材料，则采用相对较为简便的程序加以管理。除此之外，如铀矿等特别矿种则由专门的制定法调整。总体而言，美国对于其联邦土地蕴含的矿产资源，采取分类管理的基本思路。

（一）1872 年美国《通用矿业法》的内核：采矿申请机制[1]

1. 采矿申请的意义

所谓的采矿申请机制，是以采矿申请为制度核心的开放的申请体系，属于当今矿业立法中独具一格的规制模式。[2] 联邦土地管理局官方网站中对于采矿申请（Mining claim）的表述是："申请者宣称对特定土地蕴含的已经发现的、具有经济价值的矿产资源拥有开发的权利。"[3] 采矿申请的理解包含三个要素：（1）针对联邦所有的土地提出。（2）以采矿为目的。（3）依据矿业法获得或者持有。该项权利受到土地管理局（BLM）和林业局（Forest Service）颁布的矿产资源开发规范的制约。[4] 采矿申请在没有标定登记之前，任何排他性的勘查权利均不允许存在。该体系的关键是如何获取对抗他人的采矿申请。获取采矿申请之后，采矿活动的具体实施通常依赖于采矿租约。

采矿申请机制是国家基于社会发展的考量，制定的激励性制度，保障矿业在高风险之余的高收益目的。鼓励探矿，促进开发与矿产资源开发高风险的行业属性之间需要矿业立法的制度性粘合。一方面，矿产资源的自然禀赋决定了找矿的不确定性。另一方

---

[1]　美国 1872 年颁行《通用矿业法》，该法至今仍发挥着调整美国矿业的基本功能。一百多年来，通过修正以及其他矿业立法的制定，该法的适用范围受到较大的限制。美国的理论界与实务界对 1872 年《通用矿业法》改革的呼声此起彼伏，但是该法仍然适用于当前的矿业实践。

[2]　采矿申请机制可以追溯到罗马法上的王权制和无主财产制，是矿产申请机制的最初萌芽。依据王权制，采矿权由权利人，往往是国家或者中央政府，授权权利申请人。而在无主财权制之下，矿产资源被界定为无主物，发现人以先占的方式获取开采矿产资源的权利。之后，德国 15 世纪晚期到 16 世纪早期，有了比较发达的采矿申请机制，如当时的萨克森—波西米亚的"采矿顺序"。

[3]　该定义来源于美国土地管理局官方网站的具体表述（Bureau of Land Management. Mining Claim Information），2013 年 8 月 6 日访问。

[4]　Bureau of Land Management Idaho State Office, Idaho Information Guide: Locating Mining Claims, Bureau of Land Management, 2010, pp. 6-7.

面，技术与资本层面的要求提高了矿业准入的门槛。因此，矿业立法确立的采矿申请机制成为鼓励开发的制度推动。采矿申请机制的最大魅力在于先申请者可以获取对抗他人的采矿权。美国的西进运动时期，该机制充分发挥了鼓励探矿，促进开发的制度功能。

尽管采矿申请机制在特定时期发挥了鼓励探矿，促进开发的积极功能，但对于其配置矿产资源开发权利的质疑由来已久。查尔斯·奥尔福德（Charles J. Alford）指出，这种机制只适合早期对于技术和资金要求较低的矿业实践，当矿业发展至需要高昂的机器设备且具有精湛但更为复杂的勘查开采技术的要求时，需要对矿产资源的开发主体作出必要的限制。矿业立法应设置前置程序将不具备开发能力的主体排除在外，防止由于开发能力的欠缺造成资源的浪费与环境的破坏。①

2. 采矿申请的获取原则及程序

美国 1872 年出台《通用矿业法》（至今仍然有效适用），将采矿申请（mining claim）作为其灵魂制度，整个制度架构系以采矿申请机制为主线展开，② 以"发现"与"标定"作为权利赋予的关

---

① Charles J. Alford, Mining Law of the British Empire, Gale Making of Modern Law, 2010, pp. 2-5.

② 从采矿申请产生的基础着眼，有 patented claims 与 unpatented claims 之分。Patented claims 相当于土地所有权，当然可以实施采矿这一土地利用方式。Unpatented claims 则仅限于矿产资源的开采这一专门用途。从构成看块状矿产采矿申请（lode claims）和砂矿采矿申请（placer claims）是采矿申请（mining claim）的两种基本类型，前者适用于针对硬矿的采矿申请，而后者则主要应对沙粒状矿的采矿申请；前者的最大矿区面积是 15000 英尺×600 英尺，而后者的矿区最大面积是 20 英亩。除此之外，采矿权人还可以利用矿区之外的部分土地支持必要的矿业开发活动，主要包括 mill sites 和 tunnel sites 两种，其中前者最大面积为 5 英亩。需要特别说明的是 tunnel sites 是一种基于联邦土地的地下通行权，通常用来通向采矿请求权的范围或者开发地表无法探知的矿产资源。A tunnel site 最大可以达到 3000 英尺长。该说明来源于美国土地管理局官方网站的具体表述（Bureau of Land Management. Mining Claim Information），2013 年 8 月 6 日访问。

键，采取了"采矿权授予最先发现者"原理，其中"发现有价值的矿产资源并通过法定程序标定是时间节点"，对于后申请者甚至联邦具有对抗效力。

依据 1872 年《通用矿业法》，采矿申请的获许要满足发现（discovery）与标定（location）两个程序。

首先是发现环节，关键需要澄清两个问题：其一，是否为可标界矿藏。对是否为可标界矿藏，要罗列一个详细清单显然格外困难。1873 年伊始，内政部即尝试给出可标界矿藏的范围，发展至今，主要从如下三个标准考察：权威专家的认可；不受特别法的规制；比从事农业更具价值。土地局（BLM）从相反的角度着手，界定出不属于可标界矿物的范围，从而给出了一个相对开放的可标界矿物范围。① 其二，是否具有价值。对"有价值矿藏"的判断标准，美国法采用了理性人规则（prudent man rule），即基于普通人的理性，开发该矿产资源具有合理的成功前景，并愿意投入人力和财力进行开发，满足了法律对于"有价值"的要求。如此的法律制度设计，一方面受 19 世纪自由主义经济思潮的剧烈影响。政府更多地承担守夜人的角色，尽量地不介入私人的经济活动。另一方面政府没有能力或者不值得去一一检验申请人的权利是否具有价值。

由于推翻采矿申请的程序复杂而且成本巨大，1962 年，内政部的法律长官对广泛存在的针对非金属矿藏采矿申请的市场性提出质疑。矿产资源的开采、运输和销售是为了追求利润，否则无法满足"有价值"的法律要求。由此充分考虑经济价值和市场准入的市场

---

① 前文所述《矿地租赁法》与《建筑材料法》规定的矿产资源则不属于可标定矿藏的范围，除此之外特别法对于某些特殊的矿产资源，如铀矿，作出规制，亦不属于可标界矿藏的范围。

性规则（the marketability test）成为了"理性人规则"的重要补充。① 内政部的规则明确申请人宣称的"发现"，需要在其标定的范畴内采取实际的矿脉勘查（actual physical exposure）。其中，构成块状矿产采矿申请（lode claim）的发现需要满足三个条件：有矿脉或岩石存在，矿石必须含有金或者其他具有价值的矿物以及理性人规则；而传统的砂矿采矿申请（placer claims），另外还需证明每十英亩土地之下蕴含有经济价值的矿产资源。②

其次是标定环节，需要处理好在什么地方标定和如何标定这两个问题。值得注意的是，并不是所有的联邦土地都对矿业开放。国会制定的特别法确认的禁止矿业进入的地区不可以提出采矿申请，包括国家公园、国家保护区、印第安保留地、围垦工程、军事保留区、科学探测区以及野生动物保护区等区域都在此列。③ 具体如何标界，各州规定略有不同，但通常标定要求满足位置、大小、四至以及界碑等条件。根据土地局（BLM）官方的办事手册以及部分州的官方文件，标定往往需要借助相应的地图以及图表才能清楚的完成。标定的法律效力有赖于法定政府机构的核实。申请人按照固定的格式在矿区所在地登记机关以及土地局（BLM）驻地方办公室登记后，才具有对抗他人的法律效力。④ 对于采矿权的持有，需要满足每年对每块矿区不少于100美元的投资。1992年为了解决

① 理性人规则的判例法依据：1905 年 Chrisman v. Miller 一案，联邦最高法院对该规则予以认可，Chrisman v. Miller, 197 U.S. 313（1905）. 市场性规则的判例法依据：1968 年，联邦最高法院的判决认同该观点，U.S. v. Coleman, 390 U.S. 602-603（1968）.
② Kathy Rohling, Mining Claims and Sites on Federal Lands, U.S. Dept. of the Interior, Bureau of Land Management, 2007, pp.5-6.
③ Bureau of Land Management Idaho State Office, Idaho Information Guide：Locating Mining Claims, Bureau of Land Management, 2010, pp.6-7.
④ Kathy Rohling, Mining Claims and Sites on Federal Lands, U.S. Dept. of the Interior, Bureau of Land Management, 2007, pp.1-11.

"圈而不采"的行为,BLM 以"权利持有费"(holding fee)方式作为替代方案。从 1980 年至 1992 年,在 BLM 登记的 claim 数量由100 万个降低到了 34 万个。①

3. 采矿申请的获取与采矿

美国矿业立法区分采矿申请的获取与具体采矿行为,以权利本身与权利行使的角度分别给予规制。② 例如,美国爱达荷州的采矿申请权的登记部门(Bureau of Land Management Idaho State Office)在其矿产资源开发管理的信息指南中明确:采矿申请(mining claim)的获准并不意味着可以直接从事具体的开采行为,针对矿产资源的开采,另外需要满足施工计划以及提供保证金等条件,经主管机关必要的许可之后方可动工。土地局(BLM)管理土地上的勘查与开采活动受内政部规定的约束。这些规定要求实施者防止不必要的与非预期的土地退化。除了临时性矿业活动,要求实施者提交施工计划和土地复垦计划。而林业局治下土地的矿产资源勘查与开采活动受农业部规定的约束。这些规定要求任何对地表资源可能造成显著干扰的施工者需要提交施工计划。③

(二)1920 年《矿地租赁法》的内核:探矿申请与采矿竞价

美国 1920 年出台了《矿地租赁法》(Mineral Leasing Act of 1920),以租约的方式实现矿产资源权益的配置。该法适用于联邦

---

① Davis Gerard, The development of first-possession rules in US mining, 1872–1920: theory, evidence, and policy implications, Resources Policy, December 1998, pp. 251–264.

② James Otto, John Cordes, The regulation of mineral enterprises: A global perspective on economics, law and policy, Colorado: Rocky Mountain Mineral Law Foundation, 2002, p. 64.

③ 美国爱达荷州的采矿申请权的登记部门在其信息指南 Idaho State Office Idaho Information Guide: Locating Mining Claims 常见问题之 "Can I start mining after I file my mining claim?" 对此给予了明确的说明。参见: Bureau of Land Management Idaho State Office, Idaho Information Guide: Locating Mining Claims, Bureau of Land Management, 2010, p. 7。

土地被租地勘查或开采的情况。① 依据该法规定，自由进入与免费开采的价值选择被摒弃，取而代之的是一种变通的探矿申请机制与采矿竞价机制的混搭选择。

首先是探矿申请机制。通常这样的机制适用于矿产资源情况未知土地的租赁，这里所述的矿地并不一定真的蕴含矿产资源，而理解为以探矿为使用目的似乎更为合理。《矿地租赁法》中的探矿申请机制，其取得与1872年《通用矿业法》中确立的采矿申请机制一样，适用"先到先得"的权利配置规则。"勘查许可证可以发给第一个合格的、希望到矿产远景未知地区进行勘查工作的申请者。勘查者在发现一个有价值的矿床后，就使他具有开发和生产这些矿产的优先租借权，条件是采矿是该矿地的主要价值。"②

其次是采矿竞价机制。由出价最高者确定归属的一种权利配置

① 《矿藏租赁法》还是《矿地租赁法》的汉语表述选择是一个值得商榷的问题。"矿藏租赁"的表达来源直译，嫁接到我们既有的法律概念体系中，"租赁"一词成为了造成困惑的根源。矿产资源如何租赁？因为租意味着要还的。其实从矿产资源的获取方式理解，这样的方式似乎更容易些，即通过租赁联邦拥有的土地，并在该租赁土地之上开采的矿产资源，就是所谓的可租赁矿藏。Leasable minerals 有流体与固体两种基本类型，前者主要包括石油、天然气、地热以及相关产品，而后者则主要以煤和磷酸盐为典型。对此有学者提出 mining lease 的理解应该与相应的矿地联系起来，所谓的 Mining Lease 实际上应理解为 Mining Land Lease。对于 mining lease 的理解，当前的学术研究已经给予了足够的注意。其实早在1991年发表的介绍美国矿业法的文献中即有"矿地租借法"这样的翻译与理解。参见王化锐、杨平供：《美国矿产法规的演化特点》，载《矿产保护与利用》1991年第6期，第9-11页。相应的可租赁矿藏 Leasable minerals 的翻译也存在类似的问题。美国土地局（BLM）官方网站对于 Leasable minerals 的解释是 Leasable minerals are those minerals on public lands where the land is leased to individuals for their exploration and development. 又如 All minerals on acquired lands are considered to be leasable minerals. 由此则可以清楚地理解其应有的含义。具体参见：美国土地局（BLM）官方网站，2013年11月1日访问。

② 王化锐、杨平供：《美国矿产法规的演化特点》，载《矿产保护与利用》1991年第6期，第9-11页。

方式。美国 1920 年《矿地租赁法》制定以及之后一系列的修法活动，显然注意到了竞价机制在公共资源分配方面的诸多优势，并将其法律化，对已经明确蕴含矿产资源的联邦土地采取竞价机制。依据 1920 年《矿地租赁法》以及之后修正类法案，石油与天然气的开发更为集中地体现了竞价机制。此外，联邦对于其拥有的煤炭资源的产权也奉行竞价机制进行出让。《联邦煤炭租赁修正案》（the Mineral Leasing Act for Acquired Lands of 1947）对 1920 年《矿地租赁法》进行了重大修正。优先权租约和探矿许可制度退出煤炭资源的权利配置，竞价机制成为唯一获取联邦土地进行煤炭开发的渠道。[①]

竞价机制的运行原理跟我们理解的拍卖规则基本一致。土地局提前公告拍卖的基本情况，之后组织拍卖，报价最高者得。竞拍人所出的高价为签字费（bonus）。签字费是与联邦签订采矿租约的对价。竞价机制下的签字费直接体现为"最高价"，而油气资源的所有权人为私人的时候签字费不一定必然体现为"最高价"，权利人的综合考虑对于租约签订方的选择具有重要影响。非竞争协议由于没有竞争的缘故，也就不存在签字费的支付问题。

值得说明的是，竞价机制适用于联邦土地下特定矿产资源的利用问题。签字费（bonus）仅仅是权利人获取这一竞争性机会的对价，权利行使的不同阶段与程度需要负担矿地使用费（rental）与权利金（royalties）。使用费往往是固定数目的，如每英亩收取多少费用，而权利金则是矿产资源销售收入的比例，如煤炭与油气资源为 12.5%。

---

① 参见［美］约瑟夫·P. 托梅因：《美国能源法》，万少廷译，法律出版社 2008 年版，第 191 页。

（三）1947 年《建筑材料法》的内核：采矿合同与采矿许可

1947 年开始，砂石等建筑材料的开采不再适用《通用矿业法》，转而由《建筑材料法》特别规制。选择单独立法的规制模式，集中体现了美国矿产资源开发立法中分类管理的核心理念，更是遵从地质规律与矿业规则的重要体现。物理属性上，可出售矿产和可标界矿产以及可租赁矿产的最大不同在于其通常不具有隐蔽性，往往直接体现为地表组成部分，无须复杂的地质勘查工作即可锁定。该类矿产本身的固有属性，决定了就可出售矿产而言，探矿权的法律设置已属多余，适用《通用矿业法》中的采矿申请机制并以采矿权作为制度激励确无必要，甚至容易引发不必要的问题。

从法律机制架构着眼，《建筑材料法》区分不同情况分别选择采矿合同与采矿许可两种设计规范砂石等建筑材料的开采。

采矿合同无疑继承了美国矿产资源开发立法私法优位的法律传统。采矿合同是权利人开采砂石类矿产的合法性证明，该合同的签订奉行等价有偿原则，私法机制有着相当大的适用空间。鉴于砂石等建筑材料在开采数量方面较容易计算的特性，《建筑材料法》选择了相对简单直接的规则设计，要求权利人支付采石权利对价，不存在签字费、权利金以及土地租金等问题。开采合同有小型合同与普通合同之分，小型开采合同是金额在 1000 美元之内的采矿合同，其程序要求很简单，土地局往往当日办理。普通采矿合同最直接的法律效果是权利的正当性依据，但权利的实施还需满足环境保护的相关要求。

开采许可对应的是免费开采原则，土地局可以授权政府机构或者非营利性组织免费开采。联邦、州以及地方政府机构可以基于公共需要，免费开采砂石等建筑材料。非营利性组织，如教会等也可以获取限量的建筑材料。需要明确的是，被许可人不允许交易或者出售建筑材料，只限于自用。①

1947 年《建筑材料法》中私法机制的设计较为突出，尤其考虑到砂石类建筑材料自身的物理特性，采用合同的方式按量出售相关矿产资源给私人。同样，基于砂石类建筑材料的广泛适用与价值有限的特点，法律专门设置有采矿许可，允许特定情况下的免费开采。从所有权的实现与保留的角度考量，如此设计无疑也是私法优位的重要体现。

（四）私法优位主义的历史合理性

尽管美国矿产资源开发依赖一种兼有私法规范和公法规范在内的综合调整机制，但该机制设计遵循私法优位主义，采取了规范私权配置和运行的主导机制。

其一，矿产资源所有权的初始配置。美国法就矿产资源开发的初始权利采矿地一体化的配置方式是私法优位的突出体现。美国法框架内矿产资源开发的私法机制设计以矿地一体化作为制度预设，并在此基础上形成了其特有的一整套私权运行机制。法律支持联邦创制一系列精密的财产权，诸多知名的立法通过在公有土地上设置财产权的方式，验证了私法优位作为矿产资源开发立法的重要取向。最经典的例证莫过于 1872 年的联邦通用矿业法。任何人在公有土地上标定有价值的矿产资源后，即可获取受法律保护的非排他性采矿请求权，权利人也可以依据法定程序将之转换为采矿权。

---

① 关于《建筑材料法》以及可销售矿产的资料主要来源于法条规定以及美国联邦土地局官方网站，2016 年 12 月 16 日访问。

其二，矿产资源所有权的实现方式。私人所有土地下矿产资源所有权的实现强调私权自主，合同自由的精神得到最大程度的彰显，私法优位主义的设计特点尤为明显。联邦治下土地的矿产资源所有权的实现依靠成型的程序化与固定化的私法机制。即使是具有厚重判例法传统的美国法，也并不影响立法以制定法的形态表达其私法机制的创制。例如，1872 年《通用矿业法》基本篇幅均由私法规范构成，强调私法机制的驱动作用，尤其是以私权授予的方式激励矿业开发。如果说《通用矿业法》集中在私权配置这一点上突出私法优位，那么 1920 年的《矿地租赁法》则是从联邦作为所有权人保障其所有者权益的角度突出私法优位。该法使得能源矿产脱离传统矿业立法（即《通用矿业法》）的规制，并重新构建一个崭新的"联邦出租—收取权利金"体系，提高能源矿产开发过程中联邦收益的比例。

其三，矿产资源开发权利的行使限制。现代的矿业立法已经不是 19 世纪仅靠单纯的私法机制"包打天下"。随着社会经济的发展以及多元价值的兴起，美国矿产资源开发的立法已经表现为综合调整的机制。从功能主义的角度考察，公法功能的发挥更多地依赖于对私权的规范以及限制得以实现。换言之，私法机制是公法价值实现的传导工具，公法规制成为私权行使的必要限制。如此考虑，既有矿业立法的综合调整机制仍然是以私法机制作为运行基础，所以从该点考虑私法优位的立法特征仍然没有根本性的改变。

美国矿产资源开发立法中私法优位主义的立法选择具有其特定的历史合理性，该点已经在矿产资源所有权的初始配置、实现方式以及矿业权行使的限制等方面予以佐证。特别需要说明的是联邦土地范围内矿产资源的开发机制，虽然具有程序性或公法的色彩，但那是特殊的所有权结构而导致的，本质上可以理解为所有权实现的方式，因此仍然属于广义上的私法机制。

五、小结：两大法系矿产资源开发私法机制的启示

两大法系矿产资源开发私法机制的比较观察，尤其是美国矿业立法的深入解读，为我国矿产资源开发立法与研究提供了可能的启示：

其一，两大法系确立矿产资源开发私法机制的前提，都是先将矿业立法的重心放在矿产资源开发的立法上，并且定位为特别物权法（大陆法系）或财产法（英美法）。从体系上而言，矿产资源法或矿业法本质上应与民法中的物权法（大陆法系）或财产法（英美法）纳入上下层级的逻辑关系。

其二，两大法系的矿业立法都注意到矿产资源开发不仅仅以经济利用的方式存在，除却经济因素的考虑之外，环境效益以及安全生产等价值目标开始渗入矿产资源的私法机制，并将行政权杂糅至私法机制中以引导或者确保公共利益的实现。两大法系的立法例都选择以行政介入的方式加强矿产资源开发中环境利益与安全利益的兼顾。矿业权的设立阶段，行政机关的"同意"具有确权的效能，而具体的采矿行为则依赖主管机关"认可"的施工计划作为先决条件。

其三，两大法系有关矿产资源开发的法律机制设计中，在内部仍然取用了公私二分的做法，表现了"公私综合法"的特点，存在民事法律规范和行政法律规范混合的情况。其中，民事法律规范旨在以市场化配置和运行的方式驱动矿产资源的开发，而行政法律规范的设置则旨在通过权利设置程序的作用以及权利运行中施工程序

等规范来达成贯彻各种公共政策的目的。纵然国家经济体制以私有制为基础，但西方矿业发达国家基于历史与现实的原因都存在国家对于矿产资源权利的控制。所以，矿产资源法或矿业法的功能性非常明显，这些功能存在具体的区分，各自实现自己的目标追求。

其四，两大法系矿产资源开发的法律机制与该法的定位相配合，其主导部分是私法机制，而且是采取私权配置和运行的方式展开，核心是采矿权和探矿权。尽管在法律传统与立法技术方面存在显著的差异，但市场化信念使得两大法系鼓励矿产资源开发，一致选择以私法机制作为矿产资源开发的主导机制。[①] 大陆法系矿业立法是以作为物权的矿业权配置和运行为主要机制，并辅助以行政介入机制的一套规范体系，英美矿产资源开发法律制度更是由一种兼有私法规范和管理规范在内的以私法为主导的机制构成。这些权利在内涵上具有相当程度的"坚硬"属性，权利取得和行使虽然受到行政规制，但是仍然不失为民事权利。换言之，市场化配置在矿业立法中具有基础性地位。

最后，我们看到，两大法系也存在一些明显的差别。比如，法律渊源、立法技术等。仅从私法机制规制模式来说，英美法国家尤其是美国采取更为宽松的管理政策，而大陆法系国家多采取特许权机制。此外，英美法国家采矿权市场化程度较高，如在美国，采矿权作为财产权的一部分，有自主保留、出售、转让或者出租等多种市场化选择，纵然是联邦所有的土地上矿产资源的开发，矿业权所有与行使相分离的规则设计也力求尽可能地减少市场运行的行政干预。

---

① 以私权为中心的制度构架和运行规则是由两大法系中矿业立法的骨骼构成。"私权机制"的用词其实难言精准，而是受制于大陆法系语境。由于英美法系没有公私法界分的立法实践，但鉴于比较与表述的需要，将英美法系中类似的规定也涵盖其中。

第五章 矿产资源开发与公有土地治理关系的比较考察：美国经验

我国矿产资源开发中的一个非常独特的产权框架结构问题，就是矿产资源所依存的土地本身采取了公有模式，这就导致了非常复杂的矿产资源开发与公有土地治理的宏观关系（以下简称矿地关系）。在这一关系中，我国法律的处理办法是对矿产资源和土地分别进行切割式权利构造，部分土地根据土地性质确立为土地国有或集体所有，矿产资源部分则一律确立为国家所有。① 那么应该如何来规范矿产资源开发与公有土地治理关系呢？本章以美国相关问题形成的成熟经验作为比较观察，试图达到"他山之石，可以攻玉"的效果。

第一节 矿地关系的三种模式

一、矿地一体模式

矿地一体模式下，矿产资源被界定为土地的组成部分，土地所有权与其蕴含的矿产资源所有权挂钩，土地所有权人当然地成为矿产资源所有权人。当今世界，具有代表性意义的矿地一体模式立法

---

① 参见：《宪法》第10条之规定。

例主要是美国和英国。其中，美国法坚持得更为彻底，而英国法则在一定范围内有所松动。①

美国的土地分别由联邦、州以及私人所有。与之相应，矿产资源也分别由联邦、州和私人所拥有。在美国几乎所有的州，不论土地所有者是谁，一般都可以随意处置埋藏在其所属土地下的矿产资源。在私人所有的土地进行矿产资源的勘查与开发，一般由土地所有权人与矿业公司通过签订租赁协议来实现。② 只要土地所有权人与矿业公司满足法律要求的环境保护等方面的基本要求，那么联邦政府基本处于消极地位，其唯一的重要收入就是可能要征收的联邦所得税。③ 联邦的土地所有权则由内政部下设的土地管理局（U. S. Department of the Interior Bureau of Land Management）负责行使，根据矿地一体的要求，联邦土地下的矿产资源权利亦由该机关行使。

美国矿地一体化立法模式的形成具有深厚的历史原因。第一，英国普通法的历史传统。英国人在殖民时期，将土地所有者对其蕴含的矿产资源具有所有权的立法带到了北美大陆，并为美国的立法与司法所接受。第二，鼓励找矿、开矿的经济动因。一定历史时期内，美国法确认任何人都可以通过先占的方式原始取得土

---

① 矿地一体模式的起源则要追溯到罗马法上的王室所有制度（Regalian System）。古罗马社会早期，天然矿石作为法律之上的公共物，属全民共有。之后，罗马法将矿产资源界定为无主物，依照先占的原则授予先发现者或先开采者所有。罗马帝国在迦太基间的第二次战争之后，公共土地随之产生，对土地具有强烈依附性的矿产资源由此属于大众。中世纪以来，主张土地所有权直接归属于王室的王室所有制度得到发展。现代国家将矿产资源的所有权融入王室所有制度，并沿用至今。参见傅英：《矿产资源法修订理论研究与制度设计》，中国大地出版社 2006 年版，第 242 页。

② 参见［美］约翰·G. 斯普兰克林：《美国财产法精解》，钟书峰译，北京大学出版社 2009 年版，第 503 页。

③ 沈莹：《国外矿产资源产权制度比较》，载《经济研究参考》1996 年第 16 期，第 45 页。

地，进而获取土地蕴含的矿产资源。"如此特殊处理的原因或许在于，鼓励较少的人口尽可能快地开采充足的资源。"① 第三，具有操作性的量化标准。矿产资源往往不规则地埋藏于地下，但其对于土地的强烈依附，使得矿产资源归属于相应土地所有权人的规则清晰明了，易于执行。

一般意义上，英国法确认土地所有权人对其土地下所蕴藏的矿产资源享有所有权。但基于特殊的考量，法律作出了一定的例外规定。过去，王国政府依据普通法对金银享有权利。现在，煤、石油、天然气也被纳入国家所有权的范围之内。如果说国家伸手控制黄金、白银只是偶发事件的话，那么煤、石油、天然气等则在一定程度上呈现出国有化的趋势。"国家基于适当的考虑，通过授予勘查和开采矿产资源的许可实现矿产资源所有权。而土地所有权人就这种开采所必要的任何附属权利都有权获得补偿。"② 1938 年《英国煤炭法》将所有对煤炭的利益（产生于煤矿租约的利益除外）授予煤炭委员会。后来此等利益（包括产生于煤矿租约的利益）又先后被授予国家煤炭委员会和英国煤炭公司，现在则由煤炭局（Coal Authority）享有。③ 1998 年《英国石油法》（Petroleum Act 1998）"位于地层中处于自然状态下的石油为国家所有"的规定进一步体现了英国矿产资源国有化的最新发展。英国政府国有化的法律设计，不论是曾经的金银，还是如今的煤、石油和天然气，都集中体现了一种现实主义的法律选择。

---

① 〔美〕詹姆斯·戈德雷：《私法的基础：财产、侵权、合同和不当得利》，张家勇译，法律出版社 2007 年版，第 240 页。

② 〔美〕詹姆斯·戈德雷：《私法的基础：财产、侵权、合同和不当得利》，张家勇译，法律出版社 2007 年版，第 240 页。

③ 吕忠梅、尤明青：《矿产资源所有权及其实现》，载《资源与人居环境》2007 年第 12（下）期，第 18 页。

二、矿地区分模式

矿地区分模式之下，从自然上而言依附于土地的矿产资源在法律上并不再当然的属于土地所有权人。宪法或者法律赋予矿产资源以独立的所有权，区分于土地所有权，并且不因其依附的土地所有权或使用权的改变而改变。矿地区分模式，以国家对矿产资源的"饥渴"作为驱动，体现了国家控制管理矿产资源的法律制度设计。

矿地区分的财产权配置模式并不是开始就有的，是社会经济发展之下价值选择的法律表达。其实，在农业社会和早期的工业社会，矿产资源不论在法学研究，还是法律制度上一般都作为土地的附属而存在。相当一段历史时期内，世界各国对于矿产资源同土地一体管理，从而形成了矿产资源所有权从属于土地所有权的法律传统。工业革命的兴起与社会生产力的进步，使矿产资源的经济地位日益提高，既有的财产权法律配置受到了冲击，使得矿产资源摆脱了土地所有权的束缚，而成为单独的所有权客体，法律由此将矿产资源界定为国家所有成为趋势。"矿产资源所有权不能给予私人或私人公司，即使在土地私有或有偿转让的条件下，矿产资源的所有权亦不发生改变，国家作为矿产资源的实际所有者发挥作用。"①

法国和德国是矿地区分模式立法例的代表。1804 年，《法国民法典》较早体现了矿地区分的立法模式，但其在法律上的表达比较微妙。例如，第 552 条对出产物（含矿产资源）规定其取得依赖于发掘，在未发掘前属于土地的一部分，但是一旦挖掘则属于正当发掘人（一般为土地所有权人，但第 582 条规定了用益权人的取得地

---

① 沈莹：《国外矿产资源产权制度比较》，载《经济研究参考》1996 年第 6 期，第 45-46 页。

位）；该条还对矿产资源特殊规范予以授权。《法国矿业法典》第22 条规定，土地所有权人不享有某些地下矿藏的开采权利，它们属于国家，露天矿藏虽然属于所有权人，但也需要通过国家授权才能行使开采和转让的权利。由此人们将法国归入矿地区分模式，认为相当于确立了矿产资源国家所有体制。①

德国明确采取了矿地所有权二分法，因此成为矿地二分的典型代表。德国早期是由国王享有矿山特权，这种特权的内容不仅包括自有采矿权，而且还包括可对企业授予采矿权，但是到了近代以后，这种特权逐步受到限制。1865 年 6 月出台的《普鲁士矿山法》规定，任何人均有权进行矿产勘查，在发现矿产后即有权要求赋予矿山所有权，国家则退而为仅享有监督权。20 世纪初，情势有所回逆，国家先是对煤、盐矿产权收归国有，后又对石油废除开采自由，将矿山所有权收归己有。② 1980 年，《德国矿业法》继续坚持矿产资源所有权与土地所有权相区分的制度安排。③ 按照《德国矿业法》规定，矿产资源一律为国家所有，但土地所有权人对指定类的矿藏、矿物有先占的权利。通过先占取得的矿产资源往往是砂石黏土等少部分的非重要矿种。④ 不论德国人，还是法国人，特许权机制都是国家控制矿产资源的重要措施，勘查与开采矿产资源的行为只有获取国家授予的特许方可进行，国家在矿产资源开发过程中具有决定性的作用。

① 参见：《法国矿业法》第 22 条

② ［德］鲍尔·施蒂尔纳：《德国物权法（上册）》，张双根译，法律出版社 2004 年版，第 683 页。

③ 吕忠梅、尤明青：《矿产资源所有权及其实现》，载《资源与人居环境》2007 年第 12（下）期，第 18 页。

④ 《德国矿业法》第 3 条："土地所有权人只对依附于其土地的指定种类的矿藏、矿物有先占的权利，其他矿藏一律为国家所有，并由国家矿产管理局颁发勘查开采许可证。"

三、矿地有限统一模式

矿地有限统一模式，是指在某些国家，特定地区的特定矿种采用矿地一体的立法，而其他的矿种则采取矿地区分的方法进行处理。若从权利的视角观察，此类模式更多地被表述为"地下权与地表权有限统一模式"。

南非是该类模式的典型例证。[①] 南非的土地所有权与矿产资源所有权关系的处理主要是：当土地为私人或者为州政府所有时，土地蕴藏的矿产资源归土地所有人。州政府转让其所拥有的土地，矿产资源所有权不随土地一并转让。此等情况，采取地矿区分的处理方式。政府具有开采矿产资源的授予权，而土地所有权的受让人拥有矿业权用地的出租权。第四种情形主要针对信托土地或部落土地。土地所有权与矿产资源所有权的初始配置给部落，但部落通常保留土地的所有权，而将矿产资源通过信托的方式由州政府管理。[②]

矿地有限统一的模式似乎有待商榷。第一，土地所有权与矿产资源所有权同属私人或者州政府时，无法证明该种情况属于地矿一体模式。这种情况其实是两种不同所有权人同一的形态。恰恰上文所述的南非州政府转让土地，但保有矿产资源所有权的处理办法，说明了土地所有权与矿产资源所有的区分。第二，所谓的有限

---

① 综合考察国内文献，沈莹的《国外矿产资源产权制度比较》一文较早从权利的视角对土地所有权与矿产资源所有权之间的关系处理进行了研究。之后的研究，很多都参考了该文的既有表达。也有把英国归入这种体制的，英国法对于石油、天然气以及煤炭的处理方式，都是其本国立法基本模式选择的例外。

② F. T. Cawood, R. C. A. Minnitt, A historical perspective on the economics of the ownership of mineral rights ownership, The Journal of The South African Institute of Mining and Metallurgy, November 1998, pp. 369-376.

统一仅仅适用于少数的矿种和地区，更多地体现为国家"特事特办"的实用主义倾向，而中央政府才是大部分矿产资源的控制者。所以，将仅有部分特例类型化为一种模式，代表性有限。第三，即使是典型的地矿一体，或者地矿区分模式的立法例，也不是一刀切式的处理。例如，对于砂石黏土等广泛分布且价值相对较低的矿产资源，即使是采用地矿区分模式的国家，对此也往往规定"属于土地所有人"的矿地一体化处理方式。[①]

第二节　美国公有土地矿地关系的治理经验

美国近乎30%的土地以及矿产资源权益属于联邦，另有10%属于州。[②] 根据矿地一体模式的设计，在公有土地的范畴，将美国矿业立法置身于公有土地治理这样一个宏大的命题中，矿业问题势必更为复杂，因此值得梳理两者之间的关系，以资借鉴。

一、美国公有土地治理的实践基础与理念转变

（一）美国公有土地治理的历史脉络与阶段划分

美国公有土地的利用充斥着具有竞争关系的多元利益主体。早期的竞争主要源自移民与原住民之间，以及具有竞争性的权利申请

　　[①]　不同的国家对于砂石黏土等建筑类材料的法律术语可能所有差异。例如，瑞典（landowner minerals）、爱尔兰（non‑scheduled）、德国（free minerals）、芬兰（non‑claimabled）、葡萄牙（mineral masses）等。但这些国家对于砂石黏土等建筑类材料的法律处理是规定土地所有人（landowner）对该类矿产资源拥有所有权。

　　[②]　美国的矿业管理体制是典型的分权负责体制。联邦政府主要负责管理联邦政府所拥有土地上的矿产，以及海岸线3英里以外的海底上的矿产。联邦政府所有的土地主要分布在美国西部地区，包括阿拉斯加州。州政府则主要负责管理州政府所有土地上的矿产，以及沿海所属3英里以内的海底上的矿产资源。参见何金祥：《美国近年来矿业发展与矿产资源管理基本情况》，载《国土资源情报》2014年第5期，第2-7页。

之间。新近的竞争则集中于社区居民与联邦管理之间，矿产资源开发与环境保护之间。各个利益集团使出浑身解数致力于其利益诉求能够上升到立法或者政策的主导，并外化为联邦层面的法律或者政策。美国公有土地利用的各种思考与政策几十年来兴衰成败，往复交替。总体而言，公有土地上矿产资源开发利用的立法与政策尝试可以勾勒为如下三个阶段。①

1. 1787-1891 年：殖民时代

联邦主导矿业政策，推行私有化策略，以产权激励的方式将公有土地授予私人。具体而言，该阶段公有土地治理的政策本质是公有土地的私有化，即将联邦公有的土地以优惠的条件授予私人。此种政策选取具有独特的制度背景，即美国开发西部的大发展时期。西部广袤的土地与稀少的人口成为当时美国政府急需解决的发展问题。为了鼓励人口西进，促进开发，美国选择了私人产权的激励机制。

---

① 关于美国公有土地上矿产资源开发的考察，不同的切入视角，形成不同的阶段划分。例如，依据矿产资源开发的类别与工业化的进程，19世纪美国矿产资源的开发可以分为两个阶段：（1）第一阶段（1790-1860年）是美国工业革命奠基时期，资源开发的重点是对水力、森林和土地等地表资源的粗放利用。（2）第二阶段（1861-1914年）是美国工业革命完成和世界工业霸权确立的时期，自然资源开发的重点是煤、铁、铜等矿产资源。这样的阶段划分可以一直沿用并扩展至今。参见崔学锋：《19世纪美国的自然资源开发与经济崛起：经验与启示》，载《学习与探索》2012年第12期，第88-91页。再如，依据矿业生产指数和人均矿业生产指数的分析，可以分为三个阶段：（1）第一阶段（1870-1942年），在到达人均GDP10000美元之前，矿业生产处于快速上升期。（2）第二阶段（1943-1969年），在人均GDP10000-15000美元，矿业进入减速增长期。（3）第三阶段（1970年至今），在人均GDP15000美元之后，矿业生产进入稳定增长期。参见徐铭辰、岑况、陈其慎等：《美国矿业发展于中国之借鉴》，载《中国矿业》2011年第8期，第11-14页。最后，依据矿业立法与政策的变迁亦有不同的划分。本书考虑到矿产资源开发立法这一主题，采取的此种划分阶段加以阐述。参见：Clawson M. Federal lands revisited [J]. 1983：pp. 15-62.

2. 1891-1964 年：保留时代

联邦土地上矿产资源开发及其限制之间的关系处理成为政策的主线。其中，私有化以及私人产权激励的制度策略已经发生一定的转变。联邦政府依托强大的所有权，通过建立国家公园等方式将部分特定的土地排除在矿产资源开发范围之外。进入 20 世纪以来，环境保护已然成为联邦土地治理无法回避的价值诉求，甚至在一定范围内已经超越矿产资源开发。

3. 1964 年至今：自然保护时代

联邦的法律与政策一度将环境保护标榜为公有土地诸多使用价值选择的卓越地位。如此态度转变的例证在于一系列法案的颁行。[①] 新颁行的法律涵盖了对联邦所有土地矿产资源开发的更高要求，包括但不限于：环境保护标准、开采计划、司法监督、新的权利类型以及公众参与，等等。"决策考虑环境因素，已成为美国联邦机构行政的定规。"[②]

（二）美国公有土地治理的价值转变

考察美国公有土地的治理脉络，经济价值与非经济价值之间的博弈与选择是延续至今的主线。公有土地开发与治理的初期，经济价值显然是制度设计优先考虑的选项。随着社会经济的发展，土地作为生产资料的固有认知开始发生转变，以资源生产为主的传统方式的戏份开始下降，旅游、休闲等新的土地利用方式兴起。早在 1991 年，西部州长联合报告就曾指出："在西部各州，旅游是优先

---

① 主要包括：the Wilderness Act of 1964, the National Environmental Policy Act of 1969, the Endangered Species Act of 1973, the National Forest Management Act of 1976, and the Federal Land Policy and Management Act of 1976。

② 何金祥：《90 年代以来，美国矿产资源与矿业管理若干基本政策的回顾》，载《国土资源情报》2006 年第 9 期，第 30-38 页。

于其他的土地利用方式。"①娱乐和旅游已经有效地取代了商品生产作为公有土地的主要利用方式。② 利用价值的理念转变，使得公有土地，尤其是西部的公有土地以经济利用为第一选择的传统发展模式发生了转变。"二战"之后环保主义开始兴起，环境利益成为公有土地利用过程中无法回避的诉求，③ 并逐步发展成为社会的主流价值，进而得到立法与司法的共同确认。④ 美国公有土地治理（矿产资源开发立法与政策）不同的阶段切换，本质上是国家战略、社会价值以及制度需求等因素叠加变化的结果。

二、美国公有土地治理的政策模型

联邦公有土地的治理与利用是延续至今的重要课题。回顾美国公有土地的治理历史，若干经典的政策模型经由实践的检验，逐步

---

① Scott Norris, Discovered country: tourism and survival in the American West, Stone Ladder Press, 1994, p. 14.

② H. K. Cordell, C. J. Betz, and J. M Bowker, Outdoor recreation in American life: a national assessment of demand and supply trends. Sagamore Publishing, Champaign, 1999, pp. 2-26.

③ 具体原因可能为：第一，社会经济空前发展。人们对于生活的需求不再停留于"量"的追求，对于"质"的需求开始加强。清洁的空气、干净的水、美丽的自然景观成为关注的重点。第二，经济发展方式的转变。以工业化为基础的经济发展模式转向了以科技和服务为基础的发展模式。重工业的重要性开始下降，人们对于环境保护的公共意识开始兴起。第三，城市人口的剧烈增长。年轻的城市人口对于户外经历与环境保护有新的需求。参见：Brent S. Steel, Public lands management in the West: Citizens, interest groups, and values, Praeger, 1997, pp. 3-15.

④ "二战"后，美国就开始把环境和资源保护政策作为贯穿矿业行业的重要宗旨，先后颁布了《地表采矿管理与复垦法》《地下水保护法》《国家采矿控制法》等一系列法律法规，通过环保立法的方式，不断提高环保标准，保护性地开发各种矿产资源。同时，各州政府也相应地建立了一些管理机构，来监督管理矿产开发和环境保护的实施情况，从而为美国矿业的可持续发展提供了重要保障。参见徐铭辰、岑况、陈其慎等：《美国矿业发展于中国之借鉴》，载《中国矿业》2011年第8期，第11-14页。

适应了社会的变迁并融入法律制度。①

（一）产权激励：私有化政策模型

1. 私有化政策模型的兴起与发展

私有化政策模型的核心要素系私有化，即联邦公有产权的私有化。私有化政策模型的兴起具有特定的社会经济背景。② 诸多知名的立法，确认公有土地的私有化条件与程序，促进人口西进与西部开发。最经典的立法例莫过于 1872 年的联邦《通用矿业法》。任何人在公有土地之上"发现"并"标定"有价值的矿产资源后，即可获取受法律保护的采矿申请，权利人可以依据法定程序将之转换为采矿权。历经 19 世纪的开发，西进运动进入下半场，联邦公有土地的私有化政策的适用空间也大幅缩减。尽管如此，作为现行法的 1872 年《通用矿业法》主导的私有化政策模型依然就公有土地矿产资源的开发发挥着作用。

2. 私有化政策模型的改进方案

"大自然的馈赠取之不尽，用之不竭"的理论假设（私有化政策模型），导致公有土地的利用面临"公地悲剧"的风险，资源的

---

① 随着公有土地治理改革讨论的进一步展开，已尘封的政策模型开始复活，新的政策模型也开始崭露头角。也许公有土地法律与政策的大幅调整的时代还未来临，但公有土地改革的种种尝试已经形成了进一步改革的动力。至今，诸多的政策模型当中没有任何一个脱颖而出并占据主导。这些政策倾向在 200 年的时间里有进有退，立足于不同价值追求的制度模型之间的争论旷日持久，但基本的思路从未消失，只是改头换面之后的重新登场。关于美国公有土地治理政策模型的介绍以及梳理，本书主要参考：Robert B. Keiter, Public Lands and Law Reform: Putting Theory, Policy, and Practice in Perspective, 2005 Utah Law Review, November 2005, pp. 1152-1210.

② 19 世纪，美国西进运动期间，西部地区被认为是"土地与矿产资源的获取几乎不需要代价"的财富宝藏。近乎免费的土地与矿产资源，激励了私人投资与开发西部的空前热情。

过度开发与环境的污染破坏等消极影响也逐渐凸显出来。① 私有化政策模型框架内的主要改革方案也应运而生：②

其一，大改方案。主张联邦公有土地彻底私有化。此种方案无疑是 19 世纪美国西进运动时期政策的延续。围绕联邦公有土地私有化的主题，问题进一步拓展至是否全面私有化以及私有化的范围如何界定。

其二，小改方案。主张"公共所有，私人利用"，即在不改变土地公有的前提下，应用市场经济规则实现公有土地的利用。联邦保有公共土地的所有权为基础，寻求以利用为中心的私权架构的法律制度创新。例如，1920 年《矿地租赁法》则属于此。该法使得能源矿产脱离传统矿业立法（即《通用矿业法》）的规制，并重新构建一个崭新的"联邦出租—收取权利金"体系，在坚持联邦公共产权的前提下，提高能源矿产开发过程中联邦收益的比例。③

3. 私有化政策模型的评析与前景

私有化在政府握有大量未开发土地并迫切需要推进发展的时代，具有杰出的意义。私有化与当时自由资本主义以及有限政府，大市场小政府的政治理念相协调。问题是，如此的私有化模型

---

① 免费取得土地与矿产资源的法律设计目的在于使得个人移居者（individual settlers）受益，（如托马斯·杰斐逊所说的自耕农）。但是大公司利用法律规定的漏洞，仅通过少量代价即攫取了大量有价值的土地与资源。上百万英亩的土地从联邦流入私人之手，除却西部开发的先锋定居者，大型公司也是该政策的受益者。Charles F. Wilkinson, Crossing the next meridian: land, water, and the future of the West, Island Press, 1992, p. 22.

② Dale A. Oesterle, Public Land: How Much Is Enough?, Ecology Law Quarterly, June 1996, pp. 531-536.

③ 依照 1920 年《矿地租赁法》的规定，租约一经生效，可以在公有土地之上从事矿业活动。国会以及其他有权机构尊重既有权利的有效性，避免私人权利与自然资源管理目标方面的冲突。鉴于国会欠缺开发矿产资源的实际能力，但又坚持土地所有权的联邦所有，引入私营企业的具体参与则成为可能的改革路径。作为对价，国会获取权利金、税收以及就业岗位。

是否在今天仍然代表了可行的改革方案。① 然而私有化政策的推行
存在可操作性层面的困难，即如何在规则形成与制度设计层面加以完
成。既有的权利人是否拥有私有化的优先权利？ 全盘私有化后的政治
经济后果如何应对？ 如此难以回答且可能无法达成一致的系列问题的
存在成为私有化政策模型（尤其大改方案）难以推行的现实束缚。②

---

① 关于私有化政策的支持与否，存在两种不同的观点。（1）支持论。主要依据：
A. 经济效率。私人所有权相较于公共所有权更具有效率的优势，可以解决公共管理体制的
低效问题。B. 回应公众需求。相较于任何政府机构，市场经济的基本规则使得私人所有权
回应公众需求的时间更为迅速且更具想象力。C. 制度建设与管理规则制定。相较于公共所
有权，私人所有权更利于促动行业管理规则的科学与高效。D. 增加税收。公共所有权制下
的公有土地利用免于征税。E. 削减补贴。公有土地的利用暗含各种补贴，公地私有化之后
则无须补贴。由补贴产生的效率低下可以通过公有资源的私有化解决。（2）反对论，通常
由公有产权论的坚持者提出。A. 私人利益不能等同于公平福利。公共利益是反对私有化政
策模型的首要论据。B. 公共所有权是平等享有联邦公有土地资源的基础。自然资源的最佳
利用方式并非等同于经济价值的实现。私有化将公有土地视为自然资源的银行的政策假设
本身存在错误，精神、美学以及环境方面的价值具有比经济效益更高的价值位阶。C. 抬高
公共资源的享用门槛。私人所有权意味着相应的公共土地权利转入特定的权利人手中，资
本筑成了一道享有资源的阻隔。D. 引发环境问题。私有化的支持者必须回答市场如何处理
非商品价值的协调问题。私有制意味着自然景观的进一步破坏，野生动物迁徙可能面临新
的障碍，资源利用的公众参与也无从保障。E. 长远利益与代际公平。没有证据表明经济利
益驱动下的私人所有权人对于下一代人享用资源的考量。F. 传统习惯与既有利益。西方人
已经长期习惯于自由进入公共土地，该习惯则成为反对私有化政策模型的原因之一。此
外，州以及地方官员抵触联邦能源政策的转变，害怕失去其在公有土地之上的既有利益。
参见：Robert B. Keiter, Public Lands and Law Reform: Putting Theory, Policy, and Practice
in Perspective, 2005 Utah Law Review, November 2005, pp. 1152–1210.

② 有趣的是，私人主导的各种项目实验，促动了公有土地治理的改革。此种方式
并不依赖于法律或者管理体制的改革，而是以市场经济规则实现公有土地保护为目标。
例如，有组织开创了一个放牧租赁收购项目。该项目提供一个以市场为基础的价格，以
期望农场主放弃联邦政府发布的放牧租赁，从而防止公共土地之上农场主与猎人之间的
权利冲突。另一个私人资助项目寻求野生动物栖息地的改善，致力于消除公有土地之上
的私人权利，以更好地保护环境。如此实践说明市场为主导的策略也可能承载更多的公
共资源保护的功能，也可以将经济价值的追求融入生态系统的保护之中。参见：Nancy
A. McLaughlin, The Role of Land Trusts in Biodiversity Conservation on Private Lands, Idaho
Law Review, February 2002, pp. 459–469.

(二) 强调主管机关自由裁量：科学管理政策模型

从 19 世纪到 20 世纪，美国公有土地利用的政策模型也历经了私有化政策模型到科学管理政策模型的切换。林业局（Forest Service）首任长官吉福德·平肖（Gifford Pinchot）基于对市场力量的不信任以及对于其消极影响的忌惮，提出只有专业管理机关，通过科学的管理方式才是维护公共资源高效长久利用的出路。① 吉福德·平肖的理念（utilitarian conservation）得到了立法认可，并发展为"多元利用与永续生产"这一术语（multiple-use and sustained yield）。② 1960 年通过的多元利用与永续生产法（the Multiple-Use Sustained-Yield Act of 1960），正是依据此理念，扩大了林业局的职责范围，将户外休闲、渔业、野生动物以及荒野等内容加以纳入。作为科学管理政策模型的制度配套，立法更多地采用授权立法的策略，给予主管机关充分的自由裁量权，以便其依据专业进行科学决策。

时至今日，科学管理政策模型的缺点在实践中逐渐显露，效率低下问题尤为突出。1970 年，联邦土地法重述报告提出，将多元利用的概念进行改造，突出优先利用（a dominant-use）的思路，如

---

① 1905 年吉福德·平肖（Gifford Pinchot）提出林业局所辖土地应致力于全体美国人民长远福祉的追求，而不是以私人的利益为目标，这仍被视作林业局（Forest Service）的基本章程。参见：Gifford Pinchot, Breaking new ground, Island Press, 1998. Public Land Law Review Commission, One third of the Nation's land: a report to the President and to the Congress, Public Land Law Review Commission, Washington, DC, 1970, pp. 48-52.

② 不论是林业局，还是土地管理局都以多元利用与永续生产作为管理方略。吉福德·平肖先生将该理念首先应用于林业局治下的公有土地，之后该理念扩展适用至联邦土地管理局治下的土地。Kathy Rohling, Mining Claims and Sites on Federal Lands, U. S. Dept. of the Interior, Bureau of Land Management, 2007, pp. 1-11.

此改革需要突出最优使用的哲学。①

但是，科学管理政策模型依然是当前美国公有土地利用与管理的主流模式。具体原因是：第一，政治原因。摒弃或者修改多元利用标准或者科学管理体系的政治共识难以达成。没有任何一个选区可以形成促使国会改革的力量。第二，经济原因。公有土地之上的各个选区在争夺联邦补贴以及利用特权方面存在冲突。相较于制定一个陌生的管理体系，各个选区更希望保留游戏规则，即已经熟悉的既有体系。第三，科学原因。科学在公有资源利用中的作用日益加强。法律提高了科学在管理模式中的作用，不仅引入更多专家进入主管机构，而且在政策制定中授予其突出地位。几乎每个人都认同采用科学的方式制定资源管理决策，尽管各个机构对专家持有不信任的倾向。第四，其他原因。各个选区意识到并且能够利用政策的灵活性谋求自身的利益。②

（三）强调法定规划：2.0版科学管理政策模型③

为回应实际问题与改革呼声，科学管理政策模型发展出2.0版，即强调法定规划。此种政策模型是改革促动与尊重现实之间的折中选择，其更多地被视为过渡阶段的临时措施。一方面彻底的改革策略与思路尚未达成共识，另一方面需要就当前科学管理政策模型在效率等方面的弊端进行回应。因此，在无法推翻科学管理政策模型的前提下，试图通过主管机关规划以及决策科学性的提升寻求

---

① Public Land Law Review Commission, One third of the Nation's land: a report to the President and to the Congress, Public Land Law Review Commission, Washington, DC, 1970, pp. 48-52.

② Robert B. Keiter, Public Lands and Law Reform: Putting Theory, Policy, and Practice in Perspective, 2005 Utah Law Review, November 2005, pp. 1159-1164.

③ Robert B. Keiter, Public Lands and Law Reform: Putting Theory, Policy, and Practice in Perspective, 2005 Utah Law Review, November 2005, pp. 1180-1191.

突破。但这种尝试呈现出如下的缺点：

其一，程序复杂，耗时太长。法定规划的要求使得规划的制定与后续项目的决定变成一个复杂而且耗时的过程。任何重大的公有土地利用决策，都需要完成耗时的法定程序，公众参与、行政诉讼以及司法审查进一步延长了规划制定的时间。各类行政程序的适用使得公有土地利用的决策机关陷于窘境，效率低下的问题仍然没有解决。

其二，成本高昂。法定规划的实施需要巨大的经济成本。最初，林业局满足法定的强制规划要求平均需要两百万美元，而克林顿政府时期则提高到一千三百万美元。效率与成本仅仅是两个突出的方面，此外公众参与、社会公平、生态可持续以及职业问责也是该政策模式的隐患所在。

其三，界限模糊。依托于开放的多元利用概念与相应的法定标准，公共利益与不同利用价值的优先顺位没有明确的处理。尽管该模式依靠具体详细的规划、程序确定资源分配与优先顺位，但是林业局与土地局并没有明确的多元利用选择的层级制度。公众参与程序中，公众的意见是起到参考还是决定作用也没有明确的规定。

综上，仅专注于程序的思路不利于问题的解决，反而留给主管机关在没有联邦制定法的情况下，无法发挥协调各方面利益冲突的主动性。如此多的不确定性进一步说明了该模式仅是过渡阶段的临时措施。公有土地多元利用指导下不同利用方式及其顺位确定这一根本问题依然无法有效应对。

（四）拯救自然：保留主义政策模型

1872 年 3 月 1 日，美国国会批准黄石国家公园设立，标志着保留主义完成了理念到实践的重要转变，开创了联邦公有土地利用的新方式。有趣的是，同样是在 1872 年（5 月），标榜私有化政策模型的经典立法例美国《通用矿业法》通过颁行。制度意义上，即使在私有化政策模型的盛行时代，保留主义的政策模型已然得到立法的确认。矿产资源开发与环境保护同时作为公有土地利用的不同选择方式，时至今日依然纠葛不断。

1. Lucky Minerals 矿业公司勘查纠纷①

2015 年，Lucky Minerals 矿业公司与私人土地权利人（黄石国家公园北边附近）达成协议，进行金矿勘查，遂向州环境质量局提出勘查许可的申请，计划在两年时间内于勘查区块内，平整出 23 个机台，打 46 个孔。此举引发当地环保组织与部分政治家的强烈反对。

2016 年 11 月 21 日，内政部、农业部予以回应：2 年内禁止在黄石国家公园北入口周边 3 万英亩联邦土地（约 120 平方公里）申请新的矿业权，并启动程序考虑延长至 20 年，防止矿产资源开发活动影响黄石国家公园的周边环境。

需要明确的是，联邦政府的决定对在私有土地上勘查的 Lucky Minerals 矿业公司没有直接影响，事件还在进一步发展中。

2. Crown Butte 矿业公司开采纠纷②

20 世纪 90 年代，Crown Butte 矿业公司取得私人土地上的金矿开采权。采矿范围在私有土地上，而 85% 的配套工程建于联邦土地上。1990 年该公司向州政府和联邦政府申请了采矿许可。因为该矿距离黄石国家公园东北角仅约 3 英里（4.8 公里）而引发争议。

时任总统克林顿表态，明确不支持该项目。内政部随后宣布撤

---

① 参见王昊：《青山与金山，在博弈中寻求双赢》，载《中国国土资源报》2017 年 1 月 14 日，第 006 版。

② 参见王昊：《青山与金山，在博弈中寻求双赢》，载《中国国土资源报》2017 年 1 月 14 日，第 006 版。

回该矿周边 1.9 万英亩（77 平方公里）的联邦土地的使用权，2 年内暂停接受新的矿业权申请。Crown Butte 矿业公司迫于压力与政府达成了协议，放弃开采。协议签署时，时任美国总统克林顿亲自出席，并赞扬这是美国成功应对资源开发和环境保护博弈的里程碑时刻。

（五）权力下放：区域自治政策模型①

不论是私有化的政策模型，还是科学管理的政策模型，意味着联邦公有土地利用的过去时与现在时均以联邦主导作为制度基础。此种前提预设，决定了联邦与以各州为代表的地方之间就公有土地利用政策制定与利益分配等层面的博弈。20 世纪 70 年代至 80 年代美国西部各州掀起山艾反抗运动（Sagebrush Rebellion），该运动意在迫使美国联邦政府同意由各州管理公有土地。支持者声称联邦政府对于西部公有土地的所有权并没有合法的依据，联邦应该将权力下放给各州。

区域自治政策模型，是针对联邦主导的公有土地利用模式弊端的回应，意味着联邦权力向州与社区的移交。该政策模型更加强调不同公有土地利用之间的多样性与差异性特征。区域自治政策模型的具体化呈现为两种视角：其一，大改。联邦的管理权下放至州或当地，同时伴随全部或者部分管理权的放弃。其二，小改。决策权的共享，包含不同层级的政府机关与利益相关的不同团体。

---

① 依据 1934 年泰勒放牧法案（Taylor Grazing Act of 1934），国会创设由公有土地上的农场主组成的放牧咨询委员会。该举措被视作管理模式的革命性实验。制度支撑在于承租人的优先续租权与咨询委员会的有限参与。放牧咨询委员会建立的正当性基础在于：第一，熟悉当地实际情况。第二，基于持续利用的自利考虑，避免过度利用。放牧咨询委员会不属于行政机关，无须适用针对行政机关的法案，该措施被视为区域自治的经典例证。参见：Robert B. Keiter, Public Lands and Law Reform: Putting Theory, Policy, and Practice in Perspective, 2005 Utah Law Review, November 2005, pp. 1159-1164.

联邦公有土地利用区域自治政策模型存在着权力由联邦下放至各州或者地方是否会将公共利益置于危险之中的问题。若将政策制定的职责赋予地方实体，那么地方利益在公有土地之上的优势将超过公共利益。国会若将公有土地利用的决策权授予民间团体，民间团体则不需受到行政法的制约。联邦若将公有土地的所有权放权给州或者当地社区，那么联邦的监管体系也将随之终结，相应的法律亦没有了适用的空间。以权力下放为标志的区域自治政策模型，意味着现行法的重构，当前联邦管理公有土地的立法需要大修。

（六）公有土地利用的新探索：混合型政策管理模型①

作为一个大国，美国注意到政策制定需要处理普遍性与地域性的问题。联邦中央集权的公有土地管理体制需要对全国范围内的公有土地统一管理，制定统一规范。但地域性的差异使得统一规范的效果难以保证。故而，因地制宜的公有土地思路管理理念应运而生。设立国家公园、野生动物栖息地以及自然保护区等都属于因地制宜管理公有土地的具体实践。

混合型政策模型的探索其实难以成为一个特定的模型，充其量只是因地制宜策略主导下的实验探索。尽管各个实验的内容与方式存在差异，但其追求的价值目标存在共识：第一，关注地方利益。第二，增强地方在决策中起到的作用。第三，促进保护当地资源与环境。简言之，因地制宜主导的混合型管理政策模型致力于打破主管机关的惰性并创造一个关注地方利益、应对迅速、高效的政策模型。但是，有些实验或者探索在当前政治环境下困难重重：第一，推翻既有的公有土地管理体系谈何容易。第二，可能破坏公平

---

① Robert B. Keiter, Public Lands and Law Reform: Putting Theory, Policy, and Practice in Perspective, 2005 Utah Law Review, November 2005, pp. 1202-1210.

利用，助长狭隘的地区本位主义。

（七）美国公有土地治理的核心问题以及处理策略

美国联邦公有土地治理的核心问题是不同的土地利用方式之间的价值判断与冲突协调。公有土地治理的改革以及讨论围绕资源开发利用与生态环境保护之间的关系具体展开。国会对各种公有土地利用的改革建议采取了审慎的应对策略，更多的时候在合法性的框架内选择沉默。当前各种政策模型的尝试仍然没有打破既有的政策平衡，制度变迁的拐点尚未到来。

1987 年，世界环境与发展委员会在《我们共同的未来》报告中明确提出："可持续发展是既能满足我们现今的需求，又不损害子孙后代能满足他们的需求的发展模式。"可持续发展理念成为一股清流，迅速地渗入并拓展至美国公有土地利用的政策制度当中，并成为美国资源管理部门、环境管理部门和产业经济部门的基本工作方针。[①]

进入 21 世纪以来，美国矿业管理政策从未发生根本性变化，仅是关注重点略微调整，其基本政策依然贯彻如下原则：着眼于全球市场和全球竞争的一体化型管理；确保国家能源安全的安全防范型管理；实现目标途径的科技主导型管理；突出环境与生态保护目标的环境生态型管理；强化发展可再生能源和新能源的战略型管理。[②]

美国能源法专家约瑟夫·P. 托梅因曾深刻地指出：只要能源的生产、利用和价格保持稳定，所谓的可持续发展不过是重宣传而

---

① 可持续发展理念的兴起对美国公有土地利用影响甚大，并迅速落实成为各种行动纲领。关于可持续发展的内容本书不再赘述。参见何金祥：《美国矿产资源政策与管理》，载《地质勘查导报》2007 年 2 月 8 日，第 004 版。

② 何金祥：《美国近年来矿业发展与矿产资源管理基本情况》，载《国土资源情报》2014 年第 5 期，第 2-7 页。

缺少实质的，"新瓶装旧酒"式的混淆视听的策略。① 美国对资源，尤其是油气等能源的依赖决定了公有土地利用中难以回避经济因素的考量，国家对于能源供应安全保障的考虑是公有土地利用考虑的重要影响因子。

第三节　小结：美国公有土地治理中涉矿关系的基本经验及其启示

一、美国公有土地治理中涉矿关系的基本经验

美国基于其自身的国家理念、法治经验、经济体系、土地权属、权利架构等特殊性，在公有土地治理中形成了自己独特的一套有效原理和规则，尤其是实现了国有土地范围内矿产资源开发的法律创制与私权设计。对我国公有制背景下矿业领域的市场化改革以及相应法制的建设与完善而言，美国经验给了我们一定的启发：

（一）鼓励私人开发，强调联邦所有者权益

美国历史地形成了40%的联邦或州的公有土地。从美国实行的基本经济制度考虑，美国联邦或者州避免以政府或者政府组建企业的名义自行开发，而是确立矿业私有化、市场化配置和运行的基本导向，鼓励私人开发。这种制度选择具有政治经济体制的历史惯性，更是世界矿业立法通行的价值选择。鼓励私人开发的目标预设具有其经济合理性与行业特殊性。例如，在油气能源的开发中，仅有3%的钻探油井具有商业价值。虽然石油地质学已经非常先

---

① 参见约瑟夫·P. 托梅因：《美国能源法》，万少廷译，法律出版社2008年版，第55-57页。

进，但发现石油的唯一办法依旧是钻井。但让人难以想象的是，"干井"的数量远远超出出油井的数量，钻探也非常得耗时和昂贵。① 显然，鼓励私人投资矿业具有效率提升与风险控制的双重功能。尽管鼓励私人开发公有土地上的矿产资源，但联邦或者州通过以权利金为核心的一系列制度架构，保障其作为所有者的权益。

（二）认真对待权利，区分权利归属与权利行使

鼓励私人开发"高风险、高收益"并存的矿产资源开发，需要一系列的配套制度加以支持。其中，权利的保障尤为突出，否则鼓励私人开发无从谈起。具体到矿业立法层面，围绕矿业权的得丧变更、具体行使以及持有条件等是规范的重点。认真地对待权利，在美国矿业立法与执法的实践中格外突出。美国立法确认国家公园禁止矿业活动，但 1976 年之前有 6 个国家公园作为例外，允许矿业活动。② 1976 年美国国会立法将这 6 个国家公园也纳入禁止矿业活动的范围，新的勘查、开采活动将被禁止。那么作为历史遗留的合法存在的矿业权如何处理？美国矿业实践的经验是，继续尊重既有合法权利，但提升权利行使的限制以及条件。此种处理策略蕴含着权利的归属与权利行使的区分调整原则。既有的矿业权依据法律不溯及的原则依然合法存在，环境保护以及国家公园保护的预设目标是通过矿业权行使的条件以及程序加以完成。立法规定国家公园内的矿产资源开发活动，适用更加严格的许可程序，使得开发成本激增。如此，矿业权人因为开发成本的考虑，而大幅减少开发

① 约瑟夫·P. 托梅因：《美国能源法》，万少廷译，法律出版社 2008 年版，第 127 页。
② 这 6 个例外是俄勒冈州的火山湖国家公园、阿拉斯加州的麦金利山国家公园、阿拉斯加州的冰川湾国家保护区、加州和内华达州交界的死亡谷国家保护区、亚利桑那州的琴管仙人掌国家保护区、亚利桑那州的科罗纳多国家保护区。参见王昊：《美国国家公园向矿业活动说"不"》，载《中国国土资源报》2017 年 2 月 25 日，第 006 版。

行为。①

（三）坚持平等准入，开展法定规划

公有土地下的矿产资源属于广义公共资源的范畴，美国联邦和州政府处于配置的地位，为了确保公平，引入平等准入原则来决定资源开发的归属。综观美国矿产资源开发不同立法阶段的切换，体现了以价值观为核心的联邦政策转变，但不论如何变化都将平等进入作为矿产资源开发制度配置的重要目标。不论是19世纪《通用矿业法》的采矿申请机制，还是20世纪以来的《矿地租赁法》兼顾申请机制与竞价机制的制度选择，都坚守私人平等准入。②

美国对于公有土地下的矿产资源开采重视科学管理，如何以最为科学合理的方式决定土地利用的方式是主管机关规划的职责所在，其表现就是强化规划功能。规划的意义在于确定公有土地上的多元利用方式的选择问题，矿业、伐木、放牧、休闲以及环境保护等不同的土地利用方式之间存在竞争，因此需要整体规划协调。起初，立法采用授权立法的策略，主管机关基于管理的经验以充分的自由裁量权决定公有土地的利用方式，之后较多运用科学规划政策模型来做出决策。

（四）推行程序管理、公众参与和司法审查

公有土地矿产资源开发中，美国法律非常重视程序规范，推行公平、精确、高效的程序，确保决策的完整性和准确性，同时依赖

---

① 从美国国家公园管理局官网上公布的数据看，目前包括59个国家公园在内的401个各类保护区中，12个保护区里有油气开发活动，15个保护区里共有1100个高风险矿产的矿业权。矿业活动并未从国家公园绝迹，但已经得到全面严格的控制。参见王昊：《美国国家公园向矿业活动说"不"》，载《中国国土资源报》2017年2月25日，第006版。

② 需要说明的是，这种平等进入的机制设计当然不是唯平等而平等，而是仅限于机会的平等，必须结合市场效率即必要的市场竞争。

信息的定期监测，以验证管理决策是否产生了预期的结果。美国还特别强调公众参与，也确立政府问责机制，最终辅助以司法审查，清晰划定上诉权的条件、修正案的程序等。公众参与可以增强公开性与透明性，达到让民众知情和参与民主化决策的最佳效果，政府问责则使得政府行为处于法律压力机制之下，这些监督层面都导致尽可能提高规划与决策的水平和效率。

二、美国公有土地治理中涉矿关系经验对我国的启示

1949年新中国成立以来，通过国有化、集体化运动，在土地方面采取全面公有体制，包括国有和集体所有，如此矿产资源开发就与公有土地治理紧密联系在一起。可见美国与中国在矿地关系的处理上具有相似的制度前提，即土地公有。美国联邦政府保留公有土地的所有权以及其蕴含的矿产资源权益的制度现实与我国当前公有土地与矿产资源权利配置的基本国情类似。但我国与美国采取矿地一体的做法不同，在公有土地所有权之下，又区分出了矿产资源所有权，不过一律都归国家所有，这就导致在处理矿产资源开发时从初始权利架构来说与美国公有土地之下的矿产资源开发又略有不同。

我国当前矿产资源开发实践出现了开发效率、开发权力寻租或官商勾兑、安全生产、环境污染、毁灭式开采和浪费型开采等一系列问题，其中有的是与矿业权配置和运行本身及其监管方面的不足具有联系，有的则直接与我们对矿产资源开发与公有土地治理关系的设计不当相关。这些问题的应对，美国经验能够提供有借鉴价值

的观察视角。①

具体来说，我们必须认真考虑，在处理矿地关系时是否有必要思考如下改进方案：是否应该像美国一样采取"公共所有，私人利用"基本思路？是否应当采取鼓励私人开发的办法，特别是应放宽乃至放开私人资本进入矿业，进而对既有的国企开发效率低的问题给予回应？是否应该采用科学管理，重视规划与监管，并且引入节制性矿产资源开发规划的设计，以当前矿产资源产能过剩作为规划基调，致力于既实现矿产资源保护的基本国策，又充分地利用国际市场完成供应？是否应当增进程序规范，鼓励公众决策参与，确立政府问责，提供诉讼机会，确保政府监督机制的建设及完善？

---

①　中国的法治实践以及法律移植证明，比较法资源的运用存在诸多的局限性，本土资源发掘的重要性已经成为共识。但是不能以此彻底否认比较法资源的本身价值。美国公有土地治理，尤其是矿业立法的相关经验，不能孤立地比较，而是将其置于美国的法治实践的大背景之下加以考虑，如此意义上美国经验难以机械式地照搬，但其蕴含矿业规律的基本设计以及处理公有产权背景下矿产资源开发的思考与尝试值得参考。

第六章　矿产资源开发私法机制的理论建构：偏私型公私综合法论

第一节　我国现行矿产资源法理论基础革新的必要性

我国现行矿产资源开发的法律体系整体架构最初脱胎于"国家所有、国家经营和政府管控"的基本模式。自 1978 年改革开放以来，这一模式由逐步推进的建立社会主义市场经济目标所牵引，向加大市场化配置和运行方向不断变化，但是从总体来说仍然困难重重。我国现行矿产资源开发法律制度与私法机制架构现状，揭示了其立法基本取向仍然是以强化行政安排为主导，私权市场化配置不足，存在国家管控与鼓励市场两种价值理念前重后轻的设计。当前《矿产资源法》在立法理论、基本内容、设置逻辑和私权保护等层面都存在不足，突出表现是私法化机制的主导定位和运行保障的制度设计不足的问题，由此导致实践中矿产资源开发私法机制动力不够，私权配置、运行和保障屡屡缺失。

一、《矿产资源法》的立法定位尚需适应性调整

我国现行《矿产资源法》的起草工作开始于 1979 年，受制于当时单一计划经济模式，以及对于矿业商品经济立法的理论研究和

法律观念的薄弱，自然使得《矿产资源法》中许多法律规范与后颁布的其他相关法律产生了矛盾。其实，在我国矿业部门一直都是实行计划经济最彻底、最典型的领域。矿产资源勘查开采活动由国家统一计划，矿产资源勘查开采活动由国家计委统筹安排，矿产资源的开发利用以及组织实施则由地质部门具体负责。矿产资源勘查开采活动没有非国有经济成分参与，国家直接组织和管理矿业经济。① 尽管1996年修法以来，矿产资源法暂时性地满足了发展矿业市场经济在制度层面的最低需求，但仍难以适应矿产资源市场化改革的实践。市场对于配置资源的决定作用，需要借助完整的产权制度和通畅的流转制度得以实现，没有完整意义的产权制度，市场的决定作用的发挥也无从谈起。

我国现行矿产资源法律制度最重要的缺陷体现为立法定位，即主要是以行政管理法为本位而加以对待，强调矿产资源开发的管理。现行通说将《矿产资源法》界定在行政法的范畴之内，即认为"《矿产资源法》仍然是一部以行政管理为主导思想的立法，其目的仍是维护和保障矿产资源的管理秩序"。② "矿产资源立法伊始即定位于行业管理法。行政权必然占据其立法的主要空间这一点矿产资源立法发展至今仍未发生根本转变。"③ 我国矿产资源法定位的考察要从我国20世纪的资源立法谈起。始于20世纪80年代中期，我国启动了一系列的资源立法，集中力量解决资源管理无法可依的状态。自1984年《森林法》颁布以来，依自然资源的不同类

---

① 参见赵凡：《合理利用矿产资源是根本宗旨——国土资源部原副部长蒋承菘谈地矿行政管理历程》，载国土资源部网站，2017年12月1日访问。

② 高富平、顾权：《我国矿业权物权化立法的基本思路》，载《法学杂志》2001年第6期，第72页。

③ 张璐：《〈矿产资源法〉修改中的"权证分开"问题研究》，载《甘肃政法学院学报》2010年第11期，第65页。

别，我国相继制定《草原法》《渔业法》《矿产资源法》《土地管理法》以及《水法》。从这一意义上说，我国矿产资源法的管理法或行政法定位，不完全都是理论指导的结果，也有部门立法机制的原因。矿产资源法的起草受特定的历史时期限制的先天不足，也是造成矿产资源法成为行业管理法以及后天制度畸形的重要原因。此外，由矿政主管部门主导立法的特殊机制容易导致重视部门管理权的自然选择，忽视市场主体的基本权利。

二、《矿产资源法》中矿业权设置虚化与私法机制缺失

与立法定位相适应，我国现行矿产资源法对于开发问题采取了保守的私法机制架构设计，体现为私权市场化配置不足、不合理以及虚化问题。矿产资源法的私法机制置于资源公有和政府管制的计划供给模式之下，所谓矿业权（含探矿权、采矿权）市场配置和运行处于公权强力约束之下。从立法上说，矿业立法体系表现为强化行政安排为主导，而私权配置和运行空间极为受限。

从形式上来说，我国现行矿产资源法基本上还难以完全摆脱行政管理法的影响，既有模式至今尚未真正走出资源公有和政府管制的计划供给模式，矿业权（含探矿权、采矿权）市场配置和运行基本还停留在公权强力约束阶段。虽然矿产资源法明定了探矿权、采矿权，基本建立起了新中国的矿业权制度，但是仍然存在矿业权依附于行政权，缺乏稳定性以及可转让性的制度问题。而此类制度的缺失，正是行政权力强势、私法机制不足在矿产资源领域的集中体现，更有违"私法主治才是法律的本质要求或内在基础"

的法治原理。①

　　从实质来看，则是关于这一领域的理论思路和制度设计方案尚未完成真正以私权驱动为主导机制的朝向合理市场化的根本转型。具体来说，目前在这一领域的制度与实践中，"权力划拨权利""管控制约经营"依然是当前矿产资源开发（俗称矿业）法律制度的主要问题。现行矿产资源法关于矿业经营权的审批、矿山企业设立的审批以及矿产资源财产权设立三大法律机制的取得程序极具束缚性。1996年《矿产资源法》修改已经意识到将矿产企业设立、矿业准入行政许可以及矿业权蕴含的财产权捆绑式的一体化设置过于僵化，不利于矿业领域市场化改革持续深入。因此，此前主导矿产资源法修法的原地质矿产部《关于〈矿产资源法修正案〉的汇报提纲》指出："采矿权的审批和开办矿山企业的审批性质不同，前者是矿产资源管理，后者是矿山企业管理。属于不同的法律调整范围，合而为一，既不利于矿产资源管理，又不利于矿山企业管理。"② 严重忽视市场化合理配置，是上述法律制度问题的集中体现，也是当前有关理论研究与实际运行诸多困境的症结所在。

三、《矿产资源法》理论基础反思之评议：尚未完成的理论重构

　　我国上述矿业实践、立法定位和制度机制症结的实质根源，最终表现为目前有关矿产资源立法的理论基础所具有的缺陷问题。
　　我国的矿产资源法一直以来奉行源自苏联的国家管控论，强调

――――――――――

　　①　龙卫球：《法治进程中的中国民法：纪念〈民法通则〉施行20周年》，载《比较法研究》2007年第1期，第103页。
　　②　国土资源部地质勘查司：《各国矿业法选编（下册）》，中国大地出版社2005年版，第1181页。

国家对于矿产资源开发的管控，而不是鼓励矿产资源市场化利用。1950 年政务院《矿业暂行条例》在规定"全国矿藏，均为国有"的基础上，曾经将"矿产资源国家所有的基本原则以及矿业投资多元化的精神"在立法层面予以确认，但是基本的管控体制使得这种投资多元化的作用难以发挥。① 随着国家很快进入高度计划体制和社会主义改造，这种规定也就形同虚设了。此后几十年在矿产资源开发领域，我国实施了国家严格控制方略。1986 年，《矿产资源法》颁布时期，虽然已经置身改革开放背景下，但是矿产资源市场化配置和利用的观念尚未崛起，依旧延续了我国矿业立法一直以来秉承的国家控制的基本方略。从国家控制的功能与价值定位着眼，通过国有企业掌控矿业权进而实现对矿产资源国家控制的方略在我国尤为明显。对于矿产资源的开发，国家一方面垄断矿产资源的初始产权配置，另一方面则通过授予国有企业矿业权的方式，具体控制矿产资源的开发以及收益。现行的矿产资源法保障"国有矿业经济的巩固和发展"的既定目标，将"国有矿山企业界定为开采矿产资源的主体"，个人对于矿产资源的开发则被严格限制在"零星分散资源和只能用作普通建筑材料的砂、石、黏土以及为生活自用"的范围内。② 由此可见，我国矿产资源法律制度及其私法机制完善的前提，首先应从理论层面进行根本革新。

我国矿产资源法学理论领域，对现行矿产资源法遵从的管控本

---

① 矿业法制史专家付英认为，《矿业暂行条例》具有"利用多元经济力量更快地恢复矿业生产，为社会主义改造和建设提供物质基础"的特定历史功能，而"出让财产时，不得以矿藏或执照作价交易，审批探采矿时，特别重视探矿采矿计划、投资概算和分期生产预计，达不到工作计划标准时给予一定处分"等规定具有浓烈的计划经济色彩。参见梁明哲：《立法思想与实践的闪光——就新中国矿业法制史访中国国土资源经济研究院副院长付英》，载中国国土资源网，2014 年 2 月 12 日访问。

② 参见：《矿产资源法》第 4 条、第 35 条之规定。相比较 1950 年《矿业暂行条例》基于恢复经济的考虑，还鼓励私人办矿。

位论做出了诸多反思。就理论层面而言，在市场化理念下，提出了公私二元兼顾论、私权基础论等理论革新思路。这些理论都试图改变现行矿产资源立法的管理法定位，使其向私权化方向发展。所谓公私二元兼顾论将矿产资源法以行业法为基本定位，赋予其公私综合法的界定。公私二元兼顾论的划分依据在于对当前矿业立法中问题的求解，坚持公私法二元区分综合调整的基本思路，承认矿业权之私权属性，强调以矿业权"物权化"为目标展开制度改进，另外必须同时认真对待矿产资源的国家管理必要性，继续保持和加强矿产资源的公法系统，走公法、私法协同规制的道路。① 私权基础论则以完全私法化为方向，将矿产资源法定位为"私权本位法"。② 应该说，这两种学说具有明显的进步意义，为矿产资源法的修正提供一种可能的正能量。不过，从理论力求完善和可操作性的角度来讲，各有一些瑕疵。公私二元兼顾说，对于矿产资源的特殊性和多种功能追求采取了平均主义的见解，而没有就矿产资源内部的公私法规范的功能进行定性和定量比较；私权基础论虽然正确看到了私权的分量，但是过于理念化，私权的简单定位，不能承载当今社会复杂条件下矿业权设计所需要实现的多种功能目标，忽视了从功能整合的角度做出更加全面的定位和制度安排，无法从根本上满足当前矿产资源开发法律制度革新就理论支撑和对策选择合理论证的需求。

---

① 公私法二元兼顾论的主要论者参见：李显冬：《溯本求源集——国土资源法律规范系统之民法思维》，中国法制出版社2012年版，第498-499页。郇伟明：《矿业权法律规制研究》，法律出版社2012年版，第27页；朱晓勤、温浩鹏：《对矿业权概念的反思》，载《中国地质大学学报（社会科学版）》2010年第1期，第89页。

② 私权基础论兴起于中国改革开放的时代背景，主要是由我国民商法学者提出，其代表人物有江平教授、崔建远教授等。私权基础论基本观点是坚持矿业权之私权化。这一论点的主张，主要通过这矿业权的概念与性质之争来表达。

第二节　矿产资源立法的理论基础重建： 偏私型公私综合法论

我国矿产资源开发实践中种种与正当私法化调整相背离的"违法"乱象和"秩序"危机，凸显了现行矿产资源开发制度应加深私法化完善的理论研究和改进相关规范设计的必要性和急迫性。矿业实践存在许多突出的主体利益矛盾、违法乱象以及法律适用困惑，这些问题的形式根源在于制度设计本身。也就是说，我国现行以《矿产资源法》为中心的矿产资源法律规范体系本身存在诸多不足，包括立法定位、法律机制、法律技术在内等方面均未严格地按照矿业经济的运行规律设定。现实中矿产资源相关的各种利益需求并不因为法律设计的忽视而无动于衷，于是直接的后果就是法律功能不足甚至失调，私人开采动力不足，矿产资源配置失调，矿业运行秩序失效，私权保障严重缺失。除却法律规范层面的形式根源，如何适应《矿产资源法》由曾经的政策驱动式的计划经济理论预设，到以市场经济作为前提的法律主治的理论架构的转轨，则是矿产资源开发法律规制"乱象"与"危机"的理论根源。

一、矿产资源立法的公私法综合性及其成因

（一）功能定位的复合性

在比较法观察意义上，西方矿业立法的基本功能是促进具有经济价值与社会价值的矿产资源的勘查与开采，并确保价值较高的矿

产资源由国家所有或者控制。① 矿业立法由于其综合性，在调整多元利益关系方面具有得天独厚的优势。美国、加拿大、澳大利亚、德国和法国，都通过专门的矿业立法，揽括政府的各种矿业政策。大多数矿业立法规范要点主要包括如下方面：（1）提供合法进入土地的依据以及授予探矿权与采矿权的条件。（2）征收特别税和赋予特定的义务。（3）制定安全条例。（4）授权特定的国家机关执行矿业立法。② 不同于大多数矿业发达国家，1991 年南非矿产资源法（1991 Minerals Act）没有财产法的功能。该法的主要目的在于规范矿产资源的勘查、合理有序地开采与利用以及土地复垦。矿业权所涉及的法律问题是私人之间的法律事务，国家希望发挥私法制度的调节功能。③ 矿产资源法或矿业法通常在其规则体系里面，对于不同利益冲突设置了处理办法，但是也有不清晰的时候，这时就要引入政策评价和政策比较机制，进行利益权衡。

从功能主义的角度着眼，矿业立法是规范矿产资源开发的主要工具。作为促进矿产资源开发的主要工具之一的矿业立法，将矿产资源的勘查与开采界定在一个法律划定的框架内。广义上矿业立法包含矿产资源开发的法律架构，不仅涉及矿业权的授予，也包含土地利用规划、安全生产和环境保护等规范；而狭义的矿业立法则通常仅包括矿业权的授予。其中，矿业立法的核心内容在于确定探矿权、采矿权获取的基本框架，关键之处在于处理权利的取得，权利

① 这种功能定位并非像人格权、所有权、营业权那些理念性权利那样，后者的定位是人格尊严、财产自由、营业自由等与个人主义思想有关的社会价值。James Otto, John Cordes, The regulation of mineral enterprises: A global perspective on economics, law and policy, Colorado: Rocky Mountain Mineral Law Foundation, 2002, p. 51.

② James Otto, John Cordes, The regulation of mineral enterprises: A global perspective on economics, law and policy, Colorado: Rocky Mountain Mineral Law Foundation, 2002, p. 8

③ 参见：李国平、李恒炜、彭思奇：《西方发达国家矿产资源所有权制度比较》，载《西安交通大学学报（社会科学版）》2011 年第 2 期，第 38-48 页。

的性质、义务以及权利的消灭。此外，矿业立法是贯穿落实矿业政策的核心工具，而矿业政策的关键在于确定矿业在多种土地利用方式中的位阶，其主要内容为是否将矿业作为社会的基础活动而优先于其他土地利用方式。①

矿业立法的基本功能内涵，决定其法律机制具有一定的综合性，一方面是通过私权化配置刺激私人开发，对应为矿业立法的重点在于矿业权的授予以及规范；另一方面又考虑矿产资源价值较高的特殊地位，保留国家的控制功能，前者体现为私法规范形式，后者则体现为公法规范手段，即对矿业立法授予的权利进行限制。所以，矿产资源法律规范基本上可以从公私法二元区分的视角给予划分，一是针对矿产资源的支配、利用、收益和处分的问题，包含矿产资源所有权和矿业权，属民事规范范围；二是伴随矿产资源的开发而产生的市场准入、生产安全、市场秩序、环境污染等问题的处理，属于公法规范形式的范畴，事关国家对矿业活动全过程的监督管理。②

矿产资源法在形式上表现为一种具有一定程度综合性的立法，最重要的原因是其法律功能定位的复合性。矿产资源法虽然以开发为重心而采取特别私法定位，但其私法属性主要是系于市场化配置和利用为目标的功能设计，而不是像一般民法那样系于更纯粹的私性理念，且其内部存在多种功能的复合，国家管理在矿业立法中的分量并非可以忽略，矿产资源作为特殊资源，同时涉及国计民生、社会分配正义、厉行节约和有效开采等重要价值纬度，因此其

---

① 大多数的矿业立法并没有确立土地利用的顺位，但也有例外。例如，墨西哥矿业法（the Mexican mining legislation 1992）确定矿产资源的勘查与开采具有优先于任何其他土地利用方式的效力。

② 参见张璐：《〈矿产资源法〉修改中的"权证分开"问题研究》，载《甘肃政法学院学报》2010年第11期，第68页。

公法调整方面绝对不可忽视。

（二）规范对象的复杂性

矿业立法的综合性，也一定程度上来自矿产资源开发活动的复杂性。这种复杂性从宏观与微观两个层面得到了充分的体现，既包括矿产资源涵盖的众多矿种的不同开采，又涉及各个矿种开采的难度纵深。

首先，复杂性表现在宏观层面。数量巨大的不同矿种的广泛存在造成了矿产资源开发活动的复杂性。不同矿种在勘查与开采方法的迥异客观上造成了矿产资源开发活动的复杂性。例如，油气资源的勘查、开采与金属资源的勘查、开采方式截然不同。目前，我国已发现的矿产资源有 171 种，即使不涉及 171 种勘查与开采方式，但也因为矿种的具体差别而需要相应的勘查与开采的方法。不同矿产地的地质水文特征也造成了矿产资源开发活动的复杂性。平原、山地、丘陵、河流、湖泊等不同的地质特征使得矿产地的自然基础千差万别。因此，不同地质特征的矿产地的勘查与开采无疑增加了矿产资源开发的复杂性。

其次，复杂性也表现在微观层面。矿产资源的开发，是包含从勘查到开采再到矿山关闭的完整产业链。[①] 矿产资源开发最大的复杂性来源于勘查阶段。通过技术手段探测地壳里面埋藏了多少储量的矿产资源本身就相当复杂，倘若加上人为的操作因素的误差，会使得探矿工作更加复杂。比如，勘查储量时打钻孔数量的不同，会导致地质报告中资源储量出现不同变化。"从发现一处矿床到进行

---

① 一般意义上，矿产资源的开发遵循如下步骤：（1）探矿，寻找可能存在的矿床；（2）勘查，确定矿床的蕴含量和范围；（3）定量估算矿物的品质和埋藏范围；（4）进行可行性研究，决定是否有开采价值；（5）对矿山建设进行经济规划；（6）开发，建设矿山，开采矿物；（7）精选矿物；（8）恢复由于开采造成的土地破坏。具体参见张钦礼等：《采矿概论》，化学工业出版社 2009 年版。

开采可能需要 10-15 年的时间，而勘查项目中仅有千分之一最终可以开采。"① 此外，矿产资源的开采，涉及陆地与海洋这样截然不同的地质环境。就陆地矿产资源的开采，主要分为地下开采和露天开采两种。露天开采将对地表环境造成巨大破坏，而不同的施工方案对环境的破坏又不尽相同，地下开采如何施工则与矿藏利用效率、矿场安全等问题紧密相关。勘查活动通常作为暂时性的土地利用活动存在，尽管勘查也会留下一些可见的印记，如钻井。勘查并不属于土地利用方式，但开采属于土地利用方式，开采通常对土地具有剧烈的冲击。

矿产资源法这种以规范特定事业为对象的立法，人们称为行业法或产业法。行业法的划分不同于以社会关系作为基础的部门法分类，原本属于不同法律部门的规范基于行业这一目的走到了一起。随着"未分工的法和社会"向"分工社会"的演进，传统的部门法划分不能适应行业法制发展要求的弊端凸显出来，以社会关系作为着眼点的部门法无法满足日益精密化的不同行业的法律规制需求，特点鲜明且各自独立的不同行业对于法律规则的制定提出"行业特色"层面的特殊要求，"社会越成长，行业愈成熟；同时，法治愈发展，则行业法愈发达"。② 行业法使得部门法"一个有机的行业法整体受到割裂，以至于不能看清其整体面貌"的弊端得到了有效的解决。③ 行业法并不是完全地脱离于部门法划分而存在的，每个行业的法律规制都需要不同的部门法规范共同作用，"一国法律体系内部并不如过去理解的那么简单，它不只是由部门法构

---

① 国土资源部地质勘查司：《各国矿法选编（下册）》，中国大地出版社 2005 年版，第 829-830 页。

② 参见六本佳平：《日本法与日本社会》，刘银良译，中国政法大学出版社 2004 版，第 288 页。

③ 孙笑侠：《论行业法》，载《中国法学》2013 年第 1 期，第 56 页。

成。如果说部门法是法律体系的块，那么行业法就是法律体系的条，一国法律体系只有在条块结合的情况下，才是立体的、生动的、丰满的"。①此处的公法与私法的划分显然已经不是法律本身的划分，而是具体到法律关系的划分。②

（三）利益主体的多元性

矿产资源立法的综合性和多功能复合的特点，导致矿产资源的开发是一个多元主体参与、多方利益博弈的复杂过程。③矿业法专家亨特（Hunt）敏锐地指出，矿业立法的历史显示了土地所有权人、矿产资源所有权人、矿业权人以及国家之间的利益互动。④按照传统的立法例，矿业立法的规范描述是："创建清楚明了的矿业权的取得、转让以及终止条件。用法律术语界定矿业权利人的权利内容、矿业用地、行政管理以及任何矿业权人受制于其他矿业权人、政府、土地使用权人以及土地所有权人而产生的义务。土地利用与环境保护的问题可能在矿业立法中涉及，亦可能由单独的立法规制，也存在二者兼具的情况。安全与健康问题往往由单独的立法予以规制。"⑤矿业立法需要协调的利益依据归属主要表现为：国

---

① 孙笑侠：《论行业法》，载《中国法学》2013 年第 1 期，第 55 页。

② 正所谓"公法与私法的划分ศ论，区分的价值本质在于法律关系的区分，而不是构成法律系统本身的分类，即国家和私人在整个法律体系中是不可分割的法律主体，只是在具体的社会关系中具有各自的法律规则和法律特点"。参见梅夏英：《当代财产权的公法与私法定位分析》，载《人大法律评论》，法律出版社 2001 年版，第 223 页。

③ 国家作为矿产资源所有者的经济利益及其作为公共利益代表者和维护者的管理义务、探矿人和采矿人的经济利益以及广大民众的环境利益附着在矿产资源勘查开采活动中并交织在一起。参见刘卫先：《对我国矿业权的反思与重构》，载《中州学刊》2012 年第 2 期，第 66 页。

④ Michael Hunt, Government Policy and Legislation Regarding Mineral and Petroleum Resources, Australian Law Journal, November 1988, p. 846.

⑤ Thomas Wälde, Mineral Development Legislation: Result and Instrument of Mineral Development Planning. Natural Resources Forum, May 1988, pp. 175–180.

家利益、投资人与矿业权人利益、土地所有权人利益以及当地社区的利益等。土地利用与环境保护利益也是影响矿业立法的重要方面，同时也影响着矿业权利的行使，所以矿业作为土地利用的一个方面，还需要协调处理土地利用与环境保护立法之间的关系。

亨特（Hunt）具体列举了这些多元主体利益的情况：（1）避免或解决土地利用之间的冲突。因矿产资源开发造成的损失，给予土地所有权人或者占有人合理的补偿。（2）保护环境，使其免受勘查、开采以及加工矿产资源的负面影响。（3）保护矿地社区的基本权益，维持他们的基本生活方式。（4）保障国家作为矿产资源所有权人的合法权益（国家拥有矿产资源情况）。（5）提供私人投资矿产资源勘查与开发的政策激励。（6）确保所有的当事人预先了解游戏规则。（7）确保权利人在遵守相关规则的情况下，勘查与开发矿产资源权利的安全与稳定性。（8）加强矿产资源国家所有的知识宣传。[1] 也就是说，矿业立法要处理好利益冲突各方之间的平衡。矿业立法的准备、起草以及解释阶段需要处理的关键问题几乎无一例外地涉及矿业权人、矿产资源所有权人以及土地所有权人之间利益冲突的解决。不同利益相关者之间的权利以及行使顺位的协调，需要国家层面的规则予以规范。更多新的利益相关者，如地方性或者全球性的非政府组织，也开始加入矿业开发活动的利益竞技场之中。近几十年矿业投资得到了更多的青睐，矿产地的利益需求与新的利益相关者的利益诉求开始受到法律或者政策制定者的重视。

我国《矿产资源法》目前主要以行政管理法定位，体现了一定程度的综合性，而矿产资源开发活动中的多元利益主体也对其法律规制提出了综合调整的需求。矿产资源法涉及的不同利益主体，如

---

① Hunt M W. Mining Law in Western Australia [M]. Federation Press, 2009, pp. 2-9.

矿产资源所有权人、探矿权人或采矿权人。依据不同的利益诉求，主要有经济利益与非经济利益之分。前者主要关注从经济利益的方面关注矿业权设立、变更以及消灭的全过程。至于后者则是更广范围上的法益，可能依据环境保护法律而存在。通过公共参与或公益诉讼等实现利益的博弈与平衡。

我国矿产资源开发利益分化的背景，起源于矿产资源市场化改革。矿产资源社会主义市场经济建设与市场化改革的推进，使原来计划经济体制下一体化的总体性利益格局被打破。[①] 首先，国家没有能力总揽全国范围内矿产资源的勘查与开采。矿产资源勘查与开采在资金、技术等方面的高要求、高风险也使得国家不可能或者不适宜将所有的矿产资源都探出来、采出来。其次，国家虽然主要通过国有企业承担起矿产资源勘查与开采的具体实践，但市场化的推进使得一部分民营性质的矿山企业参与其中。最后，矿产资源开发的整个链条，越来越受到多种新价值诉求的影响。例如，近年来环境保护类的利益诉求日益高涨，各种环保类的非政府组织与政府间的合作组织开始兴起，并成为新兴的利益主体。但是具体到矿业开发项目而言，具有实质性影响的当属核心利益相关者，即不同层级的政府机关、矿业公司以及矿区（包括土地权利人）。

如上所述，矿产资源开发活动是涵盖多元利益主体在内的动态平衡过程，其中多元化的利益诉求与价值目标使得单纯依靠私法或者公法的调整难以实现。此等意义上，公私法综合调整可谓回应矿业实践制度需求在法律技术层面的必要选择。

[①] 在计划经济体制下，计划与命令主导矿产资源开发的全过程，勘查由国家出资的勘查队具体负责，采矿则由国有矿山具体负责。从勘查到开采，再到矿产品的分配依靠无偿的划拨，市场机制没有发挥作用的空间。

二、矿产资源立法的"偏私性"特点

根据巴顿（Barton）的观点，"矿业立法的历史是迷人的，但这不是研究它的唯一原因，而是因为对于当今的土地和政策具有重大的意义"。[①] 关于矿产资源开发法律规制的最早规定可以在希腊城邦的立法中寻得踪迹。罗马法对于矿产资源开发已经比较发达，在这些领域不仅刺激了采矿法的自身发展，还由于采矿组织问题导致了法人制度的最初萌芽。[②] 基于发生学的视角，西方矿业发达国家的矿业立法最早表现为私法制度，核心要点在于矿业权的配置。之所以如此，是因为矿业立法的主要任务在于为私人投资矿产资源的勘查与开发提供规则框架和激励动因。据威廉姆斯（Williams）的观点，一个好的矿业立法与管理制度应该致力于促进私人企业对于矿产资源的勘查与开发。[③] "二战"之后，全球范围内的矿业法改革主要集中在国家所有权以及控制。矿业国家之间的持续竞争，尤其在 20 世纪 70 年代之后，对矿业立法与政策产生了巨大的冲击。西方矿业立法鼓励多元主体开发矿产资源，刺激将矿产资源转化为财富的做法，在 20 世纪 90 年代一度达到高峰。不少国家进行了矿业法改革，其动因就在于促进探矿与多元投资，其重要抓手之一往往是私法机制的设置。此外，这一时期，国际矿业投资竞争的日益激烈，也促使许多国家做出矿业立法改革，并出台各种激

---

① Barton, B. The History of Mining Law in the US, Canada, New Zealand and Australia, and the Right of Free Entry.

② 古罗马一般由富有的骑士阶层组成开矿、采盐等商业社团，如金矿社、银矿社或采盐社等。参见［意］彼得罗·彭梵得：《罗马法教科书》，黄风译，中国政法大学出版社 2005 年版，第 39-40 页。

③ John P. Williams, Legal reform in mining: Past, present and future, in International and Comparative Mineral Law and Policy: Trends and Prospects, Kluwer Law International, 2005, pp. 37-39.

励措施吸引国际投资者。矿业立法的基本历史脉络，阐释了私法机制设计在矿业立法中的基础地位，依托于公法机制的多元价值的植入需要以私法机制作为机体，以矿产资源开发中的权利配置以及限制作为具体抓手，从而实现公法机制的运行。

立法技术层面，矿产资源立法作为公私兼顾的行业法，应该具有偏私性的特点。在其民事规范和行政规范混合的体系中，矿产资源法的核心是私法机制主导，以确立探矿权、采矿权的取得和运行为规范重点，旨在建立一种鼓励多元主体开发矿产资源的法律机制。涵射到中国矿产资源立法的实际境域与具体实践之内，特定历史时期计划经济体制以及立法选择导致了当前矿产资源法私法机制虚化与缺失的"历史旧账"。现行《矿产资源法》"仍然没有摆脱矿业权对行政权力的依附，因而缺乏稳定性的、难以充分流动的市场要素制度建设，以至于影响了矿业权制度在市场配置矿产资源过程中充分发挥其应有的作用"。[①] 尽管 1996 年矿产资源法针对市场经济方向进行过一次适应性的调整，但行政审批和严格管控为主线的管控本位论理念以及在此指导之下的法律规制模式没有得到根本的转变，以公权力为主导的"重权力，轻权利"的立法格局并没有得到实质性的调整。正是鉴于我国矿产资源法正处于从计划经济转向市场经济的转型阶段，且矿业领域计划经济的印记深厚以及相关法律应对滞后的现实，需要适应市场经济发展的私法机制发挥应有的配置资源的基本功能。从功能主义的视角切入，公法功能的发挥更多地依赖于对私权的规范以及限制得以实现。换言之，私法机制是公法价值实现的传导工具，公法规制成为私权行使的必要限制。

---

① 李平、黄英男：《中国矿业联合会高级咨政委员会建议尽快修改〈矿产资源法〉》，载《中国矿业报》2013 年 7 月 31 日，第 A01 版。

正如上述矿业立法的基本规律以及中国特色的立法实践共同决定了我国矿产资源立法具有"偏私性"的特点。

但是这种偏私性仅仅是程度上的偏私性而已，是回应我国矿产资源立法私法机制缺失的理论支撑。其实，矿产资源立法无论从功能上还是实际制度配置上，都要展现国家对于矿产资源管理功能的兼顾，辅助以不同程度体现国家利益、社会利益以及资源节制配置等考量的各类必要政策安排的公法机制。一个国家的矿业立法除了规范矿业权的取得问题，或多或少地涉及其他一些问题的解决，如与矿业有关的税收、环境、健康、安全以及进出口等方面。

三、当代矿产资源立法的新添功能与行政规范性的增强

不同历史时期的经济理念影响着矿业立法以及其承载的政策目标。矿业伴随着工业革命的兴起完成了其在经济活动中角色定位的崛起。矿产资源开发从初期的唯一追求经济利益，逐渐演变为多元的价值追求。随着时代进步，在矿业立法上，经济价值在某些特定的情况之下甚至不再是最高的价值选择。环境保护理念的崛起，使得矿业立法呈现出所谓的私法公法化趋势，大量的公法内容进入矿业立法。沃德（Wälde）因此声称矿业立法的规定缺乏一致性，相互冲突的规范随处可见，如环境保护法与矿业立法的冲突。[①] 很多国家有降低矿业在土地利用中位阶的趋势，国家森林公园、水土保持、工业、农业用地以及城市发展用地等似乎成为更具吸引力的选择。[②]

奥特（Otto）与科德（Cordes）认为，在今天，判断一个国家

---

① Thomas Wälde, Mineral Development Legislation: Result and Instrument of Mineral Development Planning. Natural Resources Forum, May 1988, p. 180.

② James Otto, John Cordes, The regulation of mineral enterprises: A global perspective on economics, law and policy, Colorado: Rocky Mountain Mineral Law Foundation, 2002, pp. 2-13.

对于矿业在诸多土地利用中的顺位，往往可以从如下问题考察：禁止矿业的区域设置，竞争性利用冲突的解决，土地所有权人或使用权人的权利以及补偿，土地通行权，社区居民的土地利用，等等。① 近二十年来，经济、环境以及安全逐渐成为矿产资源开发政策特别是能源政策的三大基本目标。具体到我国，矿产资源的开发也无法回避效率、环境与安全"三座大山"。《矿产资源法》"合理开发利用"以及开采矿产资源"遵守国家劳动安全卫生规定"和"防止污染环境"的要求已然意识到或者致力于三大价值目标的实现。②

现代矿业立法的基本框架，根据内特（Naito）、雷米（Remy）以及威廉姆斯（Williams）的观点，主要包含政府获取矿地的条件、勘查开采的权利与义务、环境保护、会计等。③ 简言之，现代矿业立法的功能在于促进如下目标的实现：第一，促进矿产资源的勘查与开采。第二，规范冲突利益的协调与平衡。第三，将可持续发展理念践行于矿产资源的开发之中。与此同时，矿产资源领域的国际竞争，导致加强本国矿产资源控制的意识。近年来，文化与社会层面的理念开始对矿产资源开发的管理产生冲击。有观点预测，未来的矿业立法的重要驱动在于对生态、社会以及经济可持续发展的导向。

现代矿业立法，根据具体的内容与规定，大量采取了由行政机关主导或者推进的产业立法的方式，这些行政性规定在当代矿产资源的开发中发挥了积极的引导作用。环境保护与矿山安全则是矿业

----

① Otto J 与 Cordes J 在其论文中以举例的方式说明了矿业立法对于土地利用给予的关注与规范。具体参见：James Otto, John Cordes, The regulation of mineral enterprises: A global perspective on economics, law and policy, Colorado: Rocky Mountain Mineral Law Foundation, 2002, p. 13.

② 参见：《矿产资源法》第3条、第31条以及第32条。

③ Koh Naito, Felix Remy, John P. Williams, Review of legal and fiscal: frameworks for exploration and mining, Mining Journal Books Ltd, 2001, pp. 18-20.

立法追求的重要目标，具体内容方面能源立法则是重点，尤其是促进能源的合理化利用。如上的价值目标难以通过市场实现，行政法机制则弥补了这一缺失。以日本为例，其现行涉矿类法律，诸多公法规范隶属于"产业法"的范畴，并不是简单地以传统意义上的公法或者私法的形式出现。其中，日本在矿产资源开发以及利用方面的立法体系架构中，行政法机制在促进矿产资源开发非经济价值目标实现方面就扮演了积极的作用。①

表12　纵向梳理：日本具有现行法律效力的矿产资源相关法律②

		矿业法
第一类	属于工业类的矿产资源相关法律	矿山保安法
		金属矿业等矿害对策特别措施法
		深海底矿业暂定措施法
		贵金属管理法
第二类	属于工业类的能源相关法律	石油及可燃性气体资源开发法
		石油代替能源开发导入促进法
		能源使用合理化相关法
		液化石油气安全及贸易合理化法
		确保石油储备相关法律

---

① 参见姜雅:《日本的主要涉矿法律及其下位法（上）》，载国土资源部网站，2012年12月20日访问。

② 依据《日本国宪法》国家正式法律可以分为11大类。分别是：行政法、裁判法、民事法、刑事法、社会法、产业法、知识产权类、环境法、外事类、旅游类、其他类。其中，《产业法》下面又分通则、农林水产业、工业、金融保险业、建筑业、运输业、电力通信业七个大类。与矿产资源和能源相关的法律主要集中在《产业法》下面。其中，矿产资源和能源相关的法律被划归在工业分类中。关于采石及环境恢复等方面的法律则都集中在《环境法》相关的分类中。从这样的法律分类中，可以看出日本对矿业和环境保护的理解。具体数据与内容参见：《日本的主要涉矿法律及其下位法（下）》，载国土资源部网站，2012年12月20日访问。

		采石法
第三类	属于《环境法》范畴的 矿产资源相关法律	资源有效利用促进法
		砂砾采取法

表 13 横向梳理：按调整对象的分类归纳①

与地质调查相关的法律
与矿产资源勘查开发相关的法律
与矿山环境和矿地复垦制度相关的法律
与矿山安全相关的法律、规则
与矿业用地制度相关的法律
与能源集约利用相关的法律

---

① 参见姜雅：《日本的主要涉矿法律及其下位法（下）》，载国土资源部网站，2012 年 12 月 20 日访问。

第七章 矿产资源开发法律机制的制度改进："偏私型公私综合法论"的展开

第一节 矿产资源开发立法的改革思路及其评价

一、两种改革思路

学者已经普遍认识到，我国现行《矿产资源法》受制于 20 世纪 80 年代经济体制转型的特定历史局限，这些局限的核心就是《矿产资源法》法律架构不清晰、私法化程度太低，具体包括：对国家的政府角色和所有权角色不加明确区分；过分强化管理权对于矿产资源的配置，忽视市场配置资源的基础作用；忽视矿产资源的资产属性，对经济效率问题重视不足；矿业经营存在所有制歧视；片面空洞地强调国家利益，忽视私人财产权的保护；单纯强调对自然资源的利用，忽视对生态环境的保护；缺乏有效的执法监督手段；等等。学者在上述诊断的基础上，提出了两种改革思路：

（一）区分立法说

以康纪田教授为代表，提出矿产资源开发立法应该采区分立法的策略，分别就产权部分和管理部分制定不同的法律，即"矿"与"业"分别立法，并针对我国传统矿业制度特点只见"矿"不见"业"的实际，主张立法应侧重以"业"为主的法律关系的调整。

"具体将传统采矿权分解为物权性质的'矿'和开采行为的'业'，将'矿'并入私法的物权系列，由民法调整。其中以'业'为主的准入制度设计，具体包括行政特许设置与矿山企业设立制度，则单独立法给予规制。重构一部以维护公共利益为主要目的、以业为基本对象、对矿产动态物权进行限制、为公权力设定边界的《矿业管理法》。"①

（二）统一立法说

多数学者认为，矿产资源法应该立足行业法的特点进行统一立法，修改的重点是立足私法化改造，强化私权配置和运行。具体到与现行《矿产资源法》的关系，又有两种主张：一种观点以中国政法大学李显冬教授为代表，认为未来的改革可以考虑通过对现行《矿产资源法》的修改入手。中国矿业联合会委托中国政法大学国土资源法律研究中心承担的《〈矿产资源法〉修改关键问题研究》课题"《中华人民共和国矿产资源法》修改建议及说明"指出：本轮矿产资源法修改着重两个要点，其一，《矿产资源法》和《物权法》规定的衔接。其二，《矿产资源法》与国土资源部一系列市场配置矿产资源的改革尝试相衔接。修改建议采取"小改方案"，涉及 23 个法律条文的立、改、废。具体包括 10 个条文的修改，6 个条文的删除，13 个条文的新增。上述修改、删除以及增加的条文内容涵盖了对于矿产资源国家所有权、矿业权人的利益保护，矿产资源国家所有权的行使，矿业权设立（矿业权出让），矿业权登记，矿业权的转让，矿业权的抵押，矿业权的出租，矿业权征收等

---

① 康纪田教授认为，中国现行《矿产资源法》的诸法合体，导致产权保护和社会管制都处于计划体制下的人治状态，阻碍了法治的进程。矿业法单列是必然趋势，完成转变观念和机制等前期工程是单列的条件。具体参见康纪田：《让矿业法独立于矿产资源法的法治价值》，载《资源环境与工程》2006 年第 6 期，第 730-734 页。康纪田：《以社会管制为主的矿业立法初探》，载《甘肃行政学院学报》2009 年第 3 期，第 109-115 页。

内容。①

　　另一种观点则比较激进，认为现行《矿产资源法》存在根本局限，必须重起炉灶，"矿产资源立法中的私权化和矿权的市场化进路不失为求解之道，有条件的情况之下制定系统的《矿权法》亦未尝不可。《矿产资源法》的单纯修改难以实现脱胎换骨似的契合市场经济，在《物权法》基础上制定一部《矿权法》则是可能的求解方向"②。

二、评价

　　上述两种观点对于现行《矿产资源法》缺陷的看法大体一致，所有观点都赞成矿产资源立法改革应加大私法化方向，同时赞成矿产资源法存在公私法规范并存调整的特点。所不同的是关于制定法形式的分歧。区分说看重传统的公私法规范的立法渊源区分，不赞成公私规范文本合一；统一说支持矿产资源法作为行业法或公私综合法可以合一。此外，有关观点对于现行矿产资源法的可改造性判断不同。前文已经述及，上述学者或者是以私权基础论为立足，或者是以公私二元兼顾论为立足，因此两种观点不管立场如何，由于本身过于私权理念化或过于公私平均化的局限对于矿产资源法的私法机制问题尚未能从内在功能多样的复杂性方面给予客观定位。

　　本文赞成将矿产资源法纳入行业法或产业法范畴统一立法，并应以矿产资源开发为重点加以规范，同时其法律架构应在强化私法

---

　　①　感谢中国政法大学李显冬教授提供《〈矿产资源法〉修改关键问题研究》课题的相关资料，相关资料尚未公开发表。
　　②　石江水：《矿产资源立法的私权化进路分析》，载《河北法学》2012 年第 3 期，第 112-113 页。

化的基础上做到适度的公私兼顾,这种兼顾背后是有关矿产资源特殊性的多种价值政策融合,最终体现为一套包括多元主体利益的关系规范。

第二节 我国矿产资源开发私法机制架构的改进重点

目前,我国矿业经济持续深入的市场化改革,要求矿产资源开发法律制度的持续跟进。未来的制度架构重点应以本书所言的偏私型公私综合法论为指导,并在私法机制主导,兼顾公法调整的框架之内具体展开。从现行制度的短板出发,两方面都存在重新调整的迫切性,其中私法制度层面的制度改进更为急迫,需要在权利配置、运行以及保护等环节精准发力。可以见得,以理顺多元利益关系为牵引,在区分权利运行与权力运行基本结构的框架内,强化私法机制建设是我国当前矿产资源开发法律机制架构的改进重点。

一、矿产资源开发立法的原则重塑

(一)偏私型公私综合法论制度实现的意义

矿业经济关系国计民生的基础地位以及长期以来根深蒂固的管控本位,使得该领域的改革,尤其是市场化导向的进一步深入改革尤为审慎。尽管 1996 年《矿产资源法》为适应矿业领域的市场化,进行了一次适应性的小幅调整,但根本机制依然保有计划经济色彩浓厚的管控体制。市场化作为我国矿业经济持续发展的重要动力已经达成自上而下的共识,并且以中国特色的方式加以推展。尽管《矿产资源法》层面二十多年未曾大改,但矿政主管部门的行政立法实验以及司法实务已经在具体的矿产资源开发与管理实践中寻求事实上的新突破,其中矿业权转让环节的步子尤为明显。于法有据的改革框架，要求矿产资源开发治理完成由政策驱动向法律主治模式的切换。因此，偏私型公私综合法论的贯彻具有多层级的意义。

其一，立法定位层面，"偏私型"的贯彻是对我国当前矿产资源法定位问题争议的集中应对。管理法的基本定位难以适应矿业领域市场化改革的目标。①

其二，私法机制以及规则的设置应成为矿产资源开发立法的基本骨骼。长期以来的管控本位体制使得我国矿产资源立法中私法机制以及私权规则的供给严重不足。另外，实践中的定型化经验有赖于上升为法律。

其三，矿政管理机制实现的管控性目标需嫁接于私法机制加以完成，通过对私权的设立、变更以及消灭等节点的介入以及影响完成调整模式的转型。

（二）矿业权法律设置财产权功能的独立化：从"权证合一"到"权证分离"

我国矿业立法与制度转型的紧迫任务是以行政权为动力的管控主导机制向以私权驱动为主导的公私综合法调整机制的转型。从制度来说，加大矿业权配置和运行的私权化设计是当前矿业权法律机制改进的重点。1996 年矿产资源法修改以来，以探矿权与采矿权为核心的矿业法律制度得以建成，但矿产资源法私法机制供给的严重短缺以及行政权力对矿业权实际运行的强势介入，致使私法机制极为脆弱。特别是将矿业权与行政许可捆绑过紧，矿业权设置和运行被管理机能基本吸收。

考察我国矿产资源法以及配套规定的规范形态，矿业权的法律

---

① 参见高富平、顾权：《我国矿业权物权化立法的基本思路》，载《法学杂志》2001 年第 6 期，第 72 页。

设计虽然在形式上采取了私法权利的外观，但是其取得、变更以及行使与行政管理关系密切，并呈现为私法形式与行政管理相互交织的复杂规范形态。其中最为突出的是，《矿产资源法》中的矿业权是捆绑着矿山企业设立的审批、矿业经营权的审批以及矿产资源财产权设立三大要素的法律设置。如此设计，致使矿业权从归属到利用乃至保护均需要同时满足物权、行政许可甚至矿山企业资格等不同法律关系调整规则的最小公倍数。以管控本位论为理论基础的现行《矿产资源法》就矿业权的设置有着特定的历史背景。其一，现行《矿产资源法》尽管于 1986 年颁行，但其主要的创制始于 20 世纪 70 年代，私法意识尚未崛起。其二，立法技术层面尚未形成先进经验的必要积累，尤其是大范围的民商事立法尚属缺位。究其立足点，矿产资源法矿业权的法律设计是强化管控而不是突出私权配置，形式上可以通过适当的改造作为出让或转让标的所谓矿业权，本身虽然蕴含财产权、行政许可乃至矿山企业的设立三重含义，但本质上更多地体现为行政分配的格局。

我国矿产资源法私法机制的升级与完善，究其要点是将矿业权的法律设置改造，需完成由“权证合一”到“权证分离”的重置过程，[①] 调整既有矿业权设置中用益物权、行政许可以及矿山企业设立等因素集为一体且联动配置的模式，实现矿业权设置由三位一体到各自独立化的切割式转变。其中“权”集中反映矿产资源开发过程中的物权配置问题，独立化设置之后的矿业权不再受到各种不同类型规则最小公倍数的叠加限制，减负之后的矿业权将迈出矿产资源私法机制重构的第一步。而“证”则侧重开发能力的管理与规

---

① 参见张璐：《〈矿产资源法〉修改中的“权证分开”问题研究》，载《甘肃政法学院学报》2010 年第 11 期，第 68 页。

制，代表的是从事矿业活动的行为能力，确保具体实施勘查或者开采等矿业活动的主体具备矿业专业技术能力的即可满足"证"的要求，至于权利的归属，以及投资主体等并非其关注的重点。

矿业权法律设置从"权证合一"到"权证分离"的技术性处理，使得原本同时集结于矿业权的且不同的权利与权力运行系统得以区分，从而完成矿业权的财产权功能的独立化重置。突出以物权为基本内容且独立化之后的矿业权适用私法规则，行政权为基本内容的矿政管理则适用公法规则，正是回应了公私综合法调整的理论指导。其中，私法机制的搭建与完善是矿产资源开发法律机制改进的第一步，反映了"偏私性"的特点。

（三）矿业权管理机制的市场化转型：走出以禁代管的惯性

鉴于矿产资源的重要价值和特殊性以及我国矿业立法的选择，国家兼具所有权人与管理人的双重角色。其中，矿产资源开发的经济价值更多的以所有权制度加以规范，而非经济性的价值目标以及矿业政策的落实则更多地依赖于管理权，而国家所有权与管理权两种身份混同是当前矿产资源开发治理困境的重要原因。矿业权市场化建设作为矿政管理改革的方向稳步推进，但管理机制的转型仍显迟滞。其中，矿业权转让制度的规制思路烙有明显的以禁代管的惯性烙印，矿业权转让的严格限制对于矿产资源开发多元价值目标的实现并非卓有成效，甚至管理权对矿业权市场化运行的过度介入反而会产生消极的影响。

从制度功能总体定位来说，加大矿业权配置和运行的私权化是相关制度的解困之路，区分权利运行与权力运行是厘清国家在矿产资源开发中角色固定的关键要素，将涵盖诸多元素的矿业权进行功能重造，即剥离行政许可与矿山企业资质，完成矿业权私权化的改造，进而以矿产资源开发中所有权与管理权区分作为制度建设的问题意识，围绕两条主线完善我国矿产资源开发的私法机制，同时完成既有矿政管理体制的转型升级。

1. 矿业权的设立、续展、变更以及消灭是矿产资源开发私法制度建设的基本构成。其中剥离行政许可因素的矿业权坚持"权证分离"的前提，实现其私权化意义上的得丧变更。矿业权的归属与矿业权的实行（即矿业资质）解除捆绑，矿业权人就从事矿业活动行为能力的欠缺完全可以通过其他专业的矿业公司加以补正。

2. 加强矿业权行使阶段矿政管理的深度介入，确保非经济价值目标的实现。矿业权的不同生命周期，私权与公权承载的重点不同，具体角色也呈现差异性。矿业权的设立与续展紧紧围绕矿产资源国家所有权展开，是以矿产资源国家所有权作为权利起点的。对于矿业权的变更与消灭阶段，关注的核心要点已经从矿产资源国家所有权转变为国家对于矿业经济的管理权。

二、理顺多方主体的利益关系

矿产资源开发牵涉多方利益主体关系，需要从各种需要执行的正当政策机制出发，对其加以合理的体系化设计，其观察视角可区分为权利运行结构和权力运行结构两个部分。

（一）权利运行结构

矿产资源开发中权利运行呈现一种纵向结构分析，涉及四个基本的权利层次，矿产资源国家所有权，矿业权（探矿权与采矿权），矿山企业准入权，特定资源产品上的物权。这种体系源自西方矿业发达国家的"国家出租—收取对价"的体系，进行了中国化的改造。即首先确立一种分离于土地的矿产资源国家所有权作为前提。国家无法亲自行使矿业权的事实促使国家通过矿业权实现矿产资源的开发，国家将针对特定矿产资源开采并取得相应矿产品的权利以矿业权的形式让渡出去。与此同时，国家通过矿业出让收益获得补偿，以求实现国家作为矿产资源所有权人或控制人的利益。针对矿业的税收则不属于权利运行体系，即不属于矿产资源国家所有权实现的形式，而是属于国家基于经济社会管理者而拥有的征税权。

1. 矿产资源国家所有权

我国宪法和民事法律规定，自然资源实行国家所有的所有权制度，其规范形式就是确立国家所有权概念并将之作为所有权的主要形式以实现对重要资源和财产的国家垄断。我国《宪法》和《物权法》都确立了矿产资源归国家所有，并由此确立了矿产资源国家所有权。① 矿产资源国家所有权被界定为"民事权利""物权"以及"完全物权"，是指作为所有者的国家依法对矿产资源享有占有、使用、收益、处分的权利。②

矿产资源国家所有权的确立，意味着《矿产资源法》权利结构的两个重要前提：其一，我国立法将矿产资源与土地切割，分别赋予所有权，因此产生复杂的矿地关系。其二，矿产资源实行国有，也就是说，矿产资源国家所有权的初始法律配置具有"唯一性"的红线，排除了矿产资源在未与土地分离前可以通过其他所有

---

① 不论是自然资源国家所有权"双阶构造说"，还是"三层结构说"都蕴含"民法所有权"且"与物权法上的所有权无异"。即使是自然资源国家所有权的公权说，也无法对其民法所有权的功能视而不见，只是表述的方式与理论层面处理的手法存在差异而已。例如，巩固教授主张"自然资源国家所有权公权说"，其"资源物权"概念的引入无疑讨论的是自然资源国家所有权在民法上的意义。参见税兵：《自然资源国家所有权双阶构造说》，载《法学研究》2013 年第 4 期，第 17 页。王涌教授认为："宪法上的自然资源国家所有权的规定本身即包含私法上所有权的内容，它可以直接在私法关系中适用，直接产生私法效力。"具体参见王涌：《自然资源国家所有权三层结构说》，载《法学研究》2013 年第 4 期，第 48 页。巩固：《自然资源国家所有权公权说》，载《法学研究》2013 年第 4 期，第 19 页。

② 李显冬：《矿业法律实务问题及应对策略》，中国法制出版社 2012 年版，第 15 页。

权类型而承认。至于矿产资源国家所有权的性质，学术研究的争议颇大，尚难达成共识。①

2. 矿业权（采矿权和探矿权）和企业准入权（矿业经营权）

2007 年颁布施行的《物权法》明确了探矿权与采矿权"用益物权"的法律地位，为三十年来我国矿业权由公法性的"行政许可"向私权性的"物权"转变的机制转轨提供了法律层面的依据。矿产资源国家所有权的"唯一性"特征决定其无法流通，因此无法通过矿产资源所有权的移转完成市场化配置。于是，立法为矿产资源的市场化配置设计了专门的法律管道，即矿业权（探矿权、采矿权）。通过矿业权这一机制使得市场主体可以从国家手中取得勘查、开采的授权。《物权法》第 123 条明确了矿业权（采矿权、探矿权）用益物权的属性，无疑可以理解为"沟通民法内部的通道，即从民法意义之上的矿产资源所有权到用益物权的渠道"。②

矿产资源开采具有复杂性，经营者需要一定的条件保障，同时

---

①　学界关于矿产资源国家所有权性质的讨论涵盖于自然资源国家所有权性质的讨论之中。鉴于研究国家所有权的海量文献资料，作者重点以 2013 年 5 月 12 日在《法学研究》编辑部举办的"自然资源国家所有权理论研讨会"和《法学研究》第 4 期"自然资源国家所有权专题研究"的系列论文以及评议作为主要参考文献。如此选择的原因除却海量文献处理难以短期实现外，还基于本次研讨会集中了当前学界对于自然资源国家所有权理论研究的前沿资料。学者对一般自然资源所有权的概念在主体、客体、内容、行使、救济与责任等方面的认识研究的同时，也对其性质有争论，但通常归为具有特殊性的民事权利。例如，孙宪忠教授认为，自然资源国家所有权的研究应"重回民法的思路"。崔建远教授认为，"否定民事权利属性，将其划归宪法上的或其他法上的或法外空间，民事权利的运行规制、救济方法就全部派不上用场，对自然资源的实际利用者不见得有利"。谢鸿飞教授指出"可以通过解释民法文本回应自然资源所有权的特殊性"。薛军教授则支持"我国的自然资源国家所有权制度是一个民法层面上的制度，在物权法对其作规定不存在任何体系上的问题"。参见：《法学研究》编辑部举办的"自然资源国家所有权理论研讨会"的学者评议，载《法学研究》2013 年第 4 期，第 62-79 页。

②　参见彭诚信教授于 2013 年 5 月 12 日在《法学研究》编辑部举办的"自然资源国家所有权理论研讨会""自然资源上的权利层次"的发言，载《法学研究》2013 年第 4 期，第 65 页。

基于矿产资源开采受到必要的监控的考虑，于是在矿业权之外，法律又设计了开采主体的资质要求。这一部分被称为矿业经营权或矿山企业准入权。

此处补充一点关于矿业权性质存在的一些争论。[①]

其一，矿业权属于用益物权的新类型。针对自然资源利用的物权化，应作"非对物采掘类"与"对物采掘类"的类型化处理，基于矿产资源属于可消耗物的特殊性，应将采矿权归为"对物采掘类"资源使用权，王家福教授形象地称为"消益物权"。[②] 如此，矿业权的取得被理解为"财产所有权同他物权分离的一种表现，其性质近于不动产出租"。[③]

其二，矿业权（主要是采矿权）的本质为矿产资源的所有权。康纪田教授认为："采矿权并非用益物权，（矿产权）是国有特定矿产所有权的自物权，即所有权。"[④] 具体论证路径为：国家按照总体规划，将欲开采的、已勘查查明的一定区域某种类矿产资源特定为矿产，此时矿产资源国家所有权特定之后转为特定矿产的所有权，然后依民法的所有权进行规制。[⑤] 王世军教授也持有类似观点，认为"采矿权实质上是以使用权的名义取得了对矿产资源的所

---

① 矿产资源的开采作为耗竭性的使用行为引起用益物权理论的排异。最为突出的问题则属于"采矿权行使之后，无法返还原物"造成了所有权和他物权之间"弹力性"丧失的问题，违反了用益物权的基本架构原理。对此，学界就矿业权的物权化给予了积极的讨论。

② 参见税兵：《自然资源国家所有权双阶构造说》，载《法学研究》2013年第4期，第17页。

③ 曲格平：《环境与资源法律读本》，解放军出版社2002年版，第223页。

④ 康纪田：《采矿权并非用益物权的法理辨析——与中国政法大学李显冬教授商榷》，载《时代法学》2008年第2期，第89-96页。

⑤ 参见康纪田：《试析采矿权物权设置的失误——对〈物权法〉第123条的剖析》，载《广西政法管理干部学院学报》2008年第1期，第51页。

有权",① 针对煤炭资源的开发，目前通行的用益物权模式，采矿权包括了取得煤炭资源所有权的权能。②

3. 矿产品的所有权

矿产品所有权的概念设置是在既有的矿产资源国家唯一所有权框架内，矿产资源权利市场化配置的解释论处理。矿产资源的开采引发的法律变化在于，"矿产资源"到"矿产品"的转变。"矿产资源为不动产，矿产品为动产，当矿产资源被人类劳动从地壳中分离之后，实现了从不动产向动产的转变。"③ 具体到法律制度层面，由于矿产品所有权没有国家专有的限制，所以可以通过市场主体的意思自治投入市场当中。矿业权（主要是采矿权）在此，不仅获得开采的权能，而且具有导致矿产品所有权取得的法律效果。所以一般认为规定矿业权本身就同时包含了矿业权人自动取得开采出来的矿产品所有权的应有之义。另外的法律解释是，可以适用物权法关于用益物权人取得孳息的规定，作为资源物矿产品的所有权直接被作为用益物权的采矿权吸收。

（二）权力运行结构

国家在其矿产资源所有权人的角色之外，同时也是管理人。鉴于矿产资源的重要价值和特殊性，国家同时需要运用其管理权进行必要的管控，以实现国家的矿业政策目标。过去我国存在将国家所有权与管理权两种身份混同使用的管矿机制缺陷。单纯从管理权行

---

① 王世军：《我国矿业问题的制度及其分析》，载《中国矿业》2005年第4期，第26页。

② 参见谢鸿飞教授于2013年5月12日在《法学研究》编辑部举办的"自然资源国家所有权理论研讨会""通过解释民法文本回应自然资源所有权的特殊性"的发言，载《法学研究》2013年第4期，第75页。

③ 吕忠梅：《论矿产资源所有权的实现》，载《中国环境法学年会》，武汉大学出版社2001年版，第152页。

使角度看，矿产资源法同时存在一个权力运行结构系统。这一系统区别于国家作为所有权人对矿业权的设立、续展、变更以及消灭的介入，后者属于矿产资源开发私法机制的基本构成，可以通过剥离行政许可因素，坚持"权证分离"为前提，使得矿业权实现其私权化机制上的得丧变更。

矿业权运行的不同生命周期，所有权与管理权承载的重点不同，具体角色也呈现差异性。在矿业权的设立与续展上，是围绕矿产资源国家所有权展开的，是以矿产资源国家所有权作为权利起点的，管理权的介入集中于矿产资源开发的规划等公共目标。在矿业权的变更与消灭阶段，关注的核心要点已经从矿产资源国家所有权转变为国家对于矿业经济的管理权。

其一，矿业权转让环节，也即矿业权二级市场的建设，矿产资源国家所有权由于设置了用益物权（矿业权），故而退居幕后，让出主角的位置。此阶段需要集中处理管理权对于矿业权转让的介入时机与深度。

其二，矿业权的消灭阶段是当前我国矿产资源开发公法规制的薄弱环节。将矿业权消灭按照通常意义上的私权消灭来处理，将面临环境保护方面的巨大风险与压力，应成为国家管理权强势以及深度介入的重要环节。

2009 年瑞士"人文主义者对话中心"基金会发布的《为了和平的自然资源谈判：所有权、控制和财富共享》报告强调："所有权虽是整个自然资源法律制度中的重要因素，但并不当然能解决自然资源的管理、规划、管制、受益等实质问题。"[1] 对于我国矿产

---

① 王涌：《自然资源国家所有权三层结构说》，载《法学研究》2013 年第 4 期，第 61 页。

资源开发的法制建设，需要迫切处理的问题并非矿产资源国家所有权，[①] 而是针对矿产资源开发的管理、规划、分配、管制、受益等问题。作为一种策略，暂且回避矿产资源所有权的理论争议，可能是明智之举。

三、推行矿业权出让机制市场化

推行矿业权出让机制市场化，是矿产资源法强化市场化机制的关键之一。矿业权的取得，在我国也称矿业权出让，核心是采矿权出让。在我国实行矿产资源国有的情况下，国家将拥有或者控制的矿产资源授予谁勘查与开采，是需要处理的首要问题。

（一）矿产资源开发私法机制的主体强化：从单一性到多元化的转变

中国经济体制市场化转型的问题同样适用于矿业权市场建设，其中矿业权市场主体的多元化培育尤为突出，关乎矿业权市场化改革的效果。计划经济机制之下的矿产资源开发依赖于计划指令，其本身排斥市场机制。矿业权市场化改革的本质在于矿业领域的市场化转型，固有的管控本位的治理惯性与制度烙印在一定程度上成为矿业权市场主体单一化的原因。2010年以来国土资源部推进矿业权有形市场建设、交易平台探索，矿业权网上交易也成为矿业权市场化改进的发力方向。与之对应，矿业权市场的主体得到一定程度的丰富，甚至新形态的市场主体开始形成。需正视的是，既有的矿产资源开发体制，对国有企业和国有资本投资的依赖非常严重。节制乃至控制民营资本进入矿业的既定政策目标，说明了矿产

---

① 矿产资源国家所有是宪法、物权法以及矿产资源法等一系列立法反复重申的基本原则，是我国矿产资源开发的首要基本原则，对此并无争议。

资源开发依然驻足于计划经济时代的管控体制。

制度设计层面，对采矿权的取得与开发资质的捆绑，意味着同一矿业权主体需要兼具资本与技术两项要素，即权证一体的开矿体制，严格限制了矿业市场的准入以及多元市场主体的培育。其中，作为矿产资源开发核心主体的勘查与开采环节，国有矿企业的单一化趋势较为明显。尤其是矿产资源的勘查阶段，地勘单位的市场化改造尚在进行，民营资本参与的积极性有限。尽管在砂石粘土等小矿范围内，民营矿山企业占有较大的比重，但仅仅停留于矿业权的数量层面，在质量方面尚显不足。

此外，矿业实践中与勘查和开采配套的服务性质的市场主体培育依然不足。多元化的矿业权市场主体的引入确实对矿业开发效率的提升作用明显，可以在保留特定矿种以及特定矿区的前提下，调整原有的矿产资源开发立法机制的偏向，考虑由政府牵引的开发模式向依靠市场主体的开发模式转型，设置鼓励民营企业或民间资本进入矿业开发，将鼓励民营企业开发和投资作为矿业立法与矿产资源开发机制架构的重要价值取向。

国家所有权具有一定的特性，那就是国家本身代表全民的利益关系。因此国家矿产资源所有权的行使，就应区别于私人所有权，应受分配正义原则的限制。由此推论即应该采取平等准入原则出让矿业权。平等进入矿业的机制设计，并不是当然的唯平等而平等，而是仅限于机会的平等，保持必要的市场竞争以及促进市场效率则是平等进入的重要考虑因素。具体到我国矿产资源开发中，所有制歧视尤为明显，非国有矿山企业法律仅作为国有矿山企业的补充存在，平等准入更是无从谈起。行政性垄断以及行政权力的不当干预设置有"高门槛"与"玻璃门"，阻碍了市场主体的平等进入。

矿业权市场不可能是纯粹的市场，基于过度开发与掠夺性开发等乱象，矿产资源开发的科学规划尤为重要。这一部分可以理解为所有权人的社会义务，也可以归入国家作为管理人的管理权范围。考察我国当前的矿产资源法，尚未涉及规划的相关规制。针对矿业权的出让，诉讼类型的规范和诉讼条件的明确以及放宽等环节亦需要改进，至于公众参与程序的设计以及司法审查的监督更多地停留于意识阶段。此处由于过多地涉及专门性的公法机制架构以及司法制度的衔接等问题，笔者基于论题集中以及篇幅有限的考虑，不做展开。

（二）探矿权出让机制改革

1. 探矿权设置的意义

探矿活动不同于采矿，其本质在于它是采矿权的前提，没有矿产资源的勘查，何来开采。从经济运行的原理出发，探矿的本质其实可以理解为一种风险投资，探矿权人在投资之时，并无把握一定可以找到有开采价值的矿产，但一旦找到了矿，探矿权人可以通过开采行为并以矿产品实现回本与盈利。当然，探矿权人也可以将地勘成果出售给他人，或者以地勘成果入股等方式获取利润。矿产资源越来越"隐蔽"，发现新的矿产资源愈发困难。矿产资源的自然属性以及勘查本身的不确定性与高风险性使得矿产资源的勘查对技术与资金的要求越来越高。制度功能之上，鼓励探矿是矿业权私法机制设计的重要制度功能。德国、日本以及我国台湾地区的立法例规定，通过矿床说明书证明"有价值矿藏"可供开采，即可获取采矿权，美国法亦设计有类似的引导私人开发矿产资源的驱动机制。当前我国矿产资源的开发依托国有地勘单位与国有企业的现状，对于市场功能发挥的限制影响明显。

所以，探矿权的经济价值与能否发现可供开采的矿产资源密切相关。探矿活动其实是探矿权人与矿产资源所有权人之间的一个"对赌协议",如此博弈过程可以发现双方的别样心态:其一,探矿权人。探矿本身与其说是权利,还不如理解为义务。探矿权人希望凭借其专业的技术、足够的资金以及可能的运气等诸多因素的合体实现矿产资源的发现。但矿产资源的发现本身不产生直接的经济价值,探矿人具有获取其勘查到的资源之开采权的强烈制度保障需求。其二,矿产资源所有权人。矿产资源所有权人需要以不确定是否蕴含矿产资源作为出让探矿权的前提。若有明确的指向或者巨大的可能,矿产资源所有权人对于探矿权的期待则降低很多,更为期待通过采矿权变现。因为,探矿权与采矿权的经济价值存在巨大差异。将采矿权按照探矿权出让,所有权人显然是吃亏的,同理将探矿权依照采矿权出让也未必会有买家。

2. 非排他性探矿权的引入

考察世界矿业立法的不同立法选择,探矿权有排他性探矿权与非排他性探矿权之分,探矿权的排他性越强,对投资者而言的经济价值就越大。比较法意义之上,探矿的初始阶段设置有非排他性的探矿权,投资者获取该权利的对价相对较低,其中有分担风险的设计机理,也避免过高的门槛而限制投资。而非排他性的探矿权在有效的"标定"矿产资源并履行法定的义务即可获取排他性的探矿权或者直接转化为采矿权。对于开放的请求权体系,在一项探矿请求权没有被标定并登记时,任何排他性的勘查权利均不允许存在。

我国当前的矿业立法尚未采用非排他性的探矿权设计,当然并不是所有的地块都适用于设立非排他性的探矿权。但就空白地的矿产资源勘查适用开放的请求权体系,通过非排他性探矿权机制的设计鼓励投资空白地的勘查,从而缓减空白地"高风险与低投入"的不利局面。

3. 探矿权转采矿权的自动变更规则

我国《矿产资源法》对于"探转采"的处理采取"优先权模式"，① 以激励投资勘查的积极性。实务当中"探转采"转化中"同等条件优先"的规定受到了普遍的批评。② 即使是国土资源部门的工作人员也普遍反映优先权概念界定不清，难以操作。③ 甚至"探转采"的优先权模式存在无法实现探矿权转为采矿权的制度功能，如此效果无疑与鼓励探矿的制度功能相背离。不具有确定性的规则设计无法保护探矿权人的利益，造成探矿权人的目的落空。缺乏稳定性的优先权模式变相诱导了探矿权人"边探边采"甚至"破坏性开采"的开发危机。

"探转采"的规则无疑是探矿权制度设计中的要点环节。西澳大利亚矿业法专家，迈克尔·W. 亨特先生指出："西澳大利亚矿业法赋予的由探矿权转换成采矿权的权利是一个开矿者能够合理期望的最大优惠的权利，它甚至可以解释成授予探矿权人将其持有的探矿权转换成采矿权的可强制执行的权利。"④ 具体到我国"探转采"的处理，应从既有的不确定性的"优先权模式"转为"自动变更模式"，即探矿权人探明可供开采的矿产资源后，若无违法情

---

① 我国《矿产资源法》第6条规定，探矿权人有权优先取得勘查作业区内矿产资源的采矿权。

② 探矿权人需要法律确保对于其勘查到的矿产资源转化为采矿权的机制设计，否则矿产资源勘查中的不确定性与高风险性无疑使得探矿权人的投资无法收回。

③ 感谢中国政法大学李显冬教授提供《〈矿产资源法〉修改关键问题研究》课题调研报告，相关资料尚未公开发表。

④ Michael Hunt, Mining Law in Western Australia, Federation Press, 2009, p. 139.

形，自动转为采矿权。① 探矿权作为采矿权出让方式的界定无疑是为我国现行矿产资源法"探转采"处理的"自动变更规则"提供更深层面的制度支持。②

（三）矿业权出让的竞争机制

西方国家矿业立法对于公地矿产资源的矿业权授予，坚持效率和公平原则，其中一个做法就是引入竞争机制。我国目前的矿业权出让也在推行竞争机制，但存在合理化和规范化的改进必要，以真正实现"公开、公平、公正"。③ 矿业权出让的招标、拍卖以及挂牌奉行截然不同的运行机理与制度价值，招标出让强调综合优

---

① 我国《矿产资源法》"探转采"处理"自动变更规则"的设立，可能引起如下问题，需要特别说明。其一，我国探矿权与采矿权对于资质的要求不同，相较而言，采矿权需要资质作为要件的规定为探转采自动变更规则的确立提出了新的问题。笔者认为，《矿产资源法》应对采矿人与采矿资质的关联作脱钩的联动修改。如此，探矿权人可以通过专业的采矿公司补正行为开采能力的不足，或者允许探矿权人可以如同《专利法》的制度设计那样将"采矿权申请权"进行转让。其二，严格明确探矿权授予的范围，防止"探转采"成为国有资产流失的黑洞。"探转采"规则的修改无疑增强了探矿权作为采矿权出让方式的比较优势。近几十年以由国家主导的计划经济矿业实践，以大量的人力、物力、财力成本储备一系列含有"成品"和"半成品"的矿产地。若在"成品"以及"半成品"矿产地之上设置探矿权无疑增加了国有资产流失的可能，较低的对价以及一定程度规避竞争的优势可能成为权力滥用与寻租诱因。故而，"探转采"规则的修正必然引起探矿权授予条件与范围的联动修改。其三，探矿权作为采矿权出让方式的功能有限性。当前我国的矿产资源勘查工作仍然处于国家绝对主导的阶段，基本由作为事业单位的各地质队以及大型资源类国有企业完成，商业性勘查仍然处于配角的地位。另外，我国采矿权的出让主要采取"生地变熟地"的基本策略。国家主导的勘查工作完成了探矿权应该实现的基本功能，故而对"探转采"规则的"自动变更"规则的功能效果笔者持谨慎的态度。

② 依据国土资源部制定的《矿业权出让转让管理暂行规定》规定的出让类型介绍，并不属于该规定界定的矿业权出让类型。但从《矿产资源法》的规定以及立法目的着眼，探矿权在一定程度上具备采矿权出让功能。将探矿权理解为获取采矿权的重要方式之一，可以正确地认识探矿权制度的本质意义，也有利于为"探转采"规则的修订提供坚实的价值基础。

③ 矿业权的招拍挂出让被冠之"阳光工程"，是当前我国矿业权出让中的主要方式，备受主管机关的青睐，甚至部分地区实现了矿业权出让100%招拍挂。

势,归属最适宜的开发者,其判断标准与决断的做出归属国家,拍卖与挂牌则更强调"价高者得"的原则。此处将招拍挂一并检讨原因为:其一,招拍挂在矿业实践中是矿业权出让方式的约定俗成,也是矿业权出让的基本方式。国土资源部 2003 年颁行《探矿权采矿权招标拍卖挂牌管理办法(试行)》专门就矿业权的招拍挂出让一并规制。其二,矿业权的招拍挂出让同样面临行政权过度侵入,排除公平竞争,限制平等准入的制度困境。2017 年,为贯彻落实生态文明体制改革要求,中共中央办公厅、国务院办公厅印发《矿业权出让制度改革方案》,要求以招标拍卖挂牌方式为主,全面推进矿业权竞争出让,严格限制矿业权协议出让。

1. 我国矿业权招拍挂出让的主要弊端以及表现

矿业实践中行政权力不当介入矿业权的招拍挂出让,通过对潜在的竞争者设置限制性条件的做法,将可能的竞争者排除在招拍挂程序之外,以扭曲或者异化招拍挂制度的基本功能。矿业权出让招拍挂中,排除竞争与限制准入的方式主要体现为:[1]

其一,注册资本限制。当前矿业权的招拍挂普遍对矿山企业的注册资本提出明确要求。通过国土资源部官方网站中矿业权出让公告可以发现,各省招拍挂出让矿业权都以"注册资本"作为必备条件。[2]

其二,主体地域限制。要求在矿产地拥有指定的矿业项目,从而排除非本地企业参与竞争。

其三,产业化的限制。竞得人需要承担矿产地特定的产业化义

---

[1] 师安宁:《矿业权出让行为中反行政性垄断研究》,载《中国矿业》2009 年第 2 期,第 19-21 页。

[2] 注册资本着实是衡量企业的履约能力以及经济实力的一个重要标准,但注册资本与企业的实力并不具有必然的联系,实践中通过虚假出资等方式调控企业注册资本的实例常有发生。

务；此举有引导企业进一步投资矿产地的善良愿望，但政绩的考虑以及排除竞争的效果并非没有。

其四，总投资额限制。竞购人的条件设置中要求项目投资总额达到特定数额。

其五，特定合同的限制。与指定的第三人订立某种民事合同作为竞得人的资格要求。

其六，其他限制。例如，要求竞争者具备某特定产业项目的行政许可。更有甚者，居然指定某产业项目必须在某省市的发改委已进行备案、核准或批复。

足见，矿业权招拍挂的实际操作中，国土资源部的规定被招拍挂的组织单位进行了细化，但招拍挂出让矿业权对于竞争者或者竞得者的既有以及未来的要求与限制成为矿业权招拍挂出让中，限制准入条件排除市场竞争，进而定向出让矿业权的重要渠道。甚至更有矿业权出让的主管机关通过量身定做竞购条件的做法实现"萝卜出让"的情况发生。矿业权的招拍挂出让显然存在功能异化与目标落空的现实尴尬。

2. 我国矿业权招拍挂出让中行政权过度或不当介入的修正

其一，拍卖与挂牌出让。拍卖与挂牌出让矿业权的方式以出价作为重要的归属，但竞标人条件的限制会使价高者得的规则难以发挥真实的制度功能。抑或说，并不是出价最高的人获得矿业权，而是在诸多条件限制下出价最高，价高者得的功能性被极大地削弱。拍卖与挂牌出让原则上不应该设定竞买人的条件限制，尤其是不利于竞争的条件设置，以充分发挥价高者得的归属原则。联动修订之后，矿业权的归属与矿业权的实行即采矿资质接触捆绑，至于拍得人采矿行为能力的欠缺则在所不问，拍得人完全可以通过其他矿业公司补正其采矿能力的不足。

其二,招标出让矿业权。矿业权招标出让制度在比较法之上具有成熟的立法例,以法国、比利时以及葡萄牙作为代表性国家的立法例显示,国家拥有是否授予矿业权以及授予谁的矿业权的自由裁量权。矿业权招标出让中行政干预进而左右矿业权归属的因素更为明显。招投标出让矿业权中,对竞标人条件的限制也广泛存在。甚至招投标制度演化为矿业权出让的"私人定制",重现类似于"萝卜招聘"似的制度偏差。如此的制度模式,可能导致"比有钱的有资质,比有资质的有钱"的中间路线可能成为矿业权人的最终归属,进而背离了市场经济绝对资源配置的根本要求。当前就招标出让矿业权仍然没有规范公开的条件设置标准,从而造成了上述行政权力过分干预的不当结果。竞标者的条件可以参酌是否为先发现者,资金实力、技术储备、信用等级等是重要指标。例如,在澳大利亚矿业权的出让除却对施工计划的考虑,施工经验即开发经验也是重要的考量因素。固定化、程序化的标准以及所占比例设计有利于当前招标出让矿业权的乱局治理。此外,国家可能不会将采矿权授予矿产资源的发现者,而将矿业权授予国家认为更合适的主体。为了弥补自由裁量的介入而产生的有失公正的情形,矿业立法通常设置有相应的赔偿制度,给予发现者一定的赔偿,避免其期待利益的损失。

(四)完善矿业权出让的多元体系

当前我国矿业权出让是由申请取得、协议出让以及招拍挂等多元出让方式构成的出让体系。不同的矿业权出让方式奉行不同的运行机理,彰显不同的价值追求。矿业权多元出让体系的完善,尤其需要就不同出让方式的适用条件给予区分。其中国土资源部门已经意识到不同出让方式的适用条件问题,需要注意的是矿业权出让方式的规范以"通知"的形式代替法律的功能,定性化措施与有益经验的法律化则是需要及时处理的问题。[①]

需要说明的是，对于探矿权的招拍挂出让存在争议。有观点认为，探矿权招拍挂出让有违地质找矿规律，容易诱发"卖矿生财"。矿产资源价格一直处于高位运行，诱使地方政府将"空白地"内的探矿权招拍挂出让作为生财的捷径。高额的探矿权价格门槛促生了探矿行业的"劣币驱逐良币"，探矿的主力军被拒之门外，违背了国家出让探矿权吸引更多投资者的根本目的。[②] 其实此类顾虑并不必然成立。因为矿业投资并不同于房地产投资，尤其探矿领域需要极强的技术要求，漫无目的地圈积探矿权可能赔得血本无归。同时，作为"理性人"的探矿权人可以通过在空白地的突破实现高额的经济受益，其中对于探矿技术的高要求可能推动探矿技术的升级与促进专业探矿公司的成长。此外，非排他性探矿权的设计亦可以理解为对该疑虑的回应。

四、推进矿业权转让机制的市场化

"独立化"改造的矿业权以纯粹的财产权进入市场交易体系之中，无须兼顾行政许可或者受让方资质的制约，可大幅度提升矿业权的可转让性和便捷性。就矿业权转让而言，法理层面矿产资源国家所有权由于在矿业权出让阶段设置了作为定限物权的用益物权（即矿业权），作为矿产资源所有权人的国家在矿业权转让中已成为"前手"，从民事法律关系的角度着眼对于已经出让的权利，作为"前手"的国家没有充分的理由介入矿业权转让。国家作为所有权

---

① 例如，国土资源部于 2003 年发布的《探矿权采矿权招标拍卖挂牌管理办法（试行）》与 2012 年发布《关于严格控制和规范矿业权协议出让管理有关问题的通知》。

② 参见罗小南、岑况：《探矿权"招拍挂"出让制度引发的问题及政策建议》，载《资源与产业》2010 年第 6 期，第 167 页。

人角色的消退并不影响其以管理者的身份继续就矿业权的转让施加影响，其中需要积极回应管理权对于矿业权转让的介入时机与深度。需要说明的是，矿业权的持有与矿业权的行使通过矿业权的独立化改造已进行了必要的切割，环境保护与安全生产等非经济价值目标的实现可以着重从矿业权行使的角度从严规制，避免矿产资源开发过程中社会价值目标的忽略。

（一）矿业权转让市场化的现实基础与制度意义

《矿产资源法》1986 年颁布施行，1996 年修改。时至今日，我国矿产资源开发的法治建设稳步形成以《矿产资源法》为核心的、多元多层级法律渊源共同构成的矿业法治体系，其中以市场经济为牵引的矿业领域的改革已经成为矿产资源法治体系进一步完善的新动向。具体而言，我国矿业立法对矿业权转让的态度转变其实也构成了我国矿业经济持续市场化改革的路线图。

变化一，立法态度的变化。矿产资源法一贯坚持的"限制矿业权转让为原则，转让为例外"的基本态度，已经悄然转变为"以转让为原则，以禁止为例外"。矿业权转让的官方态度呈现出从"禁止转让"到"有限转让"再到"放宽准让"的积极变化。

变化二，转让类型的变化。作为矿政管理部门的国土资源部于 2000 年发布《矿业权出让转让管理暂行规定》确立矿业权人可以采取出售、作价出资、合作勘查或开采、上市等方式依法转让矿业权，而矿业权的出租、抵押也不再被禁止。[1] 矿产资源法原本对于矿业权转让类型的限制已经被大范围地突破。

变化三，转让市场的变化。矿业权市场化改革在转让市场的建设方面集中表现为：其一，从无形市场到有形市场的变化。其

---

[1]　参见《矿业权出让转让管理暂行规定》第 6 条、第 38 条。

二，线下交易到线上交易的扩展。2010 年，涵盖矿业权交易整个流程的全国首个矿业权交易电子管理平台建成。[①] 辽宁、福建、湖南、贵州、宁夏五省（区）被国土资源部确定为省级矿业权出让网上交易试点单位，其中，湖南省已全部实现各市矿业权出让网上交易。

陆续出台的法规政策开启了矿业权私法化推进的改革浪潮，不可否认我国的矿业权市场建设取得良好的效果，也呈现出进一步改革的积极信号。[②] 但是，矿业权管理的审批登记制作为国家管控矿产资源开发的主要抓手仍然岿然不动，甚至得到了进一步的加强。《矿产资源法》在立法定位与矿业权设置方面存在私法机制虚化的"硬伤"，难以通过行政立法实验临时补救的方式加以克服。

（二）矿业权流转限制的合理界限

世界矿业立法的通行做法允许矿业权自由流转，倘若限制矿业权流转，将会减少其经济价值。可转让性，是投资高风险的矿产资源勘查的驱动力。例如，专长于勘查的矿业公司根本没有开采其勘查到的矿产资源的打算，其目标与特长在于矿产资源的勘查领域，完全可以通过相关权益交易至专长于开采的矿业公司实现盈利。尽管各国矿业立法要求政府检查和核准矿业权的转让，但是通常当事人达成合意就可以实现交易。

我国矿业立法对于矿业权的转让采取了严格限制的态度。1986年《矿产资源法》制定的基础工作完成于 20 世纪 70 年代，恰逢改革开放刚刚起步。从立法思想与基本理念考察，《矿产资源法》的

---

① 田雪莲：《全国首个矿业权交易电子管理平台建成》，载国土资源部网站，2014 年 4 月 15 日访问。

② 需要说明的是，矿产资源法本身就矿业权的市场化推动作用较为有限。但 1999 年《合同法》、2007 年《物权法》、2009 年《侵权责任法》以及 2005 年修改后的《公司法》等民商事法律，对于矿业权的私法化（不限于转让）具有重要的基础构建和推进作用。

制定无疑深受计划经济体制的深入影响。矿产资源的开发依据为政府的计划与指令，没有出让、转让、出租以及抵押等市场化运作的制度设计。如此意义之上，矿业权转让被禁止或者严格限制是应有之义。

但是，随着市场经济改革的深入，对于矿业权转让限制并未有多大放开，其原因在于我国相关领域的管理者认为，在矿产资源这一特殊领域，仍然有必要以严格限制矿业权转让的方法避免市场的失灵及危害，"防止炒矿"成为其重要说辞。严禁矿业权转让的立法态度滋生了地下交易的产生或诸多游走于模糊地带的擦边球式的矿业权交易的出现，而矿业权转让管控体制的实际效果也因此大打折扣。另外，矿业投资有其独特的行业风险，尤其是前期的勘查投入巨大，对专业技术的要求也颇高，盲目的"炒矿圈地"的结果显然是血本无归。同时，限制矿业权转让对于炒矿本身效果有限，甚至变相助长了炒矿的热情。

现实中另一个用来限制矿业权转让的理由是防止环境破坏与矿难。该类观点暗含当前矿业权财产权与行政许可兼具的法律设置，将矿业资质的正当性正当地移植于矿业权转让之上，进而"排除不具备矿产资源开采资质的企业进入市场参与矿业权的交易。因为不具备资质的企业往往只是为了买空卖空地倒卖矿业权进行非法牟利，是造成矿难事故或环境污染的源头"。[①] 而矿业开采中"小马拉大车"的问题也被认为是造成粗放开采、资源利用率低、环境破坏严重，乃至于矿山安全事故频发的主要原因之一。[②] 所述问题

---

① 汪耿东：《矿产资源产权流转的法律制度研究》，载谢进杰主编：《中山大学法律评论》法律出版社 2012 年版，第 286 页。

② 欧阳杉、甘开鹏：《对完善我国矿业权转让法律制度》，载《长江大学学报（社会科学版）》2007 年第 1 期，第 63 页。

的本质其实在于：如何杜绝不具备勘查或开采资质的主体开发矿产资源。解决的方案是提高矿业市场的准入门槛，将从业资质作为市场主体的必备要件。本书认为，其一，矿业从业资质确实存在问题。当前我国法律法规层面的规范尚未对勘查与开采资质给予明确。实践看来，缺乏与开采规模相匹配的资金、设备、技术的矿业主体，尤其是中小企业，投入矿产资源的开发，也着实产生了部分问题。其二，将矿业权转让中受让方的资质作为交易条件，无疑排除了具备资本实力，但可能不具备矿业专业实力的企业投资矿业。实践当中，兼具资质与资金实力的企业准入无疑极大地限缩了"合格交易相对人"的范围，进而使得矿业权无法自由高效的流转。如上的研究无疑准确地找到了当前我国矿产资源开发的重要问题，但解决的方案值得商榷。只要确保具备矿业专业技术能力的企业从事具体的勘查与开采作业即可，至于谁来投资则在所不问。即前文提到的，区分权利能力与行为能力，区分财产权与行政许可的基本思路。

（三）矿业权转让制度的解困：审批的让位与登记的上位①

矿业权转让"同时协调一个财产权转移关系和两个行政许可转移关系"的制度现实无疑大幅削减了矿业权流转的通畅。② 对于矿业权转让中行政许可因素的合法性解释无外乎两种：其一，行政许可的转让。依据《行政许可法》第9条之规定，行政许可原则上不许转让，若转让则需要法律或行政法规的特别规定。《矿产资源法》仅有第6条就矿业权转让的类型给出了原则性的规定，具体的程序则没有详细的规范。其二，（出让人）旧许可的撤销，（受让人）新许可的授予。如此解释不需要受制于行政许可转让正当性的审

---

① 具体观点及详细论述参见曹宇：《矿业权登记的理论反思与修正面向》，载《河北法学》2014年第5期，第173—176页。

② 李显冬：《矿业法律实务问题及应对策略》，中国法制出版社2012年版，第103页。

查,由作为掌控行政许可的矿政主管机关即可实现。

如何理解当前《矿产资源法》之下的审批与登记的关系则是首先需要正视的问题。我国《矿产资源法》第二章为"矿产资源勘查的登记和开采的审批",仅就文意,似乎更容易理解为获准勘查的重点在于登记,而开采则更依赖于审批。但《矿产资源法》第3条确认"勘查、开采矿产资源,必须依法分别申请、经批准取得探矿权、采矿权,并办理登记"。因此,不论是勘查还是开采矿产资源,既需要审批,也需要登记。《矿产资源法实施条例》等行政法规则清晰地说明了探矿、采矿需要完成"申请—审批—登记—发证"的手续。在法律运行层面,国土部门是矿业权产生、变更及消灭的审批部门,同时也是登记部门。尽管国土部门内部由不同机构负责审批与登记,但从外部性的角度观察,两者往往复合为审批登记一个行为。从法律效果着眼,矿业权登记,不具有《物权法》确定的"生效要件"抑或"对抗要件"的法律意义,仅是获得矿产资源勘查或开采权利的一个环节。审批与登记不同的功能作用以及相异的法律效果没有得到清晰的区分。

《矿产资源法》修订的历史契机下,矿业权转让制度需要着重处理好"登记的上位与审批的让位"的制度建设问题。诚如本文反复重申,矿产资源法意义之上的登记要升级到物权法意义之上的登记。登记以物权变动要件的角色实现上位。与此对应,对于矿业权具有决定意义的审批如何让位?矿业权的审批更多的在矿业权流转语境中进行讨论,而取消矿业权流转的高门槛也将是下一步矿法修订的重中之重。

在此假设之下,矿业权审批何去何从,有以下方案可供评判:A. 合同生效要件说。当事人物权变动合意+登记的既有不动产物权变动模式下,作为矿业权转让合同生效要件的行政审批,对矿业权变动的请求权基础具有绝对性影响。① 审批，依然是矿业权变动中的关键性因素。B. 备案管理说。借鉴西方矿业发达国家的先进经验，将矿业权转让视为一种市场行为，简化管理程序，将行政审批简化为备案管理，从而达到既保护矿业权又使国家掌握矿业权变动等情况的目标实现。②

矿业权转让环节的审批，以何种方式出现于《矿产资源法》中，取决于国家对矿业权交易市场的态度。2013 年《国务院机构改革和职能转变方案》明确要求，"减少和下放生产经营活动审批事项。充分发挥市场在资源配置中的基础性作用，最大限度地减少对生产经营活动和产品物品的许可"。可以预见的是，矿业权交易市场内的行政审批，面临让位的命运。

（四）矿业权流转的去行政审批化③

矿业权流转的行政审批是公权力介入利益分配的过程。原本是计划经济体制下政府管理经济和资源配置的重要手段的行政审批，在利益的诱使下，容易产生权力的造租与寻租，增加交易成本。④ 行政审批制与矿业权流转市场化之间关系的理顺，才是矿业权市场建设成功的根本出路。李克强总理强调，"行政审批制度改革是转变政府职能的突破口，是释放改革红利，是打造中国经济升

---

① 参见李显冬：《矿业法律实务问题及应对策略》，中国法制出版社 2012 年版，第 104-105 页。
② 参见刘欣、肖先华：《对〈矿产资源法〉修改的建议》，载《国土资源通讯》2009 年第 3 期，第 41-46 页。
③ 具体观点及详细论述参见曹宇：《规避与管控：矿业权转让与矿股变动关系研究》，载《北京航空航天大学学报（人文社科版）》2014 年第 2 期，第 48-55 页。
④ 章剑生：《审批"寻租"回流——权力的傲慢》，载《人民论坛》2011 年第 25 期，第 40-41 页。

级版的重要一招"。① 重置后的矿业权可以解除行政许可的桎梏从容地投入矿业市场经济当中。我国矿业权流转制度建设，首先需要简化复杂的管理程序，将矿业权转让界定为一种市场行为，改行政审批为备案管理，从制度上改变当前矿业权交易二级市场过死的局面。如此方案，将有效地消除当前矿业权流转的顽疾所在，摒弃计划经济体制的制度残留，还原市场作为矿业经济配置资源的基本方式，从根本上改变矿业权转让"以禁代管"的被动局面。

（五）《物权法》不动产登记规则的适用②

2007 年《物权法》将不动产登记作为专门一节加以规定。登记作为物权公示的方法，产生"物权变动"或"对抗第三人"的法律效果。此等法律效果与《矿产资源法》中登记作为许可证获取环节仅仅具有辅助作用的定位截然不同。但是，从《物权法》是矿业权规定的上位法来说，这是否应一体适用于矿业权的得丧变更呢？③ 一说认为，《物权法》属于一般法，并不排除作为特别法的《矿产资源法》上的规定；另一说认为，《物权法》属于新法，新法优于旧法。

从法律渊源的关系处理，应该坚持《物权法》和《矿产资源法》作为一般法和特别法的关系定位，但是，《矿产资源法》上的矿业权登记制度应当按照《物权法》确立的模式加以改革。改革方向有二：其一，将登记作为矿业权变动的生效要件。如此既体现严肃性，又能够兼顾公力机构的"核准"管理功能。其二，坚持登记作为矿业权权属的证明效力。如此可以在实行权证分离的基础

---

① 周英峰：《李克强：该放的权放掉，该管的事管好》，载新华网，2013 年 6 月 5 日访问。

② 具体观点及详细论述参见曹宇：《矿业权登记的理论反思与修正面向》，载《河北法学》2014 年第 5 期，第 173—176 页。

③ 参见：《矿业权出让转让管理暂行规定》第 3 条。

上，使得登记的意义进一步私法化。

矿业权登记制度改革，可以沿袭国土资源部 2008 年正式施行的《土地登记办法》，① 不论是制度构建，还是程序设计，《土地登记办法》均完成了与《物权法》的全面对接，尊重了土地管理实践中的有益经验，体现了对先进登记立法理念与技术的借鉴，有力地推进了土地产权制度的建设。但是，同样由国土资源部门制定的规范矿业权登记的《矿产资源勘查区块登记管理办法》与《矿产资源开采登记管理办法》，在立法理念、立法技术、体系设置等方面则与《土地登记办法》差距较大。《土地登记办法》的施行，证明了主管部门在立法理念与技术方面的进步与成熟。具备制定较高水平"矿业登记办法"的能力。

我国台湾地区的"矿业登记规则"也是矿业权登记方面的成熟例证，并从具体内容的设定方面可以提供有益的经验。当前，台湾地区"矿业权登记规则"，主要以"矿业法""矿业法实施细则"以及"矿业登记规则"为基本的法律渊源。"矿业法"将矿业权界定为准物权，准用"民法"不动产物权之规定。我国台湾地区"矿业法"第 14 条以"矿业权之设定、展限、变更、自行废业或因让与、信托而移转者，非经向主管机关申请核准并登记，不生效力"确定了登

---

① 参见：《土地登记办法》第 15 条。该办法共十章 78 条。主要对土地登记的概念、原则、效力、类型、内容、程序以及土地登记各项基本制度等作出了明确规定。立法理念层面，确认土地登记是依托于登记簿的公示行为。土地登记簿是土地权利的源证明。立法结构方面，以总分的方式展开。总则与一般规定确定了土地登记应遵循的基本规则。分则部分则以蕴含时间元素的登记类型为展开，具体包含"土地总登记""初始登记""变更登记""注销登记"及"其他登记"，其中"其他登记"又包括"更正登记""异议登记""预告登记""查封登记"等。登记参与主体方面，明确了当事人申请土地登记的程序要求与救济方式，界定了土地登记机关的职责，设置了土地登记人员的资质要求。"土地登记簿采用电子介质的，应当每天进行异地备份"的制度建设，更使得当前"探矿权、采矿权登记信息查检系统"自惭形秽。

记作为矿业权变动的生效要件。并明确授权主管机关制定矿业权登记的相关规则。台湾地区"经济部"依据"矿业法"制定"矿业登记规则"，从申请人资格条件、申请程序、登记程序、登记事项、应备图件等方面予以明示。我国台湾地区"矿业登记规则"与其"矿业法"第二章"矿业权"的逻辑结构一脉相承。以矿业权的设定、续展、变更、消灭为展开，并对采矿权的抵押登记进行专门的规定。此外，"经济部"公布的"矿业权设定申请作业流程"将矿业权申请分解为十个步骤。且注明每个程序需要的时间，甚至将某些程序的办结时间精确到 0.5 天。如此细致的登记程序设计，有效地引入"公示"作为主管机关的监督，方便当事人了解登记程序的进展。

《物权法》要求建立不动产统一登记制度的规定，从"统一性"的角度对矿业权登记提出了更高的要求。党的十二届全国人大一次会议审议通过包括"建立统一的不动产登记制度"在内的《国务院机构改革和职能转变方案》，使得矿业权登记的建设具有现实紧迫性。[①] 现行矿产资源法坚持的矿产资源勘查与开采的许可证制度，使得仅仅作为程序性存在的登记不具有现代民法或者行政法上的意义。"登记"的矿产资源法含义与物权法中"登记"含义具有"代差"。当前的矿业管理体制与矿产资源法规定甚至成为"矿业登记办法"出台的障碍。法律应该是事物本质的普遍和真正表达者。因此，事物的法的本质不应该去迁就法律，恰恰相反，法律倒应该去适应事物的法的本质。矿业权登记作为矿业市场运行的基本规则，作

---

　　① 《国务院机构改革和职能转变方案》在（七）改革社会组织管理制度部分明确不动产统一登记的建设。但在（五）减少部门职责交叉和分散部分点名中指出需要理顺房屋登记、林地登记、草原登记、土地登记。截止到 2014 年 3 月 1 日，既有的消息显示矿业权登记没纳入本次制定的不动产统一登记条例。笔者认为，当前的立法实践与理论研究仍然处于争论阶段，矿业权登记不具备纳入时间性紧迫的不动产统一登记条例。但是从法律原理与制度功能的角度着眼，矿业权登记有必要纳入不动产统一登记。

为矿业法律制度的重要表达，完善的道路仍然漫长而曲折。

五、推进矿业权退出机制的完善

矿业权退出机制的欠缺无疑是我国矿业权市场建设与矿业领域市场化改革的轴衬。当前矿业权退出机制的研究尚属学术研究的薄弱环节。[①] 矿业权退出机制范畴下的矿业权消灭，不仅作为矿业权生命的终结而代表民事权利的消灭，更承载有诸多公共利益保护层面的制度职能。矿业权的消灭阶段，管理权的介入表现为不同于矿业权转让阶段的特点，并呈现从淡化矿业权转让环节的行政管控到加强矿业权退出行政监督的相反趋势。作者认为，本文所倡导矿业权"权证分离"的改革思路，可以用来完善既有的退出机制以及法律责任的构造。

（一）现行探矿权退出机制的症结所在

矿产资源开发实际需要的时间与防止故意拖延之间需要一个有效的平衡。由此，矿业权的权利期限成为矿业立法中的重要问题。政策制定者需要综合考虑可能引起矿业权时间长度设置的诸多因素。为了避免探矿权人在权利期间内怠于投入、圈而不探，矿业立法就矿业权持有与退出的关系奉行"要么使用，要么失去"的基本规则，[②] 并外观化为投入条件的要求。

[①] 截止到 2014 年 3 月 11 日，在中国知网（CNKI）以"矿业权退出"或"矿业权消灭"作为关键字段，符合要求或者相似论题的论文为零，也没有任何一篇博士或者硕士学位论文对此给予研究，以"探矿权退出"作为关键字段则有三篇相关的新闻报道以及论文一篇，而以"采矿权退出"或"采矿权消灭"作为关键字段，命中的论文也为零。基于篇幅以及研究深入的限制，作者此处无法提出完整的矿业权退出机制的改进建议，只是选取其中的要点并结合矿业权私权化改进的整体布局做要点性的讨论。

[②] 西方矿业发达国家的矿业立法往往将该规则表述为"use it or lose it"，该规则目的跟我们如今的关注焦点一致，一方面防止权利人的圈而不探，另一方面有鼓励投资的意味。从权利消灭的角度着眼，怠于使用是矿业权消灭的方式之一。

依据《矿产资源勘查区块登记管理办法》，既有探矿权最长持有期限的限制，也有依照勘查年度逐年增加探矿权使用费的规定，还有最低勘查投入的规定。[1] 对于"未完成最低勘查投入"以及"满 6 个月未开始施工，或者施工后无故停止勘查工作满 6 个月的"则可能招致罚款，乃至吊销勘查许可证的法律后果。[2] 考察我国探矿权的持有制度，比较西方矿业发达国家的持有制度似乎并无不妥。

但我国现行法的规定与实际效果之间的差异有如下的原因：第一，探矿权事实上的无限期延续。探矿权没有最长持有时间的限制，使得实践当中可以通过无数次展期一次次的为探矿权"续命"，退出机制难言实效。第二，探矿权持有的勘查最低投入标准过低。当前探矿权持有的最低投入与使用费的标准设置于 1998 年，探矿权的最高标准每平方公里最低勘查投入 1 万元，也在 16 年后的今天失去了当时的"威慑"功能。探矿权持有成本低廉使得矿业权一旦授予，矿山企业鲜有主动退出者。

（二）现行探矿权退出机制失灵的后果

我国探矿权问题上存在严重的跑马圈地与圈而不探现象，相较于数量庞大的探矿权以及广袤的勘查面积，矿产资源的勘查投入则显得尤为不足。截至 2010 年，我国已经设立的有效探矿权数达 38000 多个，勘查总面积接近 500 万平方公里，其中非油气矿产勘查面积已达 70 万平方公里，适宜开发的区域已基本被纳入国土资源部门的登记系统。以 2007 年为例，每平方公里勘查投入不到 1.5 万元，非能源类矿产每平方公里勘查投入刚刚达到法定最低要求的

---

① 参见：《矿产资源勘查区块登记管理办法》第 10 条、第 12 条以及第 17 条。
② 参见：《矿产资源勘查区块登记管理办法》第 29 条。

1万元。① 以油气资源的勘查为例，中石油、中石化、中海油三巨头控制我国已登记的油气资源勘查开发区域的95%以上。对于页岩气，三巨头外加地方国企延长石油集团控制了近80%的登记区块。但值得反思的是，国土资源部发布的《全国油气资源动态评价2010》显示：全国石油资源探明程度仅达到34%，天然气的探明程度则处于18%的低水平。如上的数据与事实最为集中地说明：我国当前矿产资源勘查存在已登记勘查区域与实际投资不足之间的突出矛盾。勘查区域被登记之后尚未推出的情形无法实现新增勘查区域的增长，以至于新增投资无法持续进入已登记区域。一定程度上，可以理解为存在跑马圈地与圈而不探的问题。

探矿权退出机制的建设无疑对于解决如上问题具有积极的意义。其一，开源节流。既定的可勘查区域是特定的，探矿权的设立使得登记区域排除了其他探矿权的进入。而探矿权的退出机制无疑可以释放可观的存量区域，将已登记的勘查区域重新进入市场，从而实现勘查区域的开源与节流。其二，鼓励投资。矿业权的退出需要与矿业权持有形成联动机制，提高探矿权的持有条件，将圈而不探作为探矿权的消灭条件。以法律之上的不利促使探矿权人加大投资，及时行使探矿权，避免其权利由于怠于行使而消灭。

（三）探矿权的退出机制改进思路

1. 消除矿业权的消灭与许可证吊销的关联体制

《矿产资源法》以及《矿产资源法实施细则》确认矿产资源的勘查与开采实行许可证制度。申请、批准以及登记程序完结之后，需要领取探矿权证或者采矿权证，才能获取相应的权利。许可

---

① 参见许书平：《健全勘查区块退出机制，加快促进地质找矿突破》，载《中国国土资源经济》2010年第6期，第44页。

证是探矿权、采矿权的源证明文件。正是由于我国矿业立法采取财产权与行政许可混搭的特许权机制,探矿许可证或采矿许可证的撤销或者吊销会直接导致矿业权的消灭。不论是探矿许可证或采矿许可证的撤销、吊销还是注销,本质上是依据行政许可法的基本理论进行规制。撤销是针对国土资源主管部门的"原罪",即采矿许可证发放存在的违法性;吊销则是适用于矿业权人的违法情形,也是我国《行政处罚法》明确规定的行政处罚类型。注销则是"不带任何感情色彩、全然中立的登记行为,是在许可证被吊销、撤销或因法律、法规规定的原因归于消灭而必然启动的程序性处理"。① 其中撤销、吊销以及注销都是行政法学与行政立法中的术语,民法理论与民事立法此类用词较少,即使存在其蕴含的意义也并不相同。我国台湾地区"矿业法"对于矿业权的消灭的表述,则借用了民法理论中"消减"一词。"矿业权因矿业权之放弃,矿业权有效期满,未经依期申请展限,或展限期满,矿业权之撤销而消减。"②

　　改造之后的矿业权分解为独立的用益物权与行政许可,不再遵从"同生共死"的权利运行逻辑。矿业权依照用益物权的运行规则,其退出表现为矿业权的消灭,而勘查许可证与开采许可证则完全依照行政许可法以及行政处罚法的运行原理进行规制。如此的分解足以引起矿业权退出机制的体系效益,本文择要点给予说明。依据用益物权与开发权分开经营、分别管理的既有思路,撤销或者吊销探矿许可证或采矿权许可证对于作为用益物权的矿业权不产生"消灭"的法律效果。矿产资源开发违法行为的规制则成为一个迫切需要应对的问题,若按照既有的法律责任承担规则,会产生违法不利后果归于开发

---

　　① 蒋文军:《矿业权行政管理实务——矿业律师的实务经验与视角》,法律出版社2012年版,第156页。

　　② 简芳钦:《矿业法通论》,台湾矿业协进会1985年版,第116页。

人，而实际的产权人逍遥法外的不公结果。对此，作者认为对于安全生产与环境保护是矿产资源开发不可触碰的红线，应借鉴土地管理中的回收制度，引入矿业权回收制度以承担原有法律责任中"吊销"或者"注销"的基本功能。① 只是矿业权的消灭不再是行政许可的撤销、吊销或者注销，而是以民事法律关系进行调整。矿业权人与开发人之间民事责任承担可以考虑引入连带责任的民事立法技术，加大其责任财产的范围与提升赔偿能力。当然，对于矿产资源开发中严重的违法行为，也需要加大行政责任与刑事责任中财产性惩罚的力度，以确保足够的威慑力。另外，作为民事权利的矿业权，则以民事登记性质的"注销登记"作为其权利生命的句号。

2. 加强探矿权的持有条件与退出的关联机制

2009 年国土资源部颁行《关于进一步规范探矿权管理有关问题的通知》，集中就探矿权的持有条件与退出机制的关联机制做出了回应，其中"探矿权延续必须提高勘查阶段"与"缩减不低于首次勘查许可证载明面积的 25%"的限制对于探矿权退出机制的完善无疑具有建设性意义。此外，作者以为探矿权退出机制的完善仍可从如下方面继续推进：

其一，加强执法力度。如上文所述，我国探矿权退出机制的不足，既有立法层面退出标准设置的缘故，也有执法环节规则执行不到位的原因，其中执法层面的因素更为突出。探矿权退出机制的运行以及制度功能的发挥无疑需要依赖执法作为保障，既有的矿业立法或者改革已经承认并一定程度修正了探矿权的退出机制，以国土资源部"通知"的形式作出的规则性回应能否得到有力的执行则直

---

① 依照我国《土地管理法》与《土地登记办法》之规定，针对土地使用权管理的回收制度可以作为矿业权回收制度的借鉴，因为当前矿业权管理的基本思路引入了土地管理中财产权与开发权相区分的基本策略。

接关系矿业权退出机制的运行效果。探矿权退出机制的改革能否在国有矿山企业，尤其是超大型国有矿山企业得到执行仍然值得怀疑。此外，民营矿山企业对于执法机关的糖衣炮弹是否会侵蚀探矿权退出机制的效果也难以得到保证。

其二，限制不合理的垄断。例如，前文论及我国油气资源探矿权基本处于三巨头持有之下，加之油气开发的专营性质，探矿权退出机制的执行力度难以得到保证，金属矿产的勘查也存在如此情形。2014 年年初，国土资源部网站公告显示："国土资源部成功竞争出让 14 个区块油气探矿权。"如此不起眼的消息引起了业界的高度关注与猜想。有出有进才是完善市场的重要标志。上文数据显示，大型国企也一定程度地参与了矿产资源的圈而不探。作者认为，探矿权持有条件与退出的关联机制应该并且严格地适用于国有矿山企业，其中独具我国特色的垄断局面的改变需要政治体制与经济体制改革来破局，仅依靠国土资源部有限效力的通知则困难重重。

（四）采矿权退出机制改进的双重视角

诚如上文所述，采矿权的退出尚属当前学术研究的薄弱环节，作者试从民事权利保障与义务履行两个点展开讨论，并将焦点集中于当前矿业权退出机制建设急需正视的问题。

1. 民事权利的保障

我国既有的矿业立法中，作为权利束的载体的采矿权因采矿许可证吊销或撤销而导致采矿权的最终消灭。但采矿权人民事权利的保障问题一直没有得到立法与执法层面的足够重视，其中采矿权价款的退还与矿产资源开发权受限后采矿权的转让问题则显得尤为突出。换言之，采矿权行使受限后，作为民事权利的采矿权如何保护。该问题的处理明显体现了我国矿业管理中的鲜明特色，在其他的矿业立法例中并不一定存在。例如，我国矿业立法一直以来关注的日本矿业法以及我国台湾地区的"矿业法",并不涉及该类问题的处理。原因在于我国矿业权的出让是多元出让体系,其中采矿权的招拍挂出让中,采矿权人支付的权利金含有针对未来受益的对价,这也是我国矿业立法不同于作为仅规定以申请出让作为采矿权出让的立法例之处。具体而言,涉及如下两个具体问题的回应。

(1)采矿权价款的退回

因政策性关闭或不予发证而造成的矿业权消灭,矿业权人无法收回已交矿业权价款。首先,当前制度没有提供如何退还矿业权人价款的通道,财政部门以没有相关政策为依据,不予办理退款。其次,已办理有偿使用手续的矿山,在资源整合中予以关闭,矿业权人要求对固定资产予以补偿得不到落实,特别是要求退还已交矿业权价款或按照消耗资源比例退还部分矿业权价款均得不到落实。① 当前矿业权市场建构中"重准入,轻退出""重有偿,轻赔偿或补偿"的弊端,一定程度上影响了矿业权人的合法权益,也阻碍了矿业权市场的进一步完善。

(2)违法采矿行政处罚并不必然导致采矿权的消灭

基于我国矿业立法所采的特许权机制,违法采矿导致的吊销或者撤销采矿权许可证必然引起采矿权的消灭。用益物权与开发权相区分的改进思路下,行政许可的变动显然已经与作为用益物权的采矿权的效力脱钩。倘若发生违法采矿,采矿权人在民事责任方面可以招致采矿权的收回,但也并非一定会招致"极刑"。探矿人、采矿人违法行为导致管理机关不再允许其继续实施探矿、采矿行为,并不意味着矿业权作为财产权的灭失。因此,修改建议稿中增加了"探矿、采矿许可证被吊销后,允许矿业权人在规定的期限内转让矿业权"的规

---

① 陈春林:《完善矿业权市场退出机制》,资源来源于新浪网,2014年4月14日访问。

定。① 对此作者认为，应该结合采矿权的回收制度加以配合。若由于违法开采导致重大安全事故，进而导致采矿许可证被吊销，如此情况之下，仍允许采矿权人在规定的期限内转让采矿权难言公平。作者认为，违法采矿受到行政处罚之后，需要区别不同的类型给予规制。

2. 退出义务的履行

既有矿业立法对于矿业权的退出设置有相应的条件。主管部门依据《矿产资源法》以及相关配套规定要求矿山企业提供各种审批材料，并完成相应的退出程序。问题在于依法退出，程序繁杂、成本很高，而相应的惩罚机制却没有跟上，增大了矿业权人怠于履行退出义务，进而选择违法退出或者直接退出的可能。尽管《矿产资源法》要求矿山企业退出需要履行注销登记，但由于主管机关介入的有限以及法律对于违反注销登记义务不利评价的缺失，不履行该义务的采矿权人绝非个别现象。② 如此现象的存在无疑对矿业管理造成了消极的影响。

私法层面，矿业权处于事实消灭的状态，国土资源部门的登记系统无法掌握矿业权运行的实际状态，也会对交易安全产生一定的负面影响。更为重要的是矿业权人的公法义务难以得到履行。矿产资源的开发并不仅仅是市场行为，同时具备公法方面的诸多意义与价值。可以将矿业权人履行注销登记的保证也纳入保证金的范围，即通过提高保证金的数额制约矿业权人履行最终的注销登记义务，以便主管机关掌握矿山运行的最终状态。为督促矿产资源开发中环境保护与安全生产义务的履行，应以环保部门与安检部门的审批作为矿业权注销的前置要件。

---

① 感谢中国政法大学李显冬教授提供《〈矿产资源法（1996 年）〉（修改意见稿）》概要说明，相关资料尚未公开发表。

② 蒋文军：《矿业权行政管理实务——矿业律师的实务经验与视角》，法律出版社 2012 年版，第 160 页。

结　论

以"违法乱象"和"秩序危机"为表象的多元利益纠葛与冲突，是我国矿产资源开发法律机制构建与具体制度修正急需正视与回应的突出问题。当前矿产资源法研究中流行的私权基础论与公私法二元兼顾论，都明显地遵从了以市场化为牵引的矿业体制改革目标，并就既有的立法体制与法律理论给予进步性的反思。遗憾的是，既有的理论未能从功能定位或者整体思考的角度着眼，一定程度上存在简单化倾向。

针对现行矿产资源开发法律制度与私法机制架构仍然没有克服"权力划拨权利""管控制约经营"的计划经济体制弊端，以及行政安排为主导、私权市场化配置不足导致的私权驱动不足的基本缺憾，本书批判性地吸收了既有理论针对矿产资源开发研究的有益养分，归纳出一种旨在以"国家—市场"多元利益整合的多重规范调整和规制的法律制度设计思路。更具体而言，矿产资源开发立法与其物权法渊源地位相适应，采取以私权化即物权化设置为主导形式的法律机制特点，以作为物权的矿业权配置和运行为主要机制，并辅助以行政介入机制的一套规范体系，系以"诸法合体"式立法体例表象呈现的"偏私型公私综合法"。

矿产资源法基本功能内涵以及法律功能定位的复合性，决定其法律机制具有一定的综合性：一方面是通过矿业立法就矿业权授予以及规范的重点设置，以私权化配置激励私人投资开发。另一方面又考虑矿产资源重大的社会经济意义，就授予的权利进行必要限制，以保留国家的控制功能。前者体现为私法规范形式，后者则表现为公法规范手段。所谓的公私法综合调整，是由矿产资源法承载功能的多样性与复合性以及矿产资源开发活动本身的复杂性决定的。

矿产资源法作为公私兼顾的行业法，应该具有偏私性的特点。在其民事规范和行政规范混合的体系里面，矿产资源法的核心是私法机制主导，以确立探矿权、采矿权的取得和运行为规范重点，旨在建立一种鼓励私人开发矿产资源的法律机制。但是，这种偏私性仅仅是偏私而已。矿产资源立法无论从功能上还是实际制度配置上，都要体现国家对于矿产资源管理功能的兼顾，辅助以不同程度体现国家利益、社会利益以及资源节制配置等考量的各类必要政策安排的公法机制。据此，从立法技术上说，矿产资源开发法律制度的属性定位，则应理解为主要涵盖民事法律规范、兼顾行政法律规范的行业私法。但是鉴于私法配置和公法管理方面的复杂性，这种行业私法存在很强的政策机制属性，又可归入政策私法范畴。

我国矿业立法与制度转型的紧迫任务是以行政权为动力的管控主导机制向私权驱动为主导的公私综合法调整机制的转型。

第一，矿业权置于整个矿业立法制度架构的中心，作为矿产资源开发的主要法律形式。矿业权本身的独立化则采取"权证合一"向"权证分离"转变的思路，解除既有矿业权中用益物权与行政许可因素集为一体且联动配置的现状。矿业权的成立、变更以及消灭采取民法中权利（物权）这一立法技术，并依照权利（物权）的生命周期进行法律规制，此处体现了民法的基本思路与特点。

第二，在私法机制中糅入行政管理程序或因素，体现行政确权和行政监管权利的特点，并将非私法的目的导入私法，通过作为管制与自治工具的公私法规范的互相工具化，[①] 旨在完成国家初始分配和运行管控的目标。此外，矿政监管的重心由权利的归属转移到权利的行使阶段，放宽矿业权的市场准入，但对矿业权的行使采取严格的规制措施，促进了资源开发中多元价值目标的实现。

制度架构层面，以理顺多元利益关系为牵引，在区分权利运行与权力运行基本结构的框架内，强化私法机制建设是我国当前矿产资源开发法律机制架构的改进重点。矿业权取得机制的市场化改进以鼓励市场主体开发以及公平准入为原则，将竞争机制的构建与完善作为突破重点，而矿业权转让机制的市场化改进则以审批的让位与登记的上位为解困思路。矿业权流转的去行政审批化是从根本上改变矿业权转让"以禁代管"被动局面的可行之路，矿业权退出机制的完善则呈现出从矿业权转让淡化行政管控，到加强矿业权退出行政监督的逆向思路。行政管理权的强势介入是弥补当前退出机制监管缺失而造成立法目的落空的重要抓手，其中对矿业权人民事权利的保障仍需重视。

任何理论的建构和制度的设计，更多地属于纸面上的作业，本文所提出的矿产资源开发的系统性法律规制构想同样面临着实践的考验。国家、政府以及相关利益主体，也必定会在矿业资源开发、管理的实践过程之中，进行深度的、长时间的博弈。在实体规则确立之时，包括诉讼程序在内的各种程序性救济、协调机制的配套运行，或许可以为矿产资源开发的综合调整提供舒缓之道。

[①] 参见苏永钦：《寻找新民法》，北京大学出版社 2012 年版，第 249 页。

参考文献

一、中文著作

1. 江平主编：《中国矿业权法律制度研究》，中国政法大学出版社 1991 年版。

2. 江平：《私权的呐喊》，首都师范大学出版社 2008 年版。

3. 王泽鉴：《民法学说与判例研究（四）》，中国政法大学出版社 1998 年版。

4. 苏永钦：《寻找新民法》，北京大学出版社 2012 年版。

5. 苏永钦：《民事立法与公私法的接轨》，北京大学出版社 2005 年版。

6. 杨仁寿：《法学方法论（第二版）》，中国政法大学出版社 2013 年版。

7. 龙卫球：《民法总论》，中国法制出版社 2001 年版。

8. 龙卫球：《民法基础与超越》，北京大学出版社 2010 年版。

9. 李显冬：《溯本求源集——国土资源法律规范系统之民法思维》，中国法制出版社 2012 年版。

10. 李显冬：《中国矿业立法研究》，中国人民公安大学出版社 2006 年版。

11. 李显冬：《矿业法律实务问题及应对策略》，中国法制出版社 2012 年版。

12. 李显冬：《中国矿业立法理论与实务》，中国政法大学出版社 2015 年版。

13. 苏力：《法治及其本土资源》，中国政法大学出版社 2004 年版。

14. 舒国滢等：《法学方法论问题研究》，中国政法大学出版社 2007 年版。

15. 孙宪忠：《中国物权法总论》，法律出版社 2009 年版。

16. 孙宪忠：《国家所有权的行使与保护研究》，中国社会科学出版社 2015 年版。

17. 崔建远：《准物权研究》，法律出版社 2003 年版。

18. 崔建远：《物权法》，中国人民大学出版社 2009 年版。

19. 王利明：《物权法论（修订版）》，中国政法大学出版社 2003 年版。

20. 王利明：《中国物权法草案建议稿及说明》，中国法制出版社 2001 年版。

21. 王利明：《物权法研究（第三版）》，中国人民大学出版社 2013 年版。

22. 简芳钦：《矿业法通论》，台湾矿业协进会 1985 年版。

23. 康纪田：《矿业法论》，中国法制出版社 2011 年版。

24. 傅英：《中国矿业法制史》，中国大地出版社 2001 年版。

25. 傅英：《矿产资源法修订理论研究与制度设计》，中国大地出版社 2006 年版。

26. 郗伟明：《矿业权法律规制研究》，法律出版社 2012 年版。

27. 蒋文军：《矿产物权疑难法律问题解析与实务操作》，中国法制出版社 2008 年版。

28. 蒋文军：《矿业权行政管理实务——矿业律师的实务经验与视角》，法律出版社 2012 年版。

29. 张明鑫：《最新矿业权评估转让制度规定及相关数据参数与招拍挂管理工作全书（一）》，中国土地出版社 2008 年版。

30. 张钦礼等：《采矿概论》，化学工业出版社 2009 年版。

31. 李晓峰：《中国矿业法律制度与实务操作》，法律出版社 2006 年版。

32. 朱岩、高圣平、陈鑫：《中国物权法评注》，北京大学出版社 2007 年版。

33. 房绍坤：《物权法用益物权编》，中国人民大学出版社 2007 年版。

34. 肖国兴、萧乾刚：《自然资源法》，法律出版社 1999 年版。

35. 薛波：《元照英美法词典》，法律出版社 2003 年版。

36. 朱学义：《矿产资源权益理论与应用研究》，社会科学文献出版社 2008 年版。

37. 曲格平：《环境与资源法律读本》，解放军出版社 2002 年版。

38. 国土资源部地质勘查司：《各国矿业法选编（上册）》，中国大地出版社 2005 年版。

39. 国土资源部地质勘查司：《各国矿业法选编（下册）》，中国大地出版社 2005 年版。

40. 全国人大常委会法制工作委员会民法室：《中华人民共和国物权法解读》，中国法制出版社 2007 年版。

41. 世界银行、国家民族事务委员会项目课题组：《中国少数民族地区自然资源开发社区收益机制研究》，中央民族大学出版社2009 年版。

42. 蔡鑫磊：《基于利益相关者理论的中国矿业权市场研究》，中国经济出版社 2013 年版。

43. 杜万华主编：《最高人民法院审理矿业权纠纷司法解释理解与适用》，中国法制出版社 2017 年版。

二、中文期刊

1. 江平：《完善市场经济法律制度的思考》，载《中国法学》2003 年第 1 期，第 7 页。

2. 江平：《重大改革于法有据与新问题》，载《炎黄春秋杂志》2014 年第 12 期，第 6-8 页。

3. 龙卫球：《法治进程中的中国民法——纪念〈民法通则〉施行 20 周年》，载《比较法研究》2007 年第 1 期，第 103 页。

4. 谢鸿飞：《民法典与特别民法关系的构建》，载《中国社会科学》2013 年第 2 期，第 98-116 页。

5. 李显冬：《"中国矿业法修订"研究课题建议书（节选）》，载《资源与人居环境》2007 年第 21 期，第 20-25 页。

6. 李显冬、杜晓光：《经济法概念与经济法规范体系》，载《法学杂志》1998 年第 5 期，第 28 页。

7. 李显冬、杨城：《关于〈矿产资源法〉修改的若干问题》，载《中国国土资源经济》2013 年第 4 期，第 4-9 页。

8. 李显冬、刘宁：《矿业权物权变动与行政审批之效力研究》，载《国家行政学院学报》2011 年第 1 期，第 50-54 页。

9. 孙宪忠：《"统一唯一国家所有权"理论的悖谬及改革切入

点分析》，载《法律科学（西北政法大学学报）》2013 年第 3 期，第 59 页。

10. 王利明：《我国案例指导制度若干问题研究》，载《法学》2012 年第 1 期，第 71-72 页。

11. 曹树培：《政府在矿业权管理和市场运行中的定位》，载《国土资源情报》2007 年第 11 期，第 50-54 页。

12. 姚建宗：《中国特色社会主义新时代法治建设的实践行动纲领——中国共产党十九大报告的法学解读》，载《法制与社会发展》2017 年第 6 期，第 5-20 页。

13. 甘藏春：《在〈矿产资源法〉修改协调小组会议上的讲话》，载《国土资源通讯》2012 年第 2 期，第 19-21 页。

14. 吕忠梅、尤明青：《矿产资源所有权及其实现》，载《资源与人居环境》2007 年第 12（下）期，第 18 页。

15. 孟勤国：《有思想无行动——评物权法草案的用益物权》，载《法学评论》2006 年第 1 期，第 156 页。

16. 蔡立东、李晓倩：《行政审批与矿业权转让合同的效力》，载《政法论坛》2011 年第 5 期，第 33-37 页。

17. 郇伟明：《山西煤炭资源整合法律问题探析》，载《山西大学学报（哲学社会科学版）》2009 年第 5 期，第 102-103 页。

18. 郇伟明：《当代社会化语境下矿业权法律属性考辨》，载《法学家》2012 年第 4 期，第 91 页。

19. 张文驹：《矿权性质及其市场制度》，载《中国地质矿产经济》2003 年第 10 期，第 15-23 页。

20. 张文驹：《矿业市场准入资格和矿权主体资格》，载《国土资源经济》2006 年第 10 期，第 4-8 页。

21. 康纪田：《论行政特许功能界定的失误及其矫正》，载《内蒙古农业大学学报（社会科学版）》2005 年第 3 期，第 33-35。

22. 康纪田：《让矿业法独立于矿产资源法的法治价值》，载《资源环境与工程》2006 年第 6 期，第 730-734 页。

23. 康纪田：《采矿权并非用益物权的法理辩析——与中国政法大学李显冬教授商榷》，载《时代法学》2008 年第 2 期，第 89-96 页。

24. 康纪田：《中外矿业特许权设置的比较研究》，载《中北大学学报（社会科学版）》2007 年第 3 期，第 36-40 页。

25. 康纪田：《矿业登记制度探讨》，载《矿业工程》2007 年第 6 期，第 11-13 页。

26. 康纪田：《中外矿业登记制度比较研究》，载《中国煤炭》2007 年第 10 期，第 24 页。

27. 康纪田：《对系列矿业权物权理论的透视——兼议矿业权的虚无性》，载《前沿》2007 年第 11 期，第 146-149。

28. 康纪田：《试析采矿权物权设置的失误——对〈物权法〉第 123 条的剖析》，载《广西政法管理干部学院学报》2008 年第 1 期，第 51 页。

29. 康纪田：《以社会管制为主的矿业立法初探》，载《甘肃行政学院学报》2009 年第 3 期，第 109-115 页。

30. 蒋文军：《矿产资源整合中的问题》，载《国土资源》2009 年第 3 期，第 43-45 页。

31. 张璐：《〈矿产资源法〉修改中的"权证分开"问题研究》，载《甘肃政法学院学报》2010 年第 11 期，第 65-68 页。

32. 肖国兴：《论民营资本规制与能源发展转型的法律契机》，载《法学》2013 年第 12 期，第 14 页。

33. 刘欣、肖先华：《对〈矿产资源法〉修改的建议》，载《国土资源通讯》2009 年第 3 期，第 41-46 页。

34. 董慧凝、尤完：《论资源制约及资源导向的循环经济》，载《财经问题研究》2007 年第 9 期，第 15 页。

35. 王清华：《澳大利亚矿业权授予和转让制度及对我国相关立法的借鉴意义》，载《河北法学》2011 年第 6 期，第 154 页。

36. 高富平、顾权：《我国矿业权物权化立法的基本思路》，载《法学杂志》2001 年第 6 期，第 72 页。

37. 文正益：《矿业权有偿取得和矿产资源有偿使用是不能混淆的两码事》，载《中国国土资源情报》2011 年第 3 期，第 18-19 页。

38. 丁全利：《我国 31 个省级矿业权有形市场建成实现五公开》，载《国土资源》2011 年第 9 期，第 27 页。

39. 胡乾坤：《山西煤炭资源整合争论与辨析——政府、市场与产权的视角》，载《资源与产业》2010 年第 6 期，第 75-76 页。

40. 刘瑞明、石磊：《国有企业的双重效率损失与经济增长》，载《经济研究》2010 年第 1 期，第 127 页。

41. 孙宏涛、田强：《论矿业权的流转》，载《中国矿业大学学报（社会科学版）》2005 年第 3 期，第 61-67 页。

42. 武钧琦、王丽艳：《矿业权出让合同法律属性探析》，载《中国矿业》2011 年第 4 期，第 81-83 页。

43. 邢会强：《政策增长与法律空洞化——以经济法为例的观察》，载《法制与社会发展》2012 年第 3 期，第 117-121 页。

44. 欧阳北松：《对计划经济从理论到实践过程的再反思》，载《社会科学阵线》2005 年第 1 期，第 63 页。

45. 朱晓勤、温浩鹏：《对矿业权概念的反思》，载《中国地质大学学报（社会科学版）》2010 年第 1 期，第 89-91 页。

46. 尹田：《海域物权的法律思考》，载《河南省政法管理干部学院学报》2005 年第 1 期，第 129-130 页。

47. 杨璐：《美国矿业行政概况及启迪》，载《矿产保护与利用》1998 年第 6 期，第 1-4 页。

48. 王化锐、杨平供：《美国矿产法规的演化特点》，载《矿产保护与利用》1991 年第 6 期，第 9-11 页。

49. 沈莹：《国外矿产资源产权制度比较》，载《经济研究参考》1996 年第 16 期，第 45-46 页。

50. 孙笑侠：《论行业法》，载《中国法学》2013 年第 1 期，第 46-59 页。

51. 梅夏英：《当代财产权的公法与私法定位分析》，载《人大法律评论》2001 年第 1 期，第 223 页。

52. 杨玉峰、韩文科、苗韧、安琪：《奥巴马能源政策演变》，载《中国投资》2010 年第 7 期，第 80 页。

53. 李国平、李恒炜、彭思奇：《西方发达国家矿产资源所有权制度比较》，载《西安交通大学学报（社会科学版）》2011 年第 2 期，第 38-48 页。

54. 董慧凝、尤完：《论资源制约及资源导向的循环经济》，载《财经问题研究》2007 年第 9 期，第 15 页。

55. 石江水：《矿产资源立法的私权化进路分析》，载《河北法学》2012 年第 3 期，第 106-113 页。

56. 税兵：《自然资源国家所有权双阶构造说》，载《法学研究》2013 年第 4 期，第 4-17 页。

57. 王涌：《自然资源国家所有权三层结构说》，载《法学研究》2013 年第 4 期，第 48-61 页。

58. 巩固：《自然资源国家所有权公权说》，载《法学研究》2013 年第 4 期，第 19 页。

59. 王世军：《我国矿业问题的制度及其分析》，载《中国矿业》2005 年第 4 期，第 26 页。

60. 师安宁：《矿业权出让行为中反行政性垄断研究》，载《中国矿业》2009 年第 2 期，第 19-21 页。

61. 罗小南、岑况：《探矿权"招拍挂"出让制度引发的问题及政策建议》，载《资源与产业》2010 年第 6 期，第 167 页。

62. 欧阳杉、甘开鹏：《对完善我国矿业权转让法律制度》，载《长江大学学报（社会科学版）》2007 年第 1 期，第 63 页。

63. 章剑生：《审批"寻租"回流——权力的傲慢》，载《人民论坛》2011 年第 25 期，第 40-41 页。

64. 许书平：《健全勘查区块退出机制，加快促进地质找矿突破》，载《中国国土资源经济》2010 年第 6 期，第 44 页。

65. 刘卫先：《对我国矿业权的反思与重构》，载《中州学刊》2012 年第 2 期，第 66 页。

66. 吴琼、吴琪、李树枝、陈从喜：《2012 年全国非油气矿产资源开发利用形势》，载《中国矿业》2013 年第 9 期，第 8 页。

67. 邢会强：《政策增长与法律空洞化——以经济法为例的观察》，载《法制与社会发展》2012 年第 3 期，第 117-121 页。

68. 雷磊：《指导性案例法源地位再反思》，载《中国法学》2015 年第 1 期，第 272-290 页。

69. 曹宇、李显冬：《美国矿业立法的私法优位主义：中国法的未来走向?》，载《山东社会科学》2017 年第 8 期，第 175-180 页。

70. 曹宇：《矿业权登记的理论反思与修正面向》，载《河北法学》2014 年第 5 期，第 173-176 页。

71. 曹宇：《规避与管控：矿业权转让与矿股变动关系研究》，载《北京航空航天大学学报（人文社科版）》2014 年第 2 期，第 48-55 页。

三、中文译著

1. ［意］彼得罗·彭梵得：《罗马法教科书》，黄风译，中国政法大学出版社 2005 年修订版。

2. ［德］鲍尔·施蒂尔纳：《德国物权法（上册）》，张双根译，法律出版社 2004 年版。

3. ［德］卡尔·拉伦茨：《德国民法通论》，王晓晔等译，法律出版社 2003 年版。

4. ［德］迪特尔·梅迪库斯：《德国民法总论》，邵建东译，法律出版社 2001 年版。

5. ［法］雅克·盖斯旦等：《法国民法总论》，陈鹏等译，法律出版社 2004 年版。

6. ［英］亚当·斯密：《国民财富的性质和原因的研究》，郭大力等译，商务印书出版社 1972 年版。

7. ［英］彼得·甘西：《反思财产：从古代到革命时代》，陈高华译，北京大学出版社 2011 年版。

8. ［美］詹姆斯·布凯南：《财产与自由》，韩旭译，中国社会科学出版社 2002 年版。

9. ［美］约翰·G. 斯普兰克林：《美国财产法精解》，钟书峰译，北京大学出版社 2009 年版。

10. 〔美〕约翰·E. 克里贝特等:《财产法:案例与材料(第七版)》,齐东祥、陈刚译,中国政法大学出版社2003年版。

11. 〔美〕约瑟夫·P. 托梅因:《美国能源法》,万少廷译,法律出版社2008年版。

12. 〔美〕詹姆斯·戈德雷:《私法的基础:财产、侵权、合同和不当得利》,张家勇译,法律出版社2007年版。

13. 〔日〕我妻荣:《我妻荣民法讲义Ⅱ》,中国法制出版社2008年版。

14. 〔日〕六本佳平:《日本法与日本社会》,刘银良译,中国政法大学出版社2004年版。

四、外文文献

1. Barry Barton. Canadian law of mining. Calgary:Canadian Institute of Resources Law, 1993, pp. 115-116.

2. Brent S. Steel, Public lands management in the West:Citizens, interest groups, and values, Praeger, 1997, pp. 3-15.

3. Bureau of Land Management Idaho State Office, Idaho Information Guide:Locating Mining Claims, Bureau of Land Management, 2010, pp. 6-7.

4. Charles J. Alford, Mining Law of the British Empire, Gale Making of Modern Law, 2010, pp. 2-5.

5. Christopher McGrory Klyza, Who controls public lands?:mining, forestry, and grazing policies, 1870-1990. Chapel Hill, NC:University of North Carolina Press, 1996, p. 28.

6. Dale A. Oesterle, Public Land:How Much Is Enough?, Ecolo-

gy Law Quarterly, June 1996, pp. 531-536.

7. Davis Gerard, The development of first-possession rules in US mining, 1872-1920: theory, evidence, and policy implications, Resources Policy, December 1998, pp. 251-264.

8. Elizabeth Bastida, Thomas Wälde, Janeth Warden-Fernández, International and comparative mineral law and policy: trends and prospects. Mohr Siebeck GmbH & Co. KG, 2005, pp. 643-660.

9. Eva Liedholm Johnson, Mineral Rights Legal Systems Governing Exploration and Exploitation, Kungliga Tekniska högskolan, 2010, pp. 303-319.

10. Eva Liedholm Johnson, Rights to Minerals in Sweden: Current Situation from an Historical Perspective, Journal of Energy & Natural Resources Law, June 2015, pp. 278-286.

11. F. T. Cawood, R. C. A. Minnitt, A historical perspective on the economics of the ownership of mineral rights ownership, The Journal of The South African Institute of Mining and Metallurgy, November 1998, pp. 369-376.

12. James Otto, John Cordes, The regulation of mineral enterprises: A global perspective on economics, law and policy, Colorado: Rocky Mountain Mineral Law Foundation, 2002, pp. 8-64.

13. Janeth Warden-Fernandeza, Indigenous Communities' Rights and Mineral Development, Journal of Energy and Natural Resources Law, June 2005, pp. 395-426.

14. John P. Williams, Legal reform in mining: Past, present and future, in International and Comparative Mineral Law and Policy: Trends

and Prospects, Kluwer Law International, 2005, pp. 37-39.

15. Kathy Rohling, Mining Claims and Sites on Federal Lands, U. S. Dept. of the Interior, Bureau of Land Management, 2007, pp. 1-11.

16. Koh Naito, Felix Remy, John P. Williams, Review of legal and fiscal: frameworks for exploration and mining, Mining Journal Books Ltd, 2001, pp. 18-20.

17. Public Land Law Review Commission, One third of the Nation's land: a report to the President and to the Congress, Public Land Law Review Commission, Washington, DC, 1970, pp. 48-52.

18. Marion Clawson, The Federal lands revisited, Hopkins Fulfillment Services, 1983, pp. 15-62.

19. Michael Hunt, Government Policy and Legislation Regarding Mineral and Petroleum Resources, Australian Law Journal, November 1988, p. 846.

20. Michael Hunt, Mining Law in Western Australia, Federation Press, 2009, pp. 2-9, 139.

21. Nancy A. McLaughlin, The Role of Land Trusts in Biodiversity Conservation on Private Lands, Idaho Law Review, February 2002, pp. 459-469.

22. Richard A. Posner, Creating a Legal Framework for Economic Development, World Bank Research Observer, February 1998, pp. 1-11.

23. Robert B. Keiter, Public Lands and Law Reform: Putting Theory, Policy, and Practice in Perspective, 2005 Utah Law Review, November 2005, pp. 1152-1210.

24. Sally K. Fairfax, Thinking the Unthinkable: States as Public

Land Managers, Hastings West-Northwest Journal of Environmental Law and Policy, October 1995, pp. 509-517.

25. Sally K. Fairfax, Lauren Gwin, Lynn Huntsinger, Presidio and Valles Caldera: A Preliminary Assessment of Their Meaning for Public Resource Management, Natural Resources Journal, March 2004, p. 449.

26. Sally K. Fairfax, Carolyn Yale, Federal Lands: A Guide to Planning, Management and State Revenues, Island Press, 1987, pp. 38-40.

27. Thomas Wälde, Mineral Development Legislation: Result and Instrument of Mineral Development Planning. Natural Resources Forum, May 1988, pp. 175-180.

五、法律法规及相关文件

1.《中华人民共和国宪法》（2018）

2.《中华人民共和国民法通则》（1986）

3.《中华人民共和国物权法》（2007）

4.《中华人民共和国行政许可法》（2003）

5.《中华人民共和国土地管理法》（2004）

6.《中华人民共和国矿产资源法》（1986）

7.《矿产资源法实施细则》（国务院 1994 年第 152 号令）

8.《矿产资源勘查区块登记管理办法》（国务院 1998 年第 240 号令）

9.《矿产资源开采登记管理办法》（国务院 1998 年第 241 号令）

10.《探矿权采矿权转让管理办法》（国务院 1998 年第 242 号令）

11.《国务院关于印发矿产资源权益金制度改革方案的通知》（国发〔2017〕29 号）

12.《矿业权出让转让管理暂行规定》（国土资发〔2000〕309 号）

13.《探矿权采矿权招标拍卖挂牌管理办法（试行）》（国土资发〔2003〕197 号）

14.《关于进一步规范矿业权出让管理的通知》（国土资发〔2006〕12 号）

15.《财政部国土资源部中国人民银行关于探矿权采矿权价款收入管理有关事项的通知》（财建〔2006〕394 号）

16.《国土资源部关于建立健全矿业权有形市场的通知》（国土资发〔2010〕145 号）

17.《矿业权交易规则（试行）》（国土资发〔2011〕242 号）

18.《土地登记办法》（国土资发〔2008〕40 号）

19.“台湾地区矿业法”（2003）

20.“台湾地区矿业登记规则”（2005）

21.《苏联和各加盟共和国地下资源法纲要》（1975）

22.《美国通用矿业法》（1872）

23.《美国矿地租赁法》（1920）

24.《美国通用建筑材料法》（1947）

25.《德国民法典》（2002）

26.《法国民法典》（2010）

27.《德国联邦矿山法》（1980）

28.《法国矿业法》（1985）

29.《日本矿业法》（1981）

30.《韩国矿业法》（1994）

附录一：《矿业权纠纷司法解释》的亮点解读[①]

2017年2月20日，最高人民法院网发布"最高法审议并原则通过审理矿业权纠纷案件适用法律若干问题的解释"的消息，审理矿业权纠纷的司法解释的颁行正式提上日程。2017年7月27日，《最高人民法院关于审理矿业权纠纷案件适用法律若干问题的解释》（法释〔2017〕12号）（以下简称《司法解释》），如约而至。

一、创制原则：坚持问题导向，体现基本共识

调整矿业权纠纷的主要法律依据为《矿产资源法》（1986年制定，1996年修改）以及国务院的三个配套规定（1998年制定）。但二十年来矿业经济的迅速发展对于规则需求的缺口，更多的是通过矿业政策加以填补。司法实务中，全国各级法院对相关法律、法规乃至矿业政策的理解差异较大，裁判标准不一。

《司法解释》的颁行是司法机关对于矿业权纠纷裁判规则供给不足的集中回应，可谓是司法裁判规则层面的供给侧改革。《司法解释》共计23个条文，涉及矿业权纠纷的审判理念，矿业权出让合同、转让合同，矿业权抵押以及环境公益诉讼等司法实务中颇具

---

① 内容原载于财新网，与李显冬教授合作完成，此处略有修改。

争议,又迫切需要统一裁判规则的诸多问题。

考察《司法解释》的基本规范,其创制原则奉行问题导向的基本原则,是就司法审判实践中涉及矿业权纠纷中具体问题的针对性回应,而对于编排体例与逻辑结构则选取了放宽的策略,并不过分追求。《司法解释》23条的篇幅相较而言,是选取"小方案"的结果,是就矿业权纠纷中争议问题处理的基本共识的确认,对于司法实践中不够突出且普遍性不足的问题则不予涉及。值得注意的是,早在2016年7月最高人民法院公布矿业权纠纷十大典型案例,就矿业权纠纷中部分突出问题的处理,已给出明确的司法态度。"典型案例"构成了《司法解释》适用的重要补充。

二、概念定位:立足物权法规定,遵从矿业权的他物权定位

依据现行法的规定,矿业权的设置是杂糅物权、行政许可,乃至企业资格等因素的综合体,受到公法与私法机制的共同调整。现行矿产资源法就矿业权的法律设计采取了民事权利与行政许可混搭的方式以及矿业经济本身的复杂性,是导致矿业权纠纷法律适用困难的重要原因,而矿业权的属性定位,是解决矿业权纠纷以及正确适用法律的基础。

2007年颁行的《物权法》(第123条),将矿业权纳入用益物权的体系,明确矿业权他物权的属性定位,为矿业权的法律规制提供了新的视野。但关于矿业权概念与属性的法律争议并没有因为物权法的颁行而定分止争。就此次《司法解释》而言,其审判理念与规则设计极大地彰显了对物权法精神的致敬,不在矿业权概念与属性的学理争议之上纠结不前,而突出考虑矿业权民事权利的基本属性。

2000年国土资源部颁发的规范性文件《矿业权出让转让管理

暂行规定》，已经明确"矿业权适用于不动产法律法规的调整原则"。《司法解释》对此予以沿袭与固定，确定了《物权法》中不动产规则适用于矿业权纠纷的空间，尤其为《物权法》第15条区分原则的适用奠定前提。遵从矿业权他物权的定位，对于矿业权转让的保护实为利好。矿业权转让合同的效力认定、报批条款的独立性等规则正是以矿业权的物权属性作为基础，从而具体展开的。

三、审判理念：民事权利与行政许可的适度区分

矿业权纠纷审理对矿业权设置中的民事权利与行政许可因素进行适度区分，是遵从矿业权他物权定位的具体技术路线，也是矿业权纠纷审判理念的重要转变。

矿业权的他物权属性决定其可转让性的根本特征。《司法解释》尊重矿业权的可转让性，保护矿业权流转。从应然性的角度考虑，矿业权的转让对于矿业权市场的建设，乃至市场在矿产资源配置中起决定性作用具有重要的制度意义。"应当依法保护矿业权流转，维护市场秩序和交易安全"（《司法解释》第1条）的价值追求，明确了司法实践对于矿业权转让的积极态度。《矿产资源法》确立的"以禁止为原则，以转让为例外"的矿业权流转态度，一直以来都是矿业领域市场化改革的重点方向。地质矿产主管部门的系列规范性文件与改革措施已经迈出了"矿业权转让为原则，禁止为例外"的尝试。此次《司法解释》对于矿业权流转保护的确认，从司法层面再次确认了矿业权的可转让性，并从司法裁判规则的角度对矿业权的财产属性和行政许可属性予以分离，消除了阻碍矿业权流转的不合理因素。

四、制度抓手:矿业权流转合同是规制重点,其效力判断是主要路径

值得注意的是,"合同"显然是《司法解释》的高频词,仅有的 23 个条文中,"合同"一词共计出现 28 次,大部分条文围绕矿业权流转合同展开。[1] 如此设计的原因在于:第一,司法实务中,矿业权流转合同纠纷占矿业权纠纷的绝大比重,是容易引发纠纷的高频问题。第二,突出矿业权的物权属性,区分矿业权中的民事权利与行政许可因素,决定了矿业权流转合同是规范的重点内容。近年来,各省法院已经就矿业权流转合同的处理积累了很多经验,形成了处理该类案件的基本共识。《司法解释》将司法实践中的临时性措施予以定型化,进而更好地指导司法裁判,妥当地处理相关纠纷,减少同案不同判的发生频率。

综合考察《司法解释》的规范设计,呈现出尊重矿业权流转当事人的意思自治,未经审批不影响合同效力的基本规则。矿业权流转包括矿业权出让与矿业权转让,前者为一级市场,通常县级以上地质矿产主管部门作为出让人,受让人为市场主体;后者为二级市场,指市场主体之间矿业权的转让。《司法解释》规范的重点内容在于出让合同与转让合同的效力,其中尤其亮眼的变化在于确立矿业权出让合同与转让合同的效力,原则上自成立之日生效。具体而言,矿业权出让合同的效力为"当事人请求确认自依法成立之日起

---

[1] 最高人民法院数据显示:2015 年全国法院新收一审环境资源民事案件 80289 件,其中涉及矿业权以及自然资源使用权的纠纷案件在 500 件左右,包括采矿权纠纷案件 151 件,自然资源使用权纠纷 248 件,中外合作勘查开发自然资源合同纠纷 104 件。矿业权民事纠纷尽管依案由有如上的类型化,但各种合同纠纷依然涵盖在各种分类之中。参见:《人民法院关于依法审理矿业权民事纠纷案件典型案例》,载最高人民法院网,2017 年 11 月 25 日访问。

生效的，人民法院应予支持"，当然"除法律、行政法规另有规定的情形外"（《司法解释》第2条），"矿业权转让合同自依法成立之日起具有法律约束力"，"当事人仅以矿业权转让申请未经国土资源主管部门批准为由请求确认转让合同无效的，人民法院不予支持"（《司法解释》第6条）。

矿业权流转合同，尤其是转让合同在当事人意思表示一致的情况下，《司法解释》原则上对其效力予以正面评价。但考虑到矿业权除却物权属性之外的公益属性，《司法解释》对特定情况之下的矿业权转让合同的效力给予否定性评价。

其一，《司法解释》第5条 未取得矿产资源勘查许可证、采矿许可证，签订合同将矿产资源交由他人勘查开采的，人民法院应依法认定合同无效。

其二，《司法解释》第12条 矿业权租赁、承包合同约定矿业权人仅收取租金、承包费，放弃矿山管理，不履行安全生产、生态环境修复等法定义务，不承担相应法律责任的，人民法院应依法认定合同无效。

其三，《司法解释》第18条 当事人约定在自然保护区、风景名胜区、重点生态功能区、生态环境敏感区和脆弱区等区域内勘查开采矿产资源，违反法律、行政法规的强制性规定或者损害环境公共利益的，人民法院应依法认定合同无效。

此外，矿业权出让中，受让人因为违反法定或者约定的义务，可能导致出让方解除矿业权出让合同。受让人勘查开采矿产资源未达到国土资源主管部门批准的矿山地质环境保护与治理恢复方案要求，在国土资源主管部门规定的期限内拒不改正，或者因违反法律法规被吊销矿产资源勘查许可证、采矿许可证，或者未按照出让合同的约定支付矿业权出让价款，出让人请求解除出让合同的，人民法院应予支持（《司法解释》第4条第2款）。

综上而言，《司法解释》对于矿业权流转的调整主要采取私法调整的思路，对于矿业权流转合同，物权变动等问题的裁判规则与物权法、合同法确定的私法精神与裁判规则一脉相承。矿业权公益属性并没有因为偏私型的调整机制而遭到忽视，反而通过对合同效力的否定性评价以及合同解除权的设置等法律技术，将公法上的目标加以植入，依然是公私法综合调整的法律机制的呈现。

五、规则创新：矿业权抵押的调整纳入视野，基本规则业已成形

鉴于特定的历史背景与现实需求，《矿产资源法》尚未将矿业权抵押纳入调整的范围。随着矿业经济领域改革的持续深入，矿业权的价值性愈发凸显，作为矿山企业核心资产的矿业权，其融资担保的功能亦随之得到重视。矿业权抵押的实践对其抵押规则的供给提出了现实需求，地质矿产主管部门（国土资源部）在其系列的规范性文件中，尤其是《矿业权出让转让管理暂行规定》就矿业权抵押予以确认。但此种确认更多的是从矿业权抵押的概念与程序进行了粗线条式的勾勒，矿业权抵押合同的效力以及抵押权的设立、实现等核心问题尚未涉及。

《司法解释》就矿业权抵押的规制路径，严格地遵循了《物权法》第15条确立的区分原则，将矿业权抵押合同的效力与抵押权设立的效力加以区分，其中抵押合同的效力"自依法成立之日起生效"，"未经主管部门批准或者登记、备案为由请求确认抵押合同无效"将无法得到人民法院的支持（《司法解释》第14条），而矿业权抵押权的设立则依赖于抵押登记。关于登记的理解则需要进行扩张解释，"颁发矿产资源勘查许可证或者采矿许可证的国土资源主

管部门根据相关规定办理的矿业权抵押备案手续，视为前款规定的登记"。(《司法解释》第15条)。如此处理的原因在于矿业权登记制度的升级与改革尚未完成，矿业权抵押登记的机构以及相关程序仍然缺位，当前的矿业权登记较物权法确立的登记制度存在"代差"。因此，《司法解释》采取扩张解释的方式用既有的"抵押备案"实现"抵押登记"的基本功能。此种处理方式属于临时性的应急措施，随着矿业权登记制度的完善将会因为完成历史使命而失去效能。

此外，《司法解释》针对矿业权本身的特殊性就其实现与物上代位性进行了特别化的规范。其一，矿业权抵押权的实现。"拍卖、变卖矿业权或者裁定以矿业权抵债"等 (《司法解释》第16条) 矿业权抵押权的实现方式符合物权法确立的抵押权实现的基本规定，特殊之处在于《司法解释》就矿业权竞买人、受让人的资质条件进行了明确的限制。其二，物上代位性。依据物权法规定担保物权具有物上代位性的特征，此处《司法解释》第17条不仅对此予以重申，更加丰富了矿业权全部或者部分灭失的原因。除却"抵押期间因抵押人被兼并重组或者矿床被压覆"之外，"等"字的解释仍然具有广阔的空间。

六、价值诉求：生态文明不容忽视，环境保护仍需加强

尽管《司法解释》的主线围绕矿业权合同与物权变动等私法问题展开，但生态文明与环境保护的价值诉求贯穿始终，除却《司法解释》第1条予以强调之外，此种价值诉求还强有力地呈现在具体的规则设计之中。

其一，否定合同效力。诚如前文所述，以环境保护为核心内容的公共利益的价值诉求将对矿业权流转合同的效力产生影响。

此种影响一方面表现为司法机关对当事人之间合同效力的否定性评价，如在特定区域内勘查开采矿产资源的合同，再如不履行安全生产、生态环境修复等法定义务的矿业权租赁合同等。另一方面，矿业权出让合同中的受让人因为资质的缘故可能导致出让人解除合同。

其二，提起公益诉讼。《司法解释》第 21 条第 1 款"勘查开采矿产资源造成环境污染，或者导致地质灾害、植被毁损等生态破坏，法律规定的机关和有关组织提起环境公益诉讼的，人民法院应依法予以受理"的规定，使得矿产资源开发产生的负外部性的处理与当前立法确立的公益诉讼制度加以对接，成为超越当前矿产资源立法的新举措。

其三，发出司法建议。"人民法院在审理案件中，发现无证勘查开采，勘查资质、地质资料造假，或者勘查开采未履行生态环境修复义务等违法情形的，可以向有关行政主管部门提出司法建议，由其依法处理；涉嫌犯罪的，依法移送侦查机关处理"（《司法解释》第 22 条）的规定，是为了实现环境保护价值追求的司法能动性的体现，但这种能动性是有限度的，其兼顾了司法权与行政权之间的必要界限。

附录二:《矿业权十大典型案例之矿山企业股权转让》的规范解读[①]

一、基本案情、裁判要旨以及简要评析

(一)案情概要

2013年3月24日,大宗集团股份有限公司(以下简称大宗公司)、宗锡晋为甲方,圣火矿业公司为乙方签订《股权转让协议》。协议内容:甲方共同合法持有宿州宗圣矿业有限公司(以下简称宿州宗圣公司)和淮北宗圣矿业有限公司(以下简称淮北宗圣公司)各44%的股权(其中大宗公司40%,宗锡晋4%)。乙方系两个公司的股东之一,具有受让两个公司股权的合法权利,愿意受让甲方转让的两个公司股权。经双方协商一致,甲方同意将持有的两个公司各44%的股权以人民币6.5亿元(大写:陆亿伍仟万元)转让给乙方。同时,就股权转让款的支付时间和方式,工商变更登记手续以及关于两个公司资产、物品等财产等事项予以约定。

协议签订后,圣火矿业公司依协议约定应当于2014年7月31日前支付第一期股权转让款1亿元,但圣火矿业公司未按期履行付

---

① 主要内容《矿股转让解制规则的司法确立与规范解读》发表于《判解研究》2017年第1辑,此处略有修改。

款义务。2014年7月31日，圣火矿业公司向大宗公司出具2000万元的违约金欠条。欠条载明："今欠大宗集团有限公司款2000万元，该笔欠款保证于2014年8月30日一次性付清。注：该违约金系大宗集团有限公司与淮北圣火矿业有限公司在2013年3月24日签订的第一笔探矿权转让金1亿元所造成的违约金款。"2014年9月5日、9日、11日、12日，圣火矿业公司分四笔共计支付大宗公司违约金1000万元，之后再未支付款项。

大宗公司、宗锡晋向一审法院起诉，请求判令圣火矿业公司支付股权转让款1亿元及违约金1000万元，诉讼费用由圣火矿业公司承担。①

（二）裁判要旨

本案历经山东省高级人民法院与最高人民法院两级法院审理。当事人不服山东省高级人民法院一审（2014）鲁商初字第72号判决，向最高人民法院提起上诉，并由最高人民法院做出（2015）民二终字第236号终审判决。

一审法院与二审法院均将当事人之间签订的关于股权转让协议的效力判断以及协议是否应继续履行的问题确定为争议焦点，并进行了详细的说理。

一审法院认为：2013年3月24日，大宗公司、宗锡晋与圣火矿业公司签订的《股权转让协议》，系双方真实意思表示，且不违反法律、行政法规的禁止性规定，该协议应当认定合法有效。双方签订的股权转让协议中约定，大宗公司、宗锡晋将合法持有宿州宗圣公司和淮北宗圣公司各44%的股权全部转让给圣火矿业公司，圣火矿业公司支付转让款项。因此，双方系股权转让的法律关系。圣

----

① 案件来源：最高人民法院（2015）民二终字第236号。

火矿业公司主张本案系转让探矿权，因未经审批合同未生效，对该主张，不予支持。

二审法院认为：大宗公司、宗锡晋与圣火矿业公司签订的《股权转让协议》，系双方真实意思表示，且不违反法律、行政法规的禁止性规定，该协议合法有效。双方在协议中约定，大宗公司、宗锡晋将合法持有宿州宗圣公司和淮北宗圣公司各44%的股权全部转让给圣火矿业公司，圣火矿业公司支付转让款项。三处煤炭资源的探矿权许可证和采矿权许可证始终在两个目标公司名下，不存在变更、审批的问题。《股权转让协议》签订后，圣火矿业公司也实际控制了两个目标公司，实现了合同目的。因此，双方系股权转让的法律关系，圣火矿业公司主张本案系转让探矿权，因未经审批合同未生效，对该主张，本院不予支持。

综上所述，矿业权与股权是两种不同的民事权利，如果仅转让公司股权而不导致矿业权主体的变更，则不属于矿业权转让，转让合同无须地质矿产主管部门审批，在不违反法律、行政法规强制性规定的情况下，应认定合同合法有效。迟延履行生效合同约定义务的当事人以迟延履行期间国家政策变化为由主张情势变更的，不予支持。①

（三）简要评析

本案可谓涉矿类民事纠纷中矿山企业股权转让的经典案例，全面地展示了该类案件中当事人的主要诉求与诉讼立场，更是代表性地呈现了司法机关，尤其是最高人民法院处理该类纠纷的基本思路

---

① 关于本案的案情与裁判结果，本文为避免篇幅过长，围绕讨论主题进行了必要的裁减。具体案情与裁判结果详见《大宗集团有限公司、宗锡晋与淮北圣火矿业有限公司、淮北圣火房地产开发有限责任公司、涡阳圣火房地产开发有限公司股权转让纠纷案》（审判长贾清林，审判员肖宝英，代理审判员武建华），载《最高人民法院公报》2016年第6期，第32-41页。

与核心观点。

其一，问题意识。本案的争议焦点主要集中于大宗公司、宗锡晋与圣火矿业公司签订的《股权转让协议》的效力判断问题。矿山企业股权转让因为地质矿产主管部门管制因素的植入使得纯粹意义上的股权转让纠纷变得更加复杂。拨开股权转让协议效力的迷雾，本案中表现的股权转让协议的效力判断问题更深层次地反映了矿山企业股权转让与矿业权转让之间的关系问题。股权转让与矿业权转让这两组相互区别且清晰的法律关系不断地上演一幕幕的爱恨情仇。进言之，二者之间牵连的红线无疑是地质矿产主管部门的审批，或者说审批是否为矿业权转让抑或矿股转让合同的生效要件。据此，本案中围绕股权转让协议的效力判断可以渐次引申至地质矿产主管部门审批对于合同效力的影响问题。

其二，裁判意义。矿业权转让与矿股转让之间的区别与牵连是实务界与理论界共同关注的焦点问题。其中论争要点在于矿山企业（有限责任公司）股权转让是否属于矿业权转让的类型之一，进一步推展，该问题意味着矿山企业股权转让合同是否需要地质矿产主管部门的审批。对此，不论是实务操作还是理论研究都有着截然不同的处理路径。既有严格区分二者，坚持矿股自由转让的观点，也有将矿股转让给予矿业权转让待遇的管控论观点。最高人民法院将一直以来困扰理论界与实务界的矿业权转让与矿山企业股权转让的关系问题，纳入调整的视野，尤为值得关注。最高人民法院以司法裁判的方式明确了实践中颇具争议的矿山企业股权转让与矿业权转让属于不同的法律关系且应区分调整的司法态度，此举是对涉矿类民事纠纷裁判规则供给不足的针对性回应，更是对涉矿类民事纠纷裁判规则适用的突破性尝试。

二、制造的问题：矿业权转让与矿股转让之间的区分与牵连

不论是依据民商事法律的基本原理，还是我国现行《公司法》的规定，抑或《矿产资源法》以及配套行政法规，矿业权转让与矿山企业股权转让是截然不同的两组法律关系。其中，前者是资产转让，后者是股权转让，二者在交易主体、交易标的、交易程序以及交易结果等诸多方面截然不同。然而，"除却特殊规定之外，股权转让只要满足《公司法》与《公司登记管理条例》的要求，即可自由转让"这样一个基本的法律认知，在矿山企业股权转让的情况之下，却成为引发理论争议与实践困境的难题。①

依据现行的法律规范体系，矿业权转让与矿股变动之间的关系本无须纠结，但是当矿股转让在实践中发展成为规避严苛的矿业权转让要求与程序而存在时，其则成为问题。形式上，矿股转让并不涉及矿业权人的变更，走的是股权转让的路子，不关乎矿业权转让的问题，从而有效地避免了矿业权转让的复杂要件与繁杂程序。② 实质上，矿股转让可以间接地实现基于矿业权投资所获得的经济收益。就矿业投资而言，矿股交易相较于矿业权转让在交易成本方面突出的比较优势，更可能成为当事人的理性选择。交易当事人就交易成本的考虑较地质矿产主管部门更为敏感，其选择矿股交易既可以规避地质矿产主管部门的审批，其中既包括矿业资质等实体性要求，也涵盖地质矿产主管部门层层上报审批等繁杂程序的

① 参见曹宇：《规避与管控：矿业权转让与矿股变动关系研究》，载《北京航空航天大学学报（社会科学版）》2014 年第 2 期，第 48—50 页。
② 依据我国现行法的规定矿业权的转让类型、条件以及程序都有着一系列的规制，其中最突出的表现在于矿业权转让需要地质矿产主管部门的审批，而且地质矿产主管部门的审批是矿业权转让合同的生效要件。具体参见：《探矿权采矿权转让管理办法》（国务院第 240 号令）第 10 条。

限制。①

　　针对交易当事人尝试的规避之路，各地的应对方式基本呈现为两种不同的模式选择。其一，矿股转让被界定为矿业市场监管的难题，急需加强监控和规制。② 所以，地质矿产主管部门对矿股交易以"矿业权转让化对待"加以封堵，将之纳入预设的矿业权转让管控体系之内。其二，不对矿股转让进行特殊化的处理，维持原有的法律运行状态。此外，实务当中流行的操作路径是将控股股东是否变动作为地质矿产主管部门审批介入的阈值，本质上是矿股转让自由与管控之间的平衡。可见，交易当事人与矿政管理部门围绕矿业权转让进行的规避与管控的博弈，将矿股交易与矿业权转让两组本来清晰且界限明确的法律关系牵连在一起。

三、矿股转让解制规则的司法确立

　　关于矿山企业股权转让与矿业权转让之间的关系，作为最高级别的地质矿产主管部门的国土资源部至今没有公开表态，但值得注意的是各地方对此进行了一系列的尝试。③ 就地质矿产主管部门而言，各地的处理方式莫衷一是，即使同一地区也存在大幅度的态度转变。④ 围绕矿股转让的规制还是解制，司法机关的态度也经历了一个动态发展的过程。

---

　　① 参见：《探矿权采矿权转让管理办法》第5-8条之规定。

　　② 参见魏铁军：《矿股关系与矿业规制的研究》，载《中国矿业》2012年第6期，第17-18页。

　　③ 注意此处的用词为"地方"，而非地方地质矿产主管部门。考察各地关于矿股转让的规范性文件，其制定主体具有多元化的特征。其中，包括但不限于：省政府办公厅、高级人民法院、省国土资源厅等。

　　④ 从全国31个省（市、自治区）的情况看，将股权转让视为矿业权转让的一种方式的省份不到1/5，在这不到1/5的省份中，实践操作并不理想。参见陈静、陈从喜：《矿业公司股权转让法律规则思考》，载《国土资源情报》2013年第5期，第13-17页。

（一）矿股转让解制规则的规范表达

判例在我国现行法制体系中的法源地位，尚有争论，但其"取舍严谨，难能而可贵"的价值已经得到正视。[①] 可以明确的是，尽管我国作为成文法国家，最高人民法院早在 1985 年即已通过《最高人民法院公报》刊载具有典型意义的审判案例，并在实践当中对各级人民法院的审判工作产生实然性的指导意义。[②] 虽然我国的法制建设奉行成文法的传统，但司法实践当中的判例，尤其是最高人民法院的判例已经具备一定程度之上的约束力。基于我国法治运行的实际特征，以及最高人民法院判例所承载的特殊功能，本文的注意力主要集中于最高人民法院针对矿股转让与矿业权转让之间关系的判断。

最高人民法院关于矿业权转让与矿股转让之间关系的司法态度		
名称	案号	裁判结果
申峻山、曹志杰与林锡聪、周泽辉、林柏清、周成金、张寿薪、李国光、项学元、王建新、卢福星、项洪元、陈朱华股权转让纠纷案	最高人民法院（2011）民二终字第 106 号	案涉《股权及资产转让协议书》虽约定转让股东股权及其资产，其中亦列明矿业权，但即便全体股东转让所有股权亦不能得出转让公司享有的矿业权的结论。即本案股权及资产转让协议的履行不当然发生实业公司矿业权转让的法律效果。本案矿业权主体未发生变动，仍为实业公司。

---

① 参见王泽鉴：《民法总则》，北京大学出版社 2009 年版，第 79—80 页。
② 参见王利明：《我国案例指导制度若干问题研究》，载《法学》2012 年第 1 期，第 71—72 页。

最高人民法院关于矿业权转让与矿股转让之间关系的司法态度		
名称	案号	裁判结果
燕子堂、康正君、艾绍宏、严玉春、薛金军与陈秀光、韩建厚、林秉桐股权转让合同纠纷案	最高人民法院 (2012) 民二终字第64号	案涉股权转让合同虽约定了股权及资产转让内容,但当事人在履行过程中,仅实际转让了煤业公司股权。根据《物权法》规定,物权变动经依法登记发生法律效力,未经登记,不发生效力。因涉案采矿许可证仍登记在煤业公司名下,该采矿权应属其所有,故根据股权转让合同约定和实际履行情况,应认定陈某等人并未受让煤业公司采矿权。认定本案为股权转让合同纠纷,符合当事人之间发生民事法律关系的实际情况,该协议有效。
青海汇吉实业集团有限责任公司、周卫军与杜红亚、李占云、高冠生、徐良庆、袁建明、周健股权转让纠纷案	最高人民法院 (2012) 民二终字第86号	案涉《公司收购协议》约定化工公司全体股东将股权过户给实业公司指定的人,并约定了收购对价、股权过户及资产移交等内容,该合同不违反法律法规规定,不损害他人合法权益,应认定合法有效。实业公司主张按《矿产资源法》《探矿权采矿权转让管理办法》等规定,《公司收购协议》未生效,因本案法律关系涉及变动的股权并非采矿权等资产,上述法律对矿山企业股权变动并无限制性规定,故不应适用上述法规。
薛梦懿等四人与西藏国能矿业发展有限公司、西藏龙辉矿业有限公司股权转让合同纠纷案	最高人民法院 (2014) 民二终字第205号 (2016年最高人民法院公布矿业权纠纷十大典型案例之一)	最高人民法院二审认为,《合作协议》及转让合同的性质应为股权转让,而非矿业权转让;矿山企业股权转让协议不属于法律、行政法规规定须办理批准、登记等手续才生效的合同,《合作协议》依法成立并生效。薛梦懿、薛梦蛟以欺诈手段和超低对价再次转让股权,王如云、薛云琦受让股权不符合善意取得条件,应为无效。《合作协议》应继续履行。二审法院判决驳回上诉,维持原判。

续表

最高人民法院关于矿业权转让与矿股转让之间关系的司法态度		
名称	案号	裁判结果
大宗集团有限公司、宗锡晋与淮北圣火矿业有限公司、淮北圣火房地产开发有限责任公司、卧阳圣火房地产开发有限责任公司股权转让纠纷案	最高人民法院 （2015）民二终字第 236 号	案涉三处煤炭资源的探矿权许可证和采矿权许可证始终在两个目标公司名下，不存在变更、审批的问题。《股权转让协议》签订后，圣火矿业公司也实际控制了两个目标公司，实现了合同目的。因此，双方系股权转让的法律关系，圣火矿业公司主张本案系转让探矿权，因未经审批合同未生效，对该主张，本院不予支持。

关于矿股转让与矿业权转让之间关系的司法态度，最高人民法院从 2011 年开始改变了原有的审慎态度，进行了一系列密集的发声，明确了矿山企业股权转让区别于矿业权转让的司法裁判规则，阐明了矿业权转让认定的主体变更标准，从司法裁判的维度确认了矿股转让无须按照矿业权转让对待的正当性。有鉴于最高人民法院确定的裁判规则所引发的矿股转让的解制效应，本文将之称为"解制规则"。

（二）矿股转让解制规则的形成历程

最高人民法院对于矿股转让纠纷的破题采取了审慎的司法态度，具体的处理策略呈现为：不予表态—判例尝试—公报吹风—典型案例—司法解释（可能的下一步）等不同的阶段。

就矿股转让解制司法裁判规则的形成而言，2011 年显然成为一个重要的时间节点。2011 年之前，最高人民法院关于矿业权转让与矿股转让之间关系的处理尤为谨慎。作为矿业纠纷频发且对相关裁判规则具有强烈需求的云南省进行了一系列的尝试。2009 年云南省高级人民法院出台《云南省高级人民法院关于审理涉及探矿权采矿权相关纠纷案件的指导意见》（2009 年第 28 次审判委员会会谈纪要），明确规定矿股转让在一定条件之下视为变相转让探矿权、采矿权，并依照"以合法形式掩盖非法目的"（《合同法》第 52 条）对相关合同予以无效的评价。① 值得注意的是，云南省高级人民法院于 2011 年第 35 次审判委员会形成的云高法（2011）266 号指导意见，代替了 2009 年《关于审理涉及探矿权、采矿权相关纠纷案件会议纪要》，并且删除了矿股转让的限制性规则。同样是 2011 年，最高人民法院通过司法判例寻求矿业权转让与矿股变动之间关系争议的突破，明确地呈现出矿股转让解制态度。②

2016 年 6 月，最高人民法院通过《最高人民法院公报》刊载裁判文书，就矿股转让的态度进行了吹风。"仅转让公司股权而不导致矿业权主体变更，不属矿业权转让，一方嗣后以转让合同未经地质矿产主管部门审批为由主张无效的，不予支持。"③

2016 年 7 月 12 日，最高人民法院发布矿业权民事纠纷十大案件典型案例，其中《薛梦懿等四人与西藏国能矿业发展有限公司、西藏龙辉矿业有限公司股权转让合同纠纷案》，再次明确矿业权转让以"主体变动"作为重要的判断标准。④

最高人民法院最终从司法裁判规则的操作层面，阐释了矿山企业股权转让"去矿业权转让化"的明确表态，将矿股转让从矿业权转让的旋涡中成功"营救"。以审批制为要素的矿业权转让程序强

---

① 参见：《云南省高级人民法院关于审理涉及探矿权采矿权相关纠纷案件的指导意见》第 5 条。

② 参见：最高人民法院（2011）民二终字第 106 号判决。

③ 《大宗集团有限公司、宗锡晋与淮北圣火矿业有限公司、淮北圣火房地产开发有限责任公司、涡阳圣火房地产开发有限公司股权转让纠纷案》，载《最高人民法院公报》2016 年第 6 期，第 32-41 页。

④ 最高人民法院：《人民法院关于依法审理矿业权民事纠纷案件典型案例》，资料来源于最高人民法院网站，2016 年 11 月 7 日访问。

调实体与程序两方面的审查，展现出强有力的规制性；以区分原则为指导的矿股转让规则明晰了矿股转让与矿业权转让的界限，完成了就矿股规制抑或解制争议的回答。

四、矿股转让解制规则的规范解读

（一）体系解读：矿股转让与矿业权转让的厘清

考察最高人民法院系列裁判的裁判思路，矿股转让解制规则的确立是镶嵌于矿股转让与矿业权转让之间关系的司法判断之中的。

其一，确认矿业权转让的判断标准。最高人民法院的系列裁判确认矿业权转让与否的判断标准为主体变动标准，即审查探矿权许可证与采矿权许可证的主体是否发生变更。矿业权转让是变更矿业权主体的行为，只有权证主体的更迭方才导致矿业权的转让。鉴于矿业权主体的变更是矿业权转让的必备要件，而单纯的矿股转让并不涉及矿业权主体的变更，仅是同一主体内部股权结构的变化，此等意义之上矿股转让无法满足矿业权转让的构成要件，是不同于矿业权转让的独立的法律关系。至于股权转让的比率如何，将不再是判断矿业权转让的标准。

其二，确认矿股转让的解制规则。其实，依据最高人民法院的裁判逻辑可知，通过明晰矿业权转让的主体变动标准，进而达到区分矿业权转让与矿股转让区别对待的论理思路。既然矿股转让不属于矿业权转让，矿产资源法以及配套规定关于矿业权转让的管制性规定就失去了适用的空间。据此，最高人民法院就矿股转让与矿业权转让关系的厘定格外清晰，即二者属于不同的法律关系，采用不同的规则分别调整。至此，矿股转让与矿业权转让关系这一纠结的论题有了司法裁判层面的定论。

(二)解制方式:合同效力与审批效力的区分

矿政管理实践以及司法实务中矿股转让规制具有一定的路径依赖,即将矿股转让纳入矿业权转让程序,其中有权部门的审批是其权力介入的主要抓手,审批作为转让合同的生效要件承担矿股转让的规制功能。[①] 从技术路线解析,矿股转让解制规则就矿股转让合同的效力与地质矿产主管部门批准的效力进行了切割,阻隔了审批欠缺与合同效力之间的纽带,即通过矿股转让合同效力与审批效力区分原则的确立,还原股权转让操作的基本运行方式,避免了公权力就矿股转让的不适当介入。此外,依矿股转让解制规则,援用《合同法》第52条之"以合法的形式掩盖非法目的"导致的矿股转让合同无效的空间也将大幅压缩。就司法实践而言,围绕矿股转让合同的效力判断通常是纠纷案件的争议焦点,各地法院,尤其是最高人民法院近年来的民商事审判中,对矿山法人企业的股权转让合同多数按照有效来认定。[②] 如此意义之上,各地既有的针对矿股转让的规制措施将面临合法性层面的质疑,以规范性文件形式存在的矿股转让规制依据的正当性基础将面临动摇。

(三)溢出效应:矿股转让解制规则引发的联动效应

矿山企业股权转让解制规则的确立,是就司法裁判中矿股转让与矿业权转让之间关系判定规则供给不足的回应。但超越矿股转让的规制抑或解制这样一个独立问题,将观察的视野拓展至其论证背后的原因,会发现矿股转让解制规则不经意间扇动的翅膀,可能引发矿业权转让制度,乃至矿政管理体制的联动效应。

---

① 参见曹宇:《规避与管控:矿业权转让与矿股变动关系研究》,载《北京航空航天大学学报(社会科学版)》2014年第2期,第48-55页。

② 刘牧晗:《矿山法人企业股权转让合同的性质和效力认定》,载《人民法院报》,2016年12月7日。

其一，矿业权转让的管控与规避。矿股转让规制的正当性基础其实在于其是"以股权转让之合法形式，掩盖规避法律强制性规定之非法目的，实现矿业权实质转让的行为"。[①] 从功能主义的角度着眼，市场交易主体选择矿股交易作为投资矿业的路径，事实上跳出了预先设计的矿业转让审批程序，实现了对既有矿业权转让程序的规避。矿股转让解制规则的司法确立，就矿股转让解制进行了明确的价值选择，该选择效应将进一步扩展至矿业权转让制度，固有的针对矿业权转让的管控机制的功能将大幅削减，其预设目标达成的概率也将降低。如此意义之上，矿股转让的解制在一定程度上会引发矿业权转让解制的联动效应，尽管此种效应不一定会从制度规范的层面呈现。

其二，矿政管理的调整与适应。矿股转让解制规则的司法确立，其效力首先溯及全国的法院系统，进而对各地就矿股转让的态度产生直接影响。矿股转让解制规则实质上选取了矿股自由转让的原则，显然会对各地方选择多样的处理方式产生大幅的影响。选取矿股转让规制模式的省份，尤其是制定规范性文件限制矿股转让的省份，其规范性文件的正当性基础将直面合法性的考验。地质矿产主管部门对于矿业权转让与矿股转让的调整模式显然要受到最高人民法院解制规则的影响，其固有的管控本位论的理论基础将面临来自司法系统的外部压力。矿股转让解制规则甚至将对我国矿业权转让制度改革的走向，乃至矿产资源法的修订产生联动效应。

五、结语

最高人民法院确立的矿股转让的解制规则是就长期困扰理论与

---

① 参见李显冬:《中国矿业立法理论与实务》，中国政法大学出版社 2015 年版，第 232-234 页。

实务的矿山企业股权转让问题的直接回应,是最高人民法院总结司法实务中成熟经验的大胆突破,是针对矿业投资人与地质矿产主管部门就此问题困惑的明确表态。形式层面,矿股转让解制条款在于就矿股转让的纠结予以标明。实质层面,解制规则将对矿山企业股权转让与矿业权转让之间的关系,矿业权转让制度,乃至矿政管理体制产生促动式的影响。矿股转让的解制仅仅体现为一个点,但将就我国的矿业权制度产生面的影响。本文以矿股转让为关键词,就矿股转让解制司法裁判规则的规范表达与形成历程着墨颇多,同时以文意解释与体系解释的方法就矿股转让解制规则进行解释论层面的分析与展开,进而以解制规则为中心对其确立产生的矿股转让、矿业权转让、矿政管理甚至矿产资源法修改等方面的溢出效应加以说明。但限于篇幅以及讨论主题的限制,本文就矿股转让规则确立的体系效应以及矿业权转让制度的系统性革新还停留在粗线条勾勒的阶段,之后将专文就此问题详细回应。

后　记

本书以我 2014 年答辩通过的博士论文为基础构成，吸收了近年来我国矿业法制建设的新发展。然而，终因学业未精，遗憾颇多，有待后续研究加以弥补。

（一）

感谢我的博士生导师龙卫球教授。我这个来自"塞北少数民族苦寒之地"的学生，不仅跟着老师学到了知识，更得到了老师满满的关爱。

感谢我的硕士生导师付翠英教授。老师循循善诱的教诲，我牢记在心间。

感谢"因思考而美丽，因公正而坚定"的北航法学院，感谢法学院各位老师的悉心教导。

感谢"龙行天下""福家子弟"以及一起求学的各位兄弟姐妹。

（二）

经龙老师推荐，2015 年我得以从北航跨越到中国政法大学国土资源法律研究中心从事博士后研究工作，跟从李显冬教授研习中国的矿业法律制度。李老师是我从事矿产资源法学研究的坚定支持者。

国土资源部咨询中心曹树培老师不辞辛苦地审阅书稿，曹老师精确的指引，耐心的教导，令人敬佩。

（三）

感谢内蒙古大学法学院，不仅帮我开启法学学习的大门，更给了我一个继续从事法学教学科研的舞台。感谢内蒙古大学法学院各位老师的精心培养与积极支持，丁文英教授、刘银良教授通读了书稿，提出了很多宝贵意见。

感谢民族自治地方法制建设与社会发展研究基地与内蒙古地方立法研究中心的资助。

（四）

感谢聂卫锋博士常年的耐心指导和真诚鼓励。

感谢内蒙古大学法学院本科生谭程、张佳玥、李可欣、魏泽宇、苗露、吕金泽、刘玮宸、郭宇洁、段舒、马鹏博、王雪瑶、于洪艳、马超群、倩倩、阿莉日苏、晓霞等同学对于本书校对的辛勤付出。

感谢中国法制出版社马颖编辑、侯鹏编辑对本书出版付出的心血。

感谢家人的倾力支持，感谢妻子阿嵘博士的宽容、理解。

图书在版编目（CIP）数据

矿产资源开发私法机制研究：偏私型公私综合法论及其展开/ 曹宇著. —北京：中国法制出版社，2018.3

ISBN 978-7-5093-9367-3

Ⅰ.①矿… Ⅱ.①曹… Ⅲ.①矿产资源开发-矿产资源法-研究-中国 Ⅳ.①D922.624

中国版本图书馆 CIP 数据核字（2018）第 057031 号

责任编辑　侯　鹏　　　　　　　　　　封面设计　周黎明

矿产资源开发私法机制研究——偏私型公私综合法论及其展开
KUANGCHAN ZIYUAN KAIFA SIFA JIZHI YANJIU ——PIANSIXING GONGSI
ZONGHEFALUN JIQI ZHANKAI

著者／曹　宇
经销／新华书店
印刷／三河市紫恒印装有限公司
开本／880 毫米×1230 毫米　32 开　　　　印张／9.25　字数／233 千
版次／2018 年 3 月第 1 版　　　　　　　　2018 年 3 月第 1 次印刷

中 国 法 制 出 版 社 出 版

书号 ISBN 978-7-5093-9367-3　　　　　　　　定价：39.00 元

北京西单横二条 2 号　邮政编码 100031　　传真：010-66031119
网址：http：//www.zgfzs.com　　　　　编辑部电话：010-66060794
市场营销部电话：010-66017726　　　　　邮购部电话：010-66033288